Welstendige ontwikkeling

Welstendige ontwikkeling

een betere kijk op groei

Ton Tushuizen

Wageningen Academic
Publishers

ISBN: 978-90-8686-220-7
e-ISBN: 978-90-8686-774-5
DOI: 10.3920/978-90-8686-774-5

Foto op de omslag:
'Thin Blue Line' gemaakt door de NASA,
de dunne blauwe lijn van de aardse atmosfeer
tijdens de zonsopkomst
Multimedia database van de NASA,
http://www.nasa.gov

Eerste druk, 2013

Voor iedereen die denkt dat het beter kan.

Inhoudsopgave

Deel III: Het macroperspectief

Deel IV: Het dynamisch perspectief

Bijlagen

Voorwoord

Iedereen wil dat het goed gaat: met zichzelf, naasten, landgenoten en andere wereldburgers. Niet alleen vandaag, maar ook morgen en op de lange termijn. We streven dus naar duurzaam collectief welzijn ofwel welzijn dat bestendig is. Hiervoor is een nieuwe term bedacht: welstendigheid.

Altijd zijn er mogelijkheden om het welzijn te verhogen, te verbreden en te bestendigen. Wanneer we die mogelijkheden voor welstendigheid weten te benutten dan is er sprake van groei. Deze notie van groei kan in de westerse wereld op brede instemming rekenen. Sterker nog: er wordt al impliciet aan gewerkt via het economische groeibeleid, duurzame ontwikkeling en tal van politieke programma's. Echter, door dit impliciete streven expliciet te maken is meer adequaat aan de vooruitgang te werken. Hoe dat mogelijk is maakt dit boek duidelijk.

Het idee van welstendige ontwikkeling is extra relevant wanneer we de grote problemen van deze tijd tot ons laten doordringen. De toekomst wordt bedreigd door hoge bevolkingsdruk, ecologische crisis, grondstoffen crisis, sociale crisis en economische crisis. De impliciete manier van werken aan vooruitgang is al decennia niet meer effectief: gemeten in termen van welzijnsgroei en het bereiken van duurzaamheid is er in deze periode nauwelijks resultaat geboekt.

De impasse waarin we zitten kan doorbroken worden met behulp van het begrip 'welstendige ontwikkeling': het is een betere kijk op groei. Door het omarmen van dit idee kan de maximale transitiesnelheid naar verhoogd welzijn en duurzaamheid worden gevonden.

Door dit boek wordt u aangemoedigd om het idee verder te ontwikkelen en toe te passen. Dit boek is geschreven voor iedereen die niet alleen het beste met zichzelf voor heeft maar die ook bereid is om verder te kijken. Voor mensen die actief op zoek zijn naar mogelijkheden om invulling te geven aan maatschappelijk ontwikkeling.

Deel I:

Inleiding

1. Westers welvaren in turbulente tijden

1.1 Inleiding

Het gaat de westerse landen historisch en mondiaal gezien goed. De welvaart is groot onder brede lagen van de bevolking. Die bevolking leeft relatief veilig, in goede gezondheid en gemiddeld langer dan ooit te voren. Er is veel ruimte voor 'het goede leven'. Dat is niet alleen historisch, maar ook mondiaal gezien een prestatie zonder precedent. Deze situatie willen we verder verbeteren, verbreden en op lange termijn bestendigen.

Hoewel het gemiddelde welzijn hoog ligt, kan het beter. Een beperkt deel van de bevolking leeft in relatieve armoede. Ook is het moderne leven niet voor iedereen een zegen. Welvaartsziekten als stress en obesitas nemen toe en een grote groep mensen gebruikt antidepressiva. Doorgeschoten globalisering leidt tot sociale en culturele vervreemding en onzekerheid, bijvoorbeeld met betrekking tot werk en inkomen.

Het voorblad van één van de belangrijkste periodieke rapportages van het Sociaal en Cultureel Planbureau (SCP) over de sociale staat van Nederland illustreert zwaar weer (Figuur 1.1). Het gaat dan wel beter dan ooit, maar er zijn grote zorgen over de toekomst en de vraag in hoeverre de opwaartse ontwikkeling is vast te houden.

Voor de grote mondiale milieuproblemen, economische problemen en sociale crises zijn oplossingen nodig. Daarbij is de vraag actueel hoe om te gaan met snel opkomende nieuwe economieën, concurrentie om schaarse

Figuur 1.1. Het voorblad van het SCP rapport 2011 over de sociale staat van Nederland.

grondstoffen en mondiale competitie. Er zijn dus veel problemen en bedreigingen waarmee moet worden afgerekend. Tegelijkertijd zijn er weinig aansprekende ideeën hoe hier mee om te gaan. Dat staat borg voor een sluimerend onbehagen.

1.1.1 Economische crises

Economische crises zijn een normaal verschijnsel. De conjunctuur kent 'ups en downs'. Met een zekere regelmaat neemt de groei toe, vlakt vervolgens af en meestal volgt dan een korte periode van krimp. De conjunctuurlijn schommelt om de trendlijn en die loopt in de westerse economieën gestaag omhoog. Zo gaat het al meer dan 100 jaar, met een steeds toenemende rijkdom als gevolg. Slechts af en toe is er iets bijzonders aan de hand, bijvoorbeeld de neergang in de jaren '30 van de vorige eeuw. Die betrof vele landen en duurde langer dan normaal.

De opeenvolgende crises vanaf 2008 hebben ook een dergelijk karakter. Kredietcrisis, bankencrisis, landencrisis en eurocrisis volgen elkaar in hoog tempo op; ze hebben invloed in vele landen en versterken elkaar. Hoewel de westerse economieën nog altijd krachtig zijn, verraadt de kredietcrisis en zijn opvolgers fundamentele zwakheden. Er is sprake van een 'systeemcrisis'. Een door krediet gedreven consumptiemaatschappij heeft bijvoorbeeld te weinig oog voor sleutelindustrieën, creatieve processen en andere voorwaarden die een economisch systeem solide maken. De door de kredietcrisis opgelopen overheidsschuld blijft een last voor langere tijd. De economische neergang is zo omvangrijk dat onze welvaart op de langere termijn in gevaar is.

1.1.2 Milieucrises

Overexploitatie van natuurlijke hulpbronnen

Er is een onderscheid tussen vernieuwbare natuurlijke hulpbronnen (zoals hout, vis, zoet water, schone lucht, bodemvruchtbaarheid) en niet-vernieuwbare hulpbronnen (zoals ertsen, mineralen, fossiele brandstoffen). De vernieuwbare hulpbronnen worden in zo een hoog tempo gewonnen dat de wereldwijde beschikbaarheid ernstig wordt bedreigd. Hoogwaardige en gemakkelijk winbare niet-vernieuwbare hulpbronnen worden snel schaars. Prognoses geven aan dat de bekende reserves uitgeput raken rond de tijd dat de wereldbevolking zal pieken. Dat zeldzame aardmetalen echt zeldzaam zijn wordt anno 2013 al gevoeld. En juist dergelijke metalen worden relatief veel gebruikt in de innovatieve producten die de duurzame samenleving dichterbij moeten brengen.

De mondiale economie drijft op beschikbaarheid van fossiele energie. Westerse landen steunen voor meer dan 80% op fossiele brandstoffen. Velen zijn daarbij afhankelijk van exporterende landen. Ook een grootverbruiker zoals China steunt zwaar op fossiele brandstoffen. Circa 70% van de energieconsumptie wordt hier alleen al uit kolen gewonnen. Het is ondenkbaar dat de mondiale economie kan blijven draaien zonder fossiele brandstoffen. De vraag naar olie en gas is enorm en stijgt continu, zoals uit Figuur 1.2 blijkt.

De energiezekerheid komt onder druk te staan en de energieprijs wordt gevoeliger voor pieken en dalen. Nieuwe vondsten kunnen dat deels verhinderen. Stijgende inzet van kolen is voor de komende tientallen jaren zeker een optie: er is nog een voorraad voor meer dan 100 jaar. Deze brandstof is in vergelijking met olie en gas echter minder hoogwaardig en uiterst vervuilend. Ook zijn er enorme voorraden onconventioneel gas. Dit zogenaamde schaliegas is kostbaar om te winnen en de winning is milieubelastend. Dat geldt ook voor de exploitatie van grote voorraden olie in teerzanden, de diepzee en Arctische gebieden. Met het daadwerkelijk schaars worden van makkelijk winbare fossiele energie moet voor het eerst in de menselijke beschaving worden overgestapt naar minder hoogwaardige bronnen. Het gaat daarbij om een mix aan alternatieven: er is geen enkele superbrandstof beschikbaar. Vervangers voor fossiele bronnen hebben allemaal zo hun voor- en nadelen. Kernfusie is de droomtechnologie. Het is vooralsnog een project van de zeer lange termijn met onzekere uitkomsten.

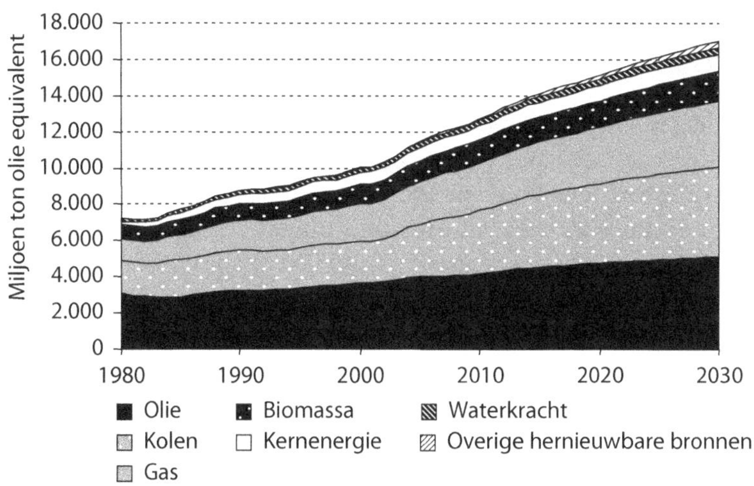

Figuur 1.2. Mondiale energievraag. Het 'reference scenario' gaat uit van de voortzetting van het huidige beleid (IEA International Energy Agency, World Energy Outlook 2008).

Verstoorde kringlopen

Het natuurlijke systeem reguleert voedsel-, stikstof- en waterkringlopen, de productie van schone lucht en biomassa en het klimaat. Kringlopen worden door het menselijke handelen heftig verstoord en systemen raken ontregeld.

Voor behoud van biodiversiteit en de regenererende capaciteit van de aarde moet afgerekend worden met onder meer verdroging, verzuring, vermesting, versnippering van leefgebieden en klimaatverandering. Er wordt in veel gebieden meer zoet water verbruikt dan er beschikbaar is. Dalende grondwaterstanden en vervuiling zijn het gevolg.

De bodem en het oppervlaktewater verzuren door vervuilende gassen die onder meer fabrieken, landbouwbedrijven, elektriciteitscentrales en auto's uitstoten. Het gaat onder andere om zwaveldioxide (SO_2) en stikstofoxide (NO_x). Deze verzurende stoffen komen via de lucht of het (regen)water in de grond terecht. De stoffen hebben een negatieve invloed op de waterkwaliteit en ze verstoren de grondsamenstelling en de ontwikkeling van organismen.

Ook door overmatige toevoer van nutriënten (vermesting) worden ecologische processen en kringlopen ontregeld. De belangrijkste nutriënten zijn nitraten en fosfaten. Nitraten komen onder andere voor in dierlijke mest en kunstmest. De invoer van veevoeders uit bijvoorbeeld Zuid-Amerika dragen in Europa bij aan een veel te grote veedichtheid en mestproductie. Het effect wordt vergroot door grootschalige productie en inzet van kunstmest. Meststoffen die niet door landbouwgewassen worden opgenomen blijven in de grond en het water achter. Voor een belangrijk deel komen ze in het milieu terecht. Deze 'eutrofiëring' van het milieu leidt tot een kwalitatieve achteruitgang van vegetaties op voedselarme en matig voedselarme gronden en daarmee tot een daling van de biodiversiteit. Enkele soorten, zoals brandnetel en grassen, gaan overheersen en verdringen de rest. Vermesting van waterlopen en zeeën zorgt voor een algenbloei, die dikwijls gepaard gaat met een vertroebeling van het water en verdwijning van soorten. Verdroging, verzuring en vermesting hebben de neiging elkaar te versterken.

De door de mens veroorzaakte uitstoot van broeikasgassen warmt indirect de aarde op. Dat leidt tot weersextremen en een ander klimaat. De natuurlijke systemen en de mens moeten zich hierop aanpassen, maar krijgen daarvoor onvoldoende tijd. Weersextremen en weersverandering hebben invloed op de draagkracht van gebieden. Om de klimaatverandering binnen aanvaardbare grenzen te houden is meer dan een halvering van de uitstoot van broeikasgassen nodig. Klimaatverandering kan leiden tot klimaatcatastrofes.

Verlies aan biodiversiteit

Een grote verscheidenheid aan biologische soorten is een noodzakelijke voorwaarde voor de processen die het leven op aarde mogelijk maken. Mondiaal neemt de biodiversiteit sterk af. Het uitsterven van soorten gaat momenteel meer dan 100 keer sneller dan vóór de industriële revolutie. De natuur is zowel kwalitatief als kwantitatief in de verdrukking. Systemen onder druk verliezen hun veerkracht en kunnen plotseling omslaan naar een andere toestand die uiterst moeilijk omkeerbaar is. Dat kan leiden tot woestijnvorming, verzilting, overstromingen en gebrek aan voldoende schoon water en voedsel.

Aantasting van de leefomgeving

De kwaliteit van de leefomgeving staat onder druk. De ruimte in een dichtbevolkt land als Nederland is schaars. Transportfaciliteiten, recreatiefaciliteiten, agrarische bestemming, energieopwekking (windmolens), wonen, werken en natuur vragen alle ruimte en zijn in competitie met elkaar. De gevolgen zijn onder andere verdwenen duisternis, een hoge geluidsbelasting en een matige luchtkwaliteit. De kwaliteit van de leefomgeving is van invloed op gezondheid en welzijn.

Bedreiging van de gezondheid

De gezondheid wordt bedreigd door stoffen en straling van chemische, biologische en fysische aard. De mondiale economische groei leidt tot grootschalig gebruik van duizenden soorten stoffen en het in hoog tempo ontwikkelen van nieuwe stoffen. Een deel van de gebruikte stoffen en hun afbraakproducten komen in het milieu terecht. Zij belasten niet alleen flora en fauna, maar ook de mens. Via inhalatie, de huid en de voedselketen komen ze in het lichaam terecht. Fijnstof en aerosolen tasten sluipenderwijs de luchtwegen en het zenuwstelsel aan. Afhankelijk van persoon, concentratie en blootstellingtermijn heeft iedere stof een specifiek effect. Ook kan er sprake zijn van een cumulatief effect.

De biologische dreiging neemt toe. Door de globalisering verdwijnen barrières voor het verplaatsen van goederen en personen. Insecten, (resistente) bacteriën, schimmels en andere soorten kunnen zich zo eenvoudiger verspreiden naar gebieden waar geen natuurlijke vijanden zijn. De klimaatverandering versterkt een en ander.

Mogelijk onbeheersbare risico's
De technologische ontwikkeling om problemen op te lossen gaat razend snel. Iedere techniek heeft voor- en nadelen. Veel nadelen worden pas op termijn onderkend. Het is niet ondenkbaar dat de momenteel veelvuldig toegepaste kunststofvezels en koolstofvezels op termijn problemen gaan geven.

Van veel stoffen en van de effecten van straling (bijvoorbeeld hoogspanningsmasten) is onvoldoende bekend. Het gaat om chronische blootstelling aan lage concentraties en langetermijneffecten. Door de globalisering worden productieketens langer en ondoorzichtiger. Dat leidt tot risico's. Ook nanotechnologie, genetische manipulatie en andere moderne technieken kunnen onverwachte negatieve effecten hebben. Zo kunnen de oplossingen van vandaag mogelijk de problemen van de toekomst worden.

Belasting aarde versus belastbaarheid
De eindige aarde kan geen ongelimiteerde milieubelasting verdragen. Wanneer alle, voor de mens bruikbare, gebieden worden gedeeld op de bevolkingsomvang, dan is er 2,1 'global hectares' (gha[I]) per persoon beschikbaar. De hoeveelheid voedsel, delfstoffen en afvalstoffen, etc. die een mens verbruikt als gevolg van consumptie en de afvalstoffen die het produceert, kan worden omgerekend naar de hoeveelheid hectaren die nodig zijn om hierin te voorzien. Zo ontstaat er een getal dat de 'ecologische voetafdruk' wordt genoemd.[1] Op basis van dergelijk rekenwerk wordt er nu door de mens al meer aan ruimte gebruikt dan er beschikbaar is. Zou iedere wereldburger er dezelfde levensstijl op na houden als de gemiddelde westerling dan zouden 3 aardes niet volstaan.

De aarde teert dus in op reserves (hetgeen evident is bij fossiele brandstoffen en vele andere delfstoffen) en wordt overbelast, terwijl de mensheid gebaat is bij aanwezigheid van een rijk natuurlijk systeem.

1.1.3 De trend

Demografische ontwikkelingen en de gevolgen
Volgens schattingen (van de Verenigde Naties) groeide de wereldbevolking tot 1750 gestaag. Er leefden toen circa 800 miljoen mensen. Daarna trad een versnelde groei op: in 1950 waren er 2,5 miljard mensen, in 2000 meer dan 6 miljard en in 2011 zijn we de 7 miljard gepasseerd. De prognose voor de omvang van de wereldbevolking in 2050 is ruim 9 miljard. Bevolkingsgroei betekent ceteris paribus dat de draagkracht van de aarde wordt getart.

[I] Gha is een gestandaardiseerde hectare: een hectare met een mondiaal gemiddelde productiecapaciteit en gemiddelde absorptiecapaciteit voor afvalstoffen.

Door een laag geboortecijfer en emigratie daalt de omvang van de autochtone bevolking in sommige EU-landen. In de EU als geheel stijgt de bevolkingsomvang. Dat is hoofdzakelijk een gevolg van migratiestromen. Deze worden veroorzaakt door de grote verschillen tussen rijke en arme landen. De grote toestroom leidt tot maatschappelijke spanningen. Ook de groeiende kloof tussen arm en rijk binnen veel westerse landen leidt tot spanningen.[2]

De immigratie is niet zo groot dat de vergrijzing in westerse landen wordt gestopt. Vergrijzing is enerzijds een gevolg van gedaalde geboortecijfers en anderzijds neemt de gemiddelde levensverwachting gestaag toe. Gevolgen van de vergrijzing zijn een scheve verhouding tussen werkenden en niet werkenden en een toename van het beroep op zorg en de kosten van de zorg.

De opkomst van nieuwe economieën

Het beslag op aardse bronnen door de mens is sinds het begin van de jaren 60 met een factor 3 gestegen en stijgt nog steeds.[3] Grote economieën als China, India, Brazilië en vele kleinere landen hebben de weg naar (materiële) vooruitgang gevonden. Prognoses van de Wereldbank tot 2050 gaan er van uit dat op basis van (realistisch te noemen) groeicijfers de wereldeconomie in grootte het viervoudige zal zijn ten opzichte van 2004. De nieuwe economieën krijgen op termijn een aanzienlijk grotere omvang dan de westerse economieën. Dat zal niet alleen leiden tot economische, maar ook tot militaire en politieke macht.

Miljarden consumenten staan klaar om hun deel van de welvaartstaart op te eisen. Initiële welvaartsgroei heeft een zeer milieubelastend karakter. De extra milieudruk die deze groei veroorzaakt, is veel groter dan de aarde kan dragen.

1.1.4 Megaschok!

De beschreven crises en trends komen samen, culmineren en versterken elkaar. Het is een gebeurtenis zonder precedent: een megaschok. Een dergelijke grootscheepse verandering is buitengewoon, als een aardbeving met kracht 10 op de schaal van Richter.[4] De industriële revolutie is een voorbeeld van een megaschok. Het was een combinatie van een grote demografische schok, een technologische en een sociale verandering. De energietransitie was toen de overstap naar steeds hoogwaardigere fossiele brandstoffen. De natuur was rijk en overvloedig, grondstoffen en ruimte waren ogenschijnlijk onbeperkt voorradig. Dat zijn andere omstandigheden dan in de 21^{e} eeuw. De situatie nu is er een van schaarste.

De megaschok die nu plaatsvindt, is groter dan de industriële revolutie. Dat we op de rand staan van een nieuw geologisch tijdperk is wellicht overdreven, maar de grote geologische tijdperken worden afgebakend door markante ontwikkelingen. Het gaat dan bijvoorbeeld om grote veranderingen in klimaat en biodiversiteit. Beiden vinden momenteel plaats.

Dat we in een tijd van verandering leven zien we ook aan technologische ontwikkelingen zoals de informatierevolutie. De snelle ontwikkeling en het massale gebruik van communicatie en computertechnologie is absoluut een nieuwe mijlpaal. De technologie zorgt ervoor dat onze manier van werken, communiceren en samenleven binnen één generatie drastisch is veranderd.

1.2 Waarom is het zo moeilijk de problemen op te lossen?

1.2.1 Complexiteit

Iedere megaschok afzonderlijk is een complex fenomeen. Het wordt nog ingewikkelder als de schokken integraal worden bekeken. Maar dat is nodig, omdat ze met elkaar in verbinding staan. Het is niet eenvoudig een behoorlijk overzicht te krijgen. Er is een groot gebrek aan kennis, er is sprake van onzekerheid en onbekendheid. Ontwikkelingen van economische-, sociale- en milieuproblemen gaan meestal geleidelijk en uiten zich op zeer diverse wijzen. Als over deze problemen niet behoorlijk zou worden gerapporteerd (bijvoorbeeld door onderzoeksinstellingen en planbureaus), dan zouden ze in veel gevallen niet eens of te laat worden opgemerkt.

Problemen worden lang niet altijd als probleem gezien, hetgeen de zaak verder compliceert. Dat is bijvoorbeeld het geval bij de informatierevolutie waar veel ontwikkelingen als positief worden ervaren. Demografische ontwikkelingen stemmen tot zorg, maar mensen vinden het leuk om kinderen te verzorgen. De opkomst van nieuwe economieën brengt miljarden mensen welvaart. Daar heeft niemand iets op tegen, alleen kan de aarde het niet dragen.

Bij het oplossen van vraagstukken is er over alles verschil van mening: waarden, definities, percepties met betrekking tot risico's, urgentie, doelstellingen, plannen van aanpak, verdeling van de lasten, etc. Iedereen heeft zo zijn eigen belangen en zienswijze. Maatregelen werken op een zeer diverse wijze uit. Complexiteit maakt dat het overzicht verloren gaat. Dat maakt extra voorzichtig en staat adequaat handelen in de weg.

1.2.2 Eigenschappen van de mens

De mens heeft een beperkte kennis en is op aspecten irrationeel. Hij wordt gedreven door gewoonten en is veelal gericht op concrete zaken, eigenbelang, de naaste omgeving en de korte termijn. Waar in de rol van kritisch burger nog wel eens een gedegen standpunt wordt ingenomen, blijft hier in de praktijk van producent of consument vaak weinig van over. Mensen hebben het idee dat ze als eenling geen substantiële bijdrage kunnen leveren aan de duurzame samenleving. De meesten zijn niet van plan eenzijdig tot verandering in gedrag over te gaan, als ze daar zelf niet wijzer van worden. We willen best wel milieuvriendelijke middelen gebruiken, als die hetzelfde comfort geven en niet duurder zijn. Maar als de spaarlampen eenmaal zijn geïnstalleerd dan blijven de lichten langer branden. Voor zover er toch op de energierekening wordt bespaard, is er geen enkele garantie dat de bespaarde euro's milieuvriendelijk uitgegeven zullen worden. Het moderne leven staat ook ver af van de natuur, wat het voor de mens moeilijker maakt zich daarmee te afficheren.

Deze eigenschappen staan in schril contrast met hetgeen nodig is voor het effectief aanpakken van de beschreven megaproblemen. Vraagstukken moeten in samenhang worden bezien en op de lange termijn. Het collectieve belang moet daarbij voorop staan. Een flink portie idealisme, gekoppeld aan realiteitszin en daadkracht, is nodig.

1.2.3 Traditie

Onze gewoonten veranderen in beperkte mate en meestal geleidelijk. Hetzelfde geldt voor de inrichting van systemen en onze cultuur. Individueel gedrag, cultuur en maatschappelijke structuur houden elkaar in een ijzeren greep en als gevolg verloopt verandering traag. De traditie bepaalt waar we staan en daarmee de reële mogelijkheden voor verandering.[II] In cultureel opzicht zijn we zo geprogrammeerd dat we denken dat we met werken vooruit gaan (oorspronkelijk deden we het om armoede te lijf te gaan, vervolgens voor luxe). Ook onze systemen zijn volgens deze traditie ingericht.

Onze hang naar milieubelastende consumptie en gedrag worden gevoed door de media, fabrikanten en snel veranderende modes. De verleidingen van de 'commerciële markteconomie' zijn vaak onweerstaanbaar. Verhandelingen over 'consuminderen' mogen krachtig zijn in hun argumentatie, ze moeten opboksen tegen de wervende kracht van de economie en een 'modern hedonistische cultuur' die elkaar weten te vinden. Door het gebruik van goederen

[II] Alleen acute crises kunnen snel verandering bewerkstelligen. Ongewenst als die zijn, komen ze gelukkig weinig voor.

kan het individu zich onderscheiden. De vraag naar meer, nieuwere, mooiere en betere goederen is onverzadigbaar. De aandacht voor milieu en andere complexe problemen verwordt tot een bijzaak. De westerse samenleving is inherent onduurzaam. Deze grondtoestand omvormen tot een staat van duurzaamheid, waarbij ook nog rekening wordt gehouden met de andere megaschokken, betekent een enorme verandering.

1.2.4 De democratie

De democratie kent een aantal inherente zwakheden, die een (spoedige) oplossing van de crises in de weg staan.[5] De democratie heeft als eigenschap dat het geen leiderschapsrol op zich wil of kan nemen. De liberale democratie zoals wij die kennen in westerse landen, is reactief, niet proactief. In het algemeen is zij geneigd tot onderwaardering van ecologische belangen, belangen van toekomstige generaties en (arme) mensen elders op de wereld. In eerste instantie worden tijdelijke belangen van burgers behartigd, of van groepen burgers, die opkomen voor hun eigen belangen.

De liberale democratie is er primair op gericht om problemen op te lossen, die verband houden met verdelingsvraagstukken en materiële welvaart. Een klemtoon ligt op processen en procedures in plaats van op uitkomsten. Langetermijnvisies zijn in deze context moeilijk in te passen. Het systeem is minder in staat tot fundamentele beleidswijzigingen.

Daarbij komt de vertegenwoordigende democratie meer en meer in een legitimiteitscrisis. De geïndividualiseerde assertieve burger voelt zich niet meer thuis binnen traditionele partijkaders. Morrend zweeft die tussen de verschillende politieke partijen, die op hun beurt kampen met steeds minder leden en goed personeel. Het politieke landschap verandert in hoog tempo, hetgeen adequate beleidsvorming in de weg staat. Een (te) groot aantal bestuurders, actief op allerlei niveaus en in allerlei geledingen, draagt ook al niet bij aan politieke slagkracht.

1.2.5 De overheid

De doelen van de overheid zijn divers: het bewaren van de vrede, vrijheid, gelijkheid, solidariteit, rechtvaardigheid, economische welstand, duurzaamheid en idealen met betrekking tot de institutionele inrichting. In de loop van de geschiedenis heeft de overheid er steeds meer taken bij gekregen waaronder armenzorg, ouderenzorg, sociale zekerheid, scholing, veiligheids-, gezondheids- en milieuzorg, infrastructuur en het inspringen op allerlei technologische ontwikkelingen. De informatisering alleen al, geeft de nodige hoofdbrekens. Het takenpakket van de overheid is enorm en raakt vele beleidsniveaus en beleidsterreinen. De daarbij behorende instituties zijn onvoldoende ingericht op het zoeken naar samenhangende duurzame oplossingen.

Het takenpakket van de overheid neemt nog steeds toe, evenals de complexiteit ervan. Beleidsinitiatieven van (overijverige) politici volgen elkaar snel op. Het voorgaande beleid is nauwelijks geïmplementeerd en uitgekristalliseerd, laat staan geëvalueerd, en er zijn alweer nieuwe initiatieven. Door individualisering en globalisering groeit het wensenpakket en wordt het moeilijker die op één lijn te krijgen. De overheid doet het ook niet snel goed. De eisen van een welvarende bevolking zijn hoog.

Tussen overheid en markt bestaat een hechte band: groei is dringend gewenst en de markt moet daarvoor zorgen. Door economische groei wordt stagnatie en werkloosheid voorkomen en kan de complexe maatschappelijke dynamiek op gang blijven. Met extra budgetten zijn maatregelen te nemen, waarbij niemand een stap terug hoeft te doen. Een al te rigoureus beleid, gericht op de megaschokken, zet de potentiële groei onder druk. Het drijft kostprijzen op en werkt zo belemmerend voor het bedrijfsleven. Bedrijven kunnen zich in mondiaal opererende markten geen concurrentieachterstand veroorloven. Aldus kent het systeem een consensus op het gebied van economische groei en gelimiteerde staatsinterventie. De onafhankelijke rol, die de overheid zou moeten spelen om tot een daadkrachtig beleid te komen, kan onvoldoende worden waargemaakt. Beleidsruimte wordt verder ingeperkt doordat er bevoegdheden zijn overgedragen aan ondermeer de VN, de WTO en de EU.

Terwijl de overheid er steeds meer taken bij krijgt en voor een steeds divers wordende groep burgers moet opkomen, wordt het beschikbare instrumentarium uitgehold. De grenzen van sturingscapaciteit die de overheid heeft, worden zo al snel bereikt. Het is niet vreemd dat veel bestuurskundigen stellen dat het openbaar bestuur wordt overvraagd. Er is geen sprake van onwil om de problemen op te lossen, maar van onvermogen.

1.2.6 De afwezigheid van een mondiale autoriteit

De menselijke systemen en dynamiek leiden tot de beschreven problemen. Om deze op te lossen zijn systeemaanpassingen nodig. Dit zijn lastig processen, ook omdat er geen krachtige mondiale autoriteit is. Zo'n autoriteit zal er op een afzienbare termijn ook niet komen, terwijl hier wel behoefte aan is, want de beschreven problemen zijn wereldproblemen. Het niveau waarop de problemen bestaan ligt dus hoger dan het niveau waar vandaan de oplossingen moeten komen.

Natuurlijk is er de VN en zijn er andere grote internationale organisaties, maar hun macht is beperkt. De geschiedenis leert dat overeenkomsten op mondiaal niveau uiterst moeizaam tot stand komen. Als dit al lukt, is er veel tijd voor nodig en is er meestal sprake van een zwak compromis: een akkoord dat gezien de benodigde inspanningen onvoldoende is. Daarbij is de controle op de naleving van de afspraken gebrekkig en moeilijk afdwingbaar. Doelen worden mede daarom lang niet altijd gehaald. Hoewel het logisch en deels vereist is om wereldproblemen op wereldschaal aan te pakken, gebiedt de realiteit dat hier maar een (klein) deel van de oplossing vandaan kan komen. De inspanningen met betrekking tot (post) Kyoto illustreren dit. Jarenlange besprekingen kunnen niet verhullen, dat de trendmatige uitstoot van broeikasgassen gestaag doorgroeit en de hele wereld naarstig op zoek is naar nieuwe fossiele brandstoffen.

Van de grote transnationale ondernemingen mag ook niet al te veel worden verwacht. Ze hebben in hun branche vaak een aanzienlijke machtspositie. Het oplossen van de beschreven problemen is echter niet hun 'core business'. Commerciële instellingen kunnen vanuit hun aard slechts beperkte bijdragen geven aan de publieke zaak en ook voor hen geldt dat ze rekening moeten houden met de markttucht.

1.2.7 Gebrek aan een groot verhaal en een bijbehorende visie

Politieke gemeenschappen hebben een verhaal nodig, waarin ze kunnen geloven.[6] Na de Tweede Wereldoorlog kwam de wederopbouw, gevolgd door een brede welvaart en de verzorgingsstaat en later de secularisering en emancipatie van het individu. De overwinning op het communisme werd een feit. Het geloof in onbeperkte vrije markten volgde en daar kwamen kort voor het nieuwe millennium de zegeningen van de informatie- en communicatietechnologie nog bij. Daarna ging de vaart uit het verhaal. De dot-com crisis bracht de realiteitszin terug. De oorlog tegen het terrorisme kon niet overtuigen en de vrije markt bleek tot ongewenste uitkomsten te leiden, ja zelfs tot een stagnatie waar we tot op de dag van vandaag nog geen raad mee weten. Ondertussen wil het met de samenwerking binnen de EU niet meer vlotten en verdiept zich de milieucrisis. De economische groei die hier zo ver weg blijft, blijkt in de nieuwe economieën wel realiseerbaar.

De westerse landen zijn gewend aan vooruitgang, ambiëren groei, maar zien stagnatie. Hoewel individueel de welzijnscijfers (nog) op niveau blijven, is er collectief sprake van onvrede en zorg over de toekomst. Er is sprake van een systeemcrisis maar dit wordt onvoldoende erkend. Er is iets fundamenteels aan de hand met de wijze waarop we invulling geven aan groei.

2. Groeinoties

2.1 Inleiding

Alle crises hebben met elkaar te maken. Ze zijn een gevolg van menselijke activiteiten en die worden gedreven door onze 'kijk op groei'. De zogenaamde 'groeinotie' gaat over vragen als: wat verstaan we onder maatschappelijke ontwikkeling en hoe geven we hier vorm aan? Welke waarden en uitgangspunten liggen achter ons handelen?

Twee groeinoties zijn in westerse landen dominant: het dogma van de economische groei en duurzame ontwikkeling (Figuur 2.1).

2.2 Het dogma van de economische groei

2.2.1 Het economische groeibeleid

Als we kijken naar de agenda van de internationale en nationale overheden dan is economische groei een van de belangrijkste speerpunten.

De Europese samenwerking (uitgemond in de EU) is oorspronkelijk tot stand gebracht vanuit de politieke doelstelling om vrede te brengen. In de 21^{e} eeuw zijn de doelen van de EU divers: het te boven komen van verdeeldheid (een en ander met oog voor diversiteit), welvaart en stabiliteit, een evenwichtige duurzame economische en sociale ontwikkeling, de uitdaging om de mondialisering het hoofd te bieden, evenals verdediging van gemeenschappelijke waarden. Inmiddels dankt zij haar dynamiek en succes aan haar activiteiten op economisch gebied.[7] Op het gebied van de interne markt is de EU succesvol. De belemmeringen voor handel en vrije concurrentie tussen de landen van de Unie zijn geleidelijk weggewerkt, waardoor de levensstandaard

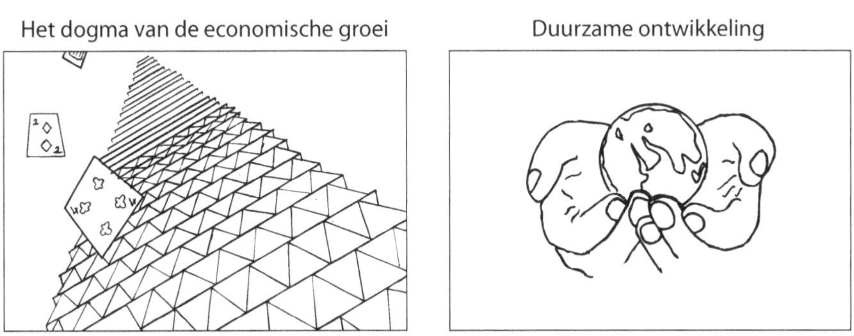

Figuur 2.1. Bestaande groeinoties.

is gestegen. Het antwoord van de Unie op de mondialisering is de vergroting van het concurrentievermogen. Om de Europese economieën productiever te maken, moet vooral werk worden gemaakt van de verbetering van de economische prestaties en innovatie en verbetering van de vaardigheden van mensen.

De doelstellingen van de EU en Nederland vertonen veel parallellen. De nog steeds actuele doelstellingen van de SER (1992) zijn: bevordering van een evenwichtige economische groei, binnen het streven naar een duurzame ontwikkeling, bevordering van een zo groot mogelijke arbeidsparticipatie en van de totstandkoming van een redelijke inkomensverdeling.

Binnen de EU en op nationaal niveau zijn er dus overeenkomstige doelstellingen. Het gaat om vrede, stabiliteit en aandacht voor westerse waarden (denk aan mensenrechten en democratie). Ook duurzaamheid krijgt in toenemende mate de aandacht. Het hoofdthema is echter economische groei. Werken aan economische groei is de dominante (groei)notie. Dit is het dogma van de economische groei. Omdat deze nauwelijks ter discussie staat blijft zij impliciet.

Binnen het dogma is de redenering als volgt: welvaart leidt tot welzijn, dus leidt welvaartsgroei tot welzijnsgroei. Door economisch handelen wordt geld verdient en daarmee kunnen allerlei leuke en nuttige dingen worden gedaan. Particulieren kopen goederen en diensten die het leven veraangenamen. De overheid zorgt voor nuttige dingen zoals infrastructuur, het verlichten van maatschappelijke problemen en het dichterbij brengen van duurzame ontwikkeling. Bestedingen leiden tot economische activiteit, werkgelegenheid en innovatie. Hiermee wordt de basis gelegd voor economische groei. Met het oog op welvaartsgroei dient de productie en consumptie te worden aangejaagd.

2.2.2 Economische systeemcrisis

De kredietcrisis, bankencrisis, landencrisis, eurocrisis die elkaar in hoog tempo opvolgen, zijn geen normale conjuncturele dip, maar symptomen van een systeemcrisis. Maatregelen die bij een conjuncturele dip genomen worden, bijvoorbeeld het verhogen van overheidsbestedingen of het verlagen van de rente, volstaan dan ook niet. Om een eind te maken aan systeemcrisis moet het systeem veranderen. Dat is een moeizaam proces. Opgebouwde machtsposities moeten worden ontmanteld of omzeild. Ook zijn er maatregelen nodig op Europees en mondiaal niveau. Op het internationale toneel zijn er vele partijen en bestaan tal van belangentegenstellingen. Het is lastig, zo niet onmogelijk, om hier tot effectieve afspraken te komen.

Bij een systeemcrisis is er nog een extra complicatie. Zo is het niet direct duidelijk wat er precies aan de hand is. Als gevolg hiervan ontbreekt een consistent idee van wat er nodig is om de crisis op te lossen. Waar in de economische wetenschap traditioneel al flink verschil van mening bestaat over de vraag wat te doen, is er bij een systeemcrisis sprake van een overtreffende trap.

Hoe lastig een systeemcrisis is op te lossen wordt geïllustreerd met de eurocrisis. Het eurogebied is een monetaire unie zonder politieke unie. Dat heeft nog nooit gewerkt, het is zelfs eerder veelvuldig mislukt. De constructie van de euro ontbeert vertrouwen. Hoe is uit deze situatie te komen? Opheffen of opsplitsen van de euro is een scenario waar vrijwel niemand aan durft. Het wordt voorgesteld als een omelet weer terug brengen tot afzonderlijke eieren. Het is een enorm kostbare klus met weinig garantie op succes.

Een ander scenario is de stap naar een politieke unie. De deelnemende landen staan niet te trappelen. De soevereiniteitsoverdracht ligt op zich al gevoelig en er is geen enkele garantie dat een 'Verenigde Staten van Europa' gaat werken. In de VS is de staatsschuld veel groter dan in de eurozone en groeit die ook veel sneller. Het land is door politieke polarisatie verlamd. Dat het nog niet failliet is, heeft het te danken aan de dollar die nog steeds de reservemunt in de wereld is. De VS is zo bezien geen voorbeeld en daarbij moet nog worden bedacht dat de VS, vergeleken met Europa, een eenheid is. Tussen de Europese landen bestaan grote verschillen: zowel structureel, economisch en cultureel. De zuidelijke landen hebben een wezenlijk andere monetaire cultuur dan de noordelijke. In Europa worden vele talen gesproken. En dan te bedenken dat een land als België met twee grote taalgebieden al bijna uit elkaar valt. Er bestaat dus grote twijfel over de levensvatbaarheid van de 'Verenigde Staten van Europa'. Ook is er geen overtuigend idee hoe dat met respect voor de democratie tot stand moet komen.

De sprong naar een politieke unie is net zo riskant als het uit elkaar laten vallen van de euro. Ondertussen worden er brandjes geblust en reparaties uitgevoerd, maar een heldere keuze blijft uit. De angst dat de welvaartsgroei stil valt leidt tot paniek maar niemand heeft een overtuigende oplossing. De crisis wordt te lijf gegaan met duizenden miljarden euro's. De overheid ligt aan het infuus bij de financiële sector en omgekeerd. De financiële sector is onbeheersbaar en is de band met de reële economie en de maatschappij kwijtgeraakt. Te lang wachten met structurele hervormingen vergroot de recessie omdat het vertrouwen wegblijft. De hele wereld kijkt met ingehouden adem toe hoe dit afloopt.

2.2.3 De relatie tussen economische groei en welzijnsgroei

Het dogma van de economische groei was uitermate effectief. Crisis of geen crisis, Hoofdstuk 1 begon met de vaststelling dat het beter gaat dan ooit en daar is niets op af te dingen. Het impliciete uitgangspunt dat achter het economisch groeidenken zit is correct: welvaartsgroei leidt inderdaad tot welzijnsgroei. Waar welvaart echter onbeperkt kan stijgen, geldt dit niet voor welbevinden. Dat blijkt uit de Figuur 2.2.

Bij stijging van het inkomen verdwijnt de correlatie met geluksgroei volledig. In de westerse landen is dat al zo'n 40 jaar het geval! In deze periode is het geluk nog wel in beperkte mate gestegen, maar dit wordt verklaard door andere factoren dan economische groei, zoals individualisering en verbeterde lokale leefbaarheid.

2.2.4 Economische groei en duurzaamheid

In de economie wordt alles uitgedrukt in termen van geld. Binnen het dogma van economische groei worden zaken die uit te drukken zijn in economische waarde hoger aangeslagen dan zaken die dat niet zijn. Echter, niet alles is uit te drukken in termen van economische waarde. Dat zijn de niet goed meetbare factoren en de zogenaamde intrinsieke waarden. Voorbeelden zijn religie, liefde of de beleving van de natuur. Hoe bereken je bijvoorbeeld

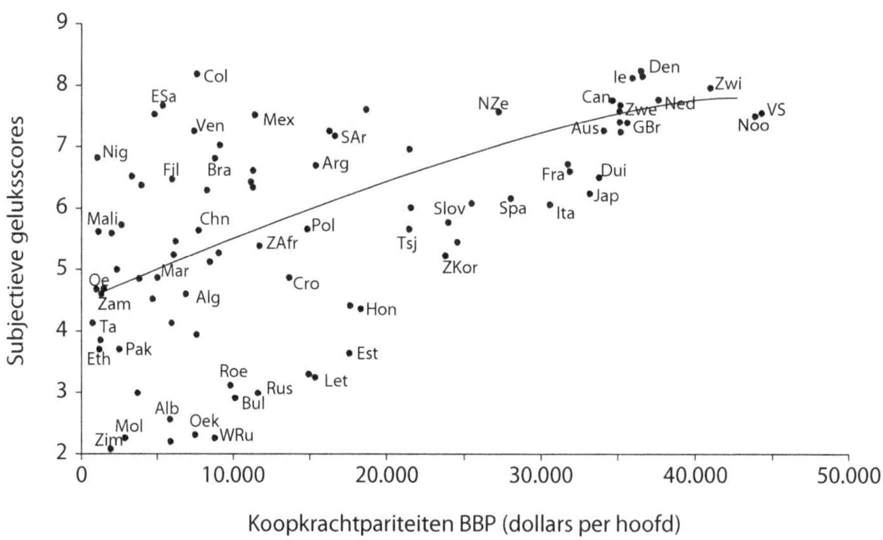

Figuur 2.2. Welvaart en geluk in landen 2006. [8]

de waarde van een groot en ecologisch interessant bos?[9] De economische waarde hiervan is te berekenen aan de hand van de grondprijs, de waarde van het hout en eventueel andere delfstoffen. Vervolgens zijn er meer dan tien waarden op te sommen, die moeilijk of helemaal niet zijn te kwantificeren. Het gaat om waterberging, het bos als een buffer voor mindere tijden, recreatiewaarde, landschapswaarde, biodiversiteit, waarde van ecosystemen, het door behoud gereduceerde risico op milieucatastrofes, effecten op het klimaat en zuiverheid van de lucht, het bos als ruimte voor de menselijke fantasie, natuur als bron voor zingeving of natuur als intrinsieke waarde en het bos als bron voor toekomstige generaties.

Binnen het dogma van economische groei worden de belangen van toekomstige generaties nauwelijks onderkend. Winst vandaag is beter dan winst morgen. Hoeveel natuur en milieu of hoeveel delfstoffen laten we over voor ons nageslacht? De ruimte die moet worden overgelaten aan toekomstige generaties, is niet objectief vast te stellen, laat staan te waarderen. Dit laatste moet wel gebeuren, wanneer er wordt gerekend. Bij het contant maken van toekomstige geldstromen wordt standaard een positieve discontovoet gehanteerd. Het gevolg is dat het heden hoger wordt gewaardeerd dan de toekomst. Naarmate de toekomst verder weg ligt, krijgt die steeds minder waarde.

Tenslotte bestaat binnen het economisch gedicteerde denken de neiging om duurzaamheidscriteria achter te stellen. Het begrip markt staat in de economie centraal. De logica van de markt is gebaseerd op eigenbelang en competitie, zowel van individuen als van organisaties. De markt heeft uit zijn aard nauwelijks oog voor niet-marktpartijen en zaken waaraan niet kan worden verdiend (bezitslozen zijn irrelevant). Relevante zaken zonder marktprijs of een verkeerde prijs worden niet optimaal gebruikt. Het marktmechanisme is gericht op de korte termijn. Het mechanisme leidt in de ogen van velen tot een onrechtvaardige verdeling van welvaart en is niet in staat de zogenaamde collectieve goederen, zoals gezondheidszorg of een leefbaar milieu, te produceren. Het brengt de goederen voort waar het meest aan kan worden verdiend, ongeacht de vraag in hoeverre hier vanuit een duurzaamheids- of welzijnscontext behoefte aan is. Het economisch denken lijkt rationeel en objectief maar is dat bij nader inzien niet. Snel succes gaat boven strategisch denken, en welvaartsgeneratie boven andere ideeën. Zo wordt technocratisch werken verheven boven het gezond verstand. Het stellen van elementaire vragen met betrekking tot de basale behoeften van de mens en de ruimte die de aarde hiervoor kan bieden krijgen binnen het denken weinig ruimte.

Ontkoppeling een moeizaam proces

De economie moet groeien. Omzet is prijs maal hoeveelheid. Groei krijgt zo al snel een kwantitatief karakter. Meer goederen en diensten betekenen meer milieubeslag en dat kan op een eindige aarde niet onbeperkt doorgaan. Er is behoefte aan een absolute ontkoppeling tussen economische groei en groei van het milieubeslag. Hoe is dat te bereiken?

Minder dingen gaan doen is een mogelijkheid, maar dat is moeilijk te verenigen met het doel van economische groei.

Andere dingen gaan doen kan ook. De westerse wereld schuift bijvoorbeeld in de richting van een diensteneconomie. Productieactiviteiten worden naar andere landen verplaatst. Dat betekent dat er hier minder milieubelasting is. Tegelijkertijd echter komen die goederen milieuonvriendelijker tot stand dan wanneer ze in westerse landen geproduceerd zouden worden. Wanneer de elders geproduceerde goederen in westerse landen worden geconsumeerd, dan is er toch sprake van een indirect gecreëerde milieubelasting. Zo werkt het dus niet. Toch is met economische structuurverandering veel te bereiken. Sommige landen weten een hoog nationaal inkomen te combineren met een relatief bescheiden ecologische voetafdruk. Zwitserland heeft een nationaal inkomen dat tientallen procenten hoger ligt dan België, terwijl de ecologische voetafdruk tientallen procenten lager ligt.[10]

Een derde manier om tot ontkoppeling te komen, is door de dingen beter te gaan doen. Dat kan door bestaande technieken beter te gebruiken en door technologische ontwikkeling. Technologische ontwikkeling leidt er toe, dat producten en diensten met minder input van middelen en op een schonere wijze tot stand kunnen komen. Producten presteren beter en zijn aan het eind van de levensduur beter te recyclen of te verwerken. Ook leidt het tot nieuwe producten en diensten.

De technologische ontwikkeling kan echter in veel gevallen niet op tegen de materialistische economische groei.[11] Bijvoorbeeld: auto's leveren (per eenheid vermogen) minder vervuiling dan enkele decennia geleden. Dat komt onder meer door overschakeling op betere en/of andere brandstoffen, beter onderhoud, betere motoren en een meer gestroomlijnde carrosserie. Deze winst wordt deels teniet gedaan, doordat er meer voertuigen zijn, die zwaarder zijn, met meer vermogen, en waarmee meer kilometers wordt gereden.

Al met al laat het tempo waarin de gewenste ontkoppeling tussen economische groei en milieubelasting gestalte krijgt te wensen over, zo blijkt uit de Figuur 2.3.

Welvaartsgroei in zijn huidige vorm leidt ook anno 2013 vaak tot extra milieubelasting. Met het toenemen van financiële mogelijkheden stijgt de consumptie. Milieubelastende activiteiten groeien. Massatoerisme naar verre

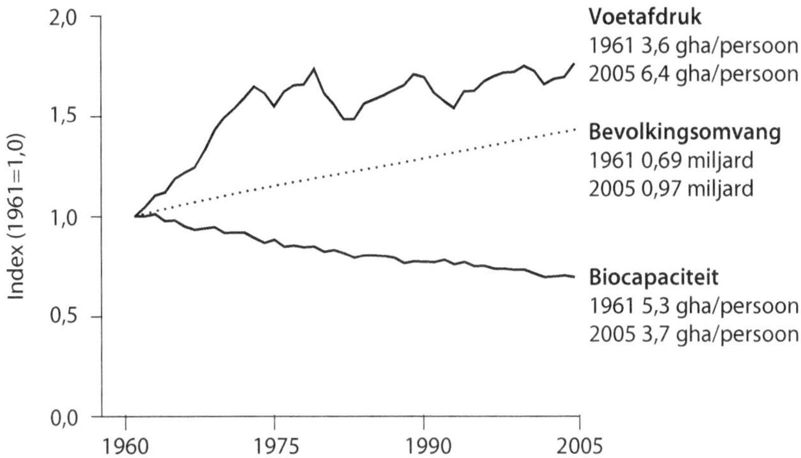

Figuur 2.3. Trendmatige ontwikkeling van de ecologische voetafdruk en bevolkingsomvang in de hoge inkomenslanden. gha = gestandaardiseerde hectare.[12]

bestemmingen is hiervan een voorbeeld. Milieubeleid is volledig afhankelijk van economische groei en dat is te meer een probleem omdat vooruitgang op het gebied van milieu steeds weer verloren zal gaan.[13] Op lange termijn leidt de welvaartsgroei tot een milieucatastrofe. Op korte termijn kunnen we niet zonder omdat anders stagnatie, werkloosheid en misère ons deel wordt.[14] Dit is een dilemma.

2.2.5 Het dogma van de economische groei: conclusie

Het gehanteerde 'dogma van de economische groei', als stilzwijgende notie om aan vooruitgang te werken, kan vanuit collectief perspectief niet meer overtuigen. De economische systeemcrisis is in beginsel oplosbaar, al gebeurt dat al jaren weinig overtuigend. Maar er is nog iets fundamentelers aan de hand. Het impliciete idee dat welvaartsgroei zondermeer leidt tot welzijnsgroei, is niet meer op feiten gebaseerd en de ontkoppeling van economische groei en milieubelasting is onvoldoende. De actuele situatie van materiële overvloed, een schaars milieu en de mondiale verwevenheid van problemen vraagt om een andere 'kijk op groei' dan de oude situatie waar sprake was van materiële schaarste, een rijk milieu en westerse mondiale heerschappij.

2.3 Duurzame ontwikkeling

Bezorgdheid over de houdbaarheid van ons kwantitatief georiënteerde economische groeimodel is al vele decennia oud. Onder de noemer 'duurzame ontwikkeling' wordt gewerkt aan alternatieven. Dit concept is ontstaan vanuit een besef dat voor de groeiende milieuproblematiek en de scheve mondiale verdeling van welvaart nieuwe strategieën nodig zijn.

2.3.1 Wat is duurzame ontwikkeling?

In de meest gebruikte definitie is duurzame ontwikkeling een ontwikkeling, waarbij de huidige wereldbevolking in haar behoeften voorziet, zonder de komende generaties te beperken om in hun behoeften te voorzien.[15] Duurzame ontwikkeling richt zich op een dynamisch evenwicht tussen de behoefte van de mens in het hier en nu en het daar en later. De te maken afwegingen zijn voortdurend gericht op dat evenwicht. Duurzame ontwikkeling erkent dat de grote problemen van deze tijd nauw met elkaar verbonden zijn. Om tot oplossingen te komen is een integrale zienswijze en dito aanpak vereist.

Voor duurzame ontwikkeling zijn 'transities' nodig. Een transitie is: "*een fundamentele verandering van de dominante structuur, cultuur en werkwijze op systeemniveau. Onder structuur verstaan we de institutionele opbouw, de fysieke structuur en economische structuur. Met cultuur bedoelen we het geheel van gedeelde beelden en waarden die gezamenlijk het perspectief vormen van waaruit men denkt en handelt. En met werkwijzen bedoelen we handelingen, routines, regels en gedrag. Anders gesteld: een transitie is een fundamentele omslag in denken en handelen op systeemniveau.*"[16]

2.3.2 Successen en uitdagingen

Op gemeentelijk, provinciaal, landelijk, Europees en mondiaal niveau bestaan hoge ambities om duurzame ontwikkeling tot een succes te maken. Op de nationale en hogere beleidsniveaus is dat al meer dan 25 jaar het geval. Er zijn successen: bodem, water en lucht zijn in Nederland schoner geworden. Binnen Natura 2000 bestaan bindende Europese afspraken om tot een samenhangend netwerk van natuurgebieden te komen. Dit met doel om de achteruitgang van de biodiversiteit te keren. De VN boekt successen op gebied van armoede bestrijding. Het zijn slechts enkele voorbeelden uit een enorme lijst. Ook veel bedrijven en burgers nemen duurzame ontwikkeling serieus.

Al de euforie ten spijt (behoudens de economische crisis) daalt de ecologische voetafdruk van de EU en Nederland niet of nauwelijks. Mondiaal stijgt de voetafdruk in hoog tempo. Klaarblijkelijk ontbreekt het idee hoe aan duurzame ontwikkeling momentum kan worden gegeven.

2.3.3 Op zoek naar de 'missing link'

Sinds de kredietcrisis zijn duizenden miljarden euro's besteed om weer in een 'normaal' economisch groeipad te komen. Hiermee vergeleken zijn de bedragen die aan duurzame ontwikkeling worden besteed slechts wisselgeld. Het dogma van de economische groei is de leidende notie van groei. Beleidsmakers erkennen weliswaar de grote milieuproblemen maar durven niet van de gebaande wegen af te stappen. Duurzame ontwikkeling is een krachtig concept maar niet krachtig genoeg.

De belangrijkste reden voor het falen van duurzame ontwikkeling is het ontbreken van een politiek momentum. Soms staat het onderwerp prominent op de agenda, zoals bij het aantreden van het kabinet Balkenende IV (2007-2010), maar met het aanbreken van de kredietcrisis verdween het weer naar de achtergrond. Het kabinet Rutte I had helemaal niets met duurzame ontwikkeling en op tal van aspecten werd de klok teruggezet. Het regeerakkoord van het kabinet Rutte II[17] toont weer enige ambitie. Al met al ontbreekt de continuïteit in het beleid. Weinig en wisselende steun uit de politiek betekent weinig steun vanuit de ambtelijke top, een relatief lage plaats voor duurzaamheid in de ambtelijke organisatie en beperkte budgetten. Acute problemen vragen voorrang op de agenda. Het abstracte concept 'duurzame ontwikkeling' kan daar niet tegenop.

Daarnaast eist geen van de partijen de verantwoordelijkheid op. Duurzame ontwikkeling wordt gezien als een gedeelde verantwoordelijkheid van burgers, het bedrijfsleven, de overheid en internationale organisaties. Deze gedeelde verantwoordelijkheid betekent in de praktijk dat niemand verantwoordelijk is. Ook niet de overheid, al zou je dat verwachten omdat duurzame ontwikkeling een collectief belang is.

Duurzame ontwikkeling komt ook moeilijk van de grond, omdat spelers op het microniveau (nichepartijen) en beleidsmakers langs elkaar heen werken. De afstand tussen beleidsmakers en maatschappelijke beleving is te groot. [18]

Ook is het begrip duurzaamheid in de loop der jaren uitgehold. De vele definities die voor duurzaamheid zijn opgesteld, leiden gemakkelijk tot misverstanden. Door opportunistisch gebruik wordt het begrip meer en meer betekenisloos. Zo betekent duurzame ontwikkeling vaak duurzame *economische* ontwikkeling: een economische groei die lang mag duren. Dat illustreerden de regeringsleiders van Nederland en Duitsland in een ingezonden artikel van maart 2009: om de economische ontwikkeling niet te storen moet er gewerkt worden aan 'duurzame globalisering'. Zo kan de welvaartsgeneratie op peil blijven.[19]

Ten slotte is er het hardnekkig idee dat duurzame ontwikkeling voornamelijk geld kost en weinig oplevert. In veel landen wordt slechts mondjesmaat erkend dat duurzame ontwikkeling op de lange termijn structureel economisch voordeel oplevert. In landen als China en Duitsland groeit dit besef sneller, daar bestaat het inzicht dat het hier om de industrie van de toekomst gaat.

Een aantal redenen is opgesomd waarom het nog niet zo'n vaart wil lopen met duurzame ontwikkeling. Is daarmee de 'missing link' nu gevonden?

2.3.4 De 'missing link'

Door te analyseren wanneer duurzame ontwikkeling meer of minder succesvol is, kan de sleutel tot succesvol werken aan duurzame ontwikkeling gevonden worden. Succesfactoren zijn:

- De overheid neemt de uitvoering van de maatregelen op zich en niemand heeft er last van. Bijvoorbeeld wanneer ontwikkelingshulp een duurzaam karakter heeft.
- De overlast wordt breed ervaren en er zijn concrete mogelijkheden, bijvoorbeeld dalend invliegen.
- De verandering is leuk, geeft een goed gevoel of draagt aantoonbaar bij aan kwaliteit van leven. De 'slow food' beweging, 'transition towns', 2 jaar garantie op consumptiegoederen, werken aan waterkwaliteit zijn concrete zaken, die voort zijn gekomen uit aantrekkelijke voorstellen. Het gaat om goede ideeën, goed en op het juiste moment gebracht bij mensen die er gevoelig voor zijn.
- Er is geld mee te verdienen, bijvoorbeeld met 'cradle to cradle', 'The blue economy' en 'feed in tarieven' in Duitsland. In het laatste voorbeeld zijn machtige partijen, die geen belang hadden bij het idee, effectief omzeild. Ook dat is vaak nodig.

Wordt duurzame ontwikkeling als vervelend ervaren en het nut ervan onvoldoende ingezien, dan zijn de mogelijkheden beperkt. Een 50% accijnsverhoging op fossiele brandstoffen is een uitstekend idee, maar voorlopig onhaalbaar.

Duurzame ontwikkeling levert weinig problemen op als het irrelevant is voor welzijn of wanneer adequaat rekening wordt gehouden met noties van welzijn. Met doemscenario's en overdrijving wordt het welzijnsargument via de omgekeerde weg bespeeld. Toch werken dergelijke negativistische benaderingen meestal niet. Al Gore heeft met zijn film *'An inconvenient truth'* uit 2006 wel veel publiciteit gehaald, maar niet zo heel veel bereikt.

De mondige westerling laat zich geen (vermeend) welzijn afpakken, hoe belangrijk het voldoen aan duurzaamheidscriteria ook mag zijn. In een democratisch systeem moet hier rekening mee worden gehouden.

2.3.5 Duurzame ontwikkeling nader geanalyseerd

Duurzame ontwikkeling krijgt vaak invulling op basis van het 3P model (zie Figuur 2.4). Dit model stelt dat bij ontwikkeling op harmonieuze wijze rekening moet worden gehouden met de mens (People), het milieu (Planet) en winst/welvaart (Profit/Prosperity).

Planet is een randvoorwaarde voor het floreren van de mens. De functie van randvoorwaarde wordt in de praktijk van duurzame ontwikkeling vaak over het hoofd gezien. Het wordt dan doel op zich.

People heeft in de praktijk de focus op de mens 'daar' en 'later'. Als de verlangens in het 'hier en nu' echter onvoldoende in beeld zijn dan wordt duurzame ontwikkeling getorpedeerd, zo heeft de vorige paragraaf duidelijk gemaakt. De meeste mensen streven naar welzijn oftewel geluk. Het streven naar rijkdom en voldoende opkomen voor het eigenbelang geeft daarbij een goede uitgangspositie. Het marktmechanisme weet uitstekend bij het eigenbelang van individuen en organisaties aan te sluiten en daarom werkt het zo

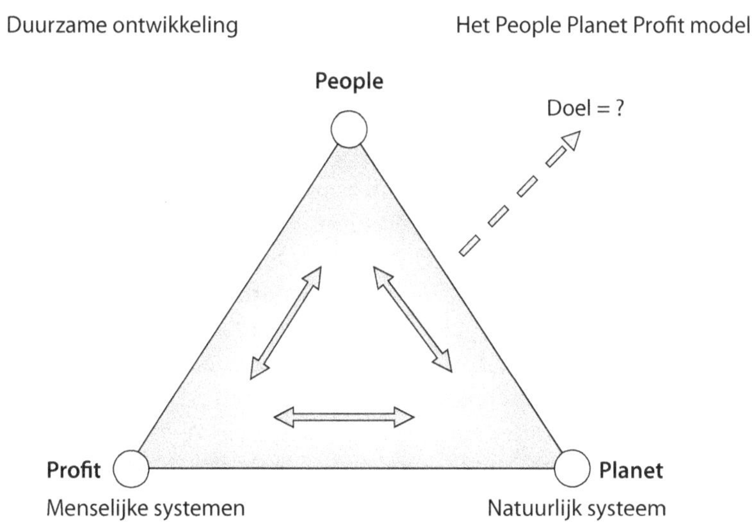

Figuur 2.4. De gelaagdheid in het 3P model.

goed. Als ook duurzame ontwikkeling de aansluiting bij eigenbelang weet te vinden dan is succes verzekerd.

Redenaties vanuit rechtvaardigheidsoptiek zijn academisch uitermate krachtig en worden vaak gebruikt bij het promoten van duurzame ontwikkeling. Vanuit dit denken is een directe focus op eigenbelang bijna banaal te noemen. Als duurzame ontwikkeling serieus wordt genomen dan is het verstandig om niet in wishful thinking te blijven hangen, zoals nu te vaak gebeurt.

Profit/Prosperity gaat voornamelijk over de economie. Het is slechts één van de drie menselijke systemen in de westerse maatschappij. Naast de economie bestaan de basisinstituties overheid en 'civil society'. Voor duurzame ontwikkeling is het belangrijk dat de mogelijkheden van al de menselijke instituties worden erkend en aangewend.

In het 3 P model ontbreekt het doel en de meest gebruikte definitie van duurzame ontwikkeling komt niet verder dan het 'voorzien in behoeften'. *"Eén van de eigenaardigheden van het begrip duurzame ontwikkeling is dat het een fors appel doet op de samenleving om visie te ontwikkelen en leiderschap te tonen om idealen dichterbij te brengen, maar geen helder beeld geeft van die idealen."*[20] Duurzame ontwikkeling heeft al met al te weinig focus en een gebrekkige visie. In deze context is het niet zo vreemd dat de belofte onvoldoende van de grond komt.

2.4 Bestaande groeinoties: conclusie

Eenzijdig werken binnen het dogma van de economische groei leidt tot instabiliteit, op lange termijn tot een milieucatastrofe en welzijnsniveaus die niet verder stijgen. Met het concept duurzame ontwikkeling wordt geprobeerd tot een meer evenwichtige situatie te komen. Het bouwt voort op het economisch gedicteerde denken. Met duurzame ontwikkeling is er een rijker palet ontstaan om invulling te geven aan maatschappelijk ontwikkeling. Toch is duurzame ontwikkeling onnodig vaag en weet het onvoldoende door te dringen tot de kern van de zaak. Het heeft gebrek aan visie en dat leidt tot problemen bij de operationalisering en een beperkte effectiviteit.

De bestaande modellen om te werken aan maatschappelijke vooruitgang werken onvoldoende. Menig historicus herkent ondertussen de kenmerken van een beschaving die over zijn hoogtepunt heen is: een beschaving die onvoldoende in staat is een aansprekende richting te vinden oftewel een lonkend perspectief. Dat leidt tot onzekerheid, gebrek aan vertrouwen, maatschappelijk chagrijn en stagnatie. De problematiek heeft het karakter van een dilemma: niet oplosbaar binnen de normaal gehanteerde denkkaders. Er is behoefte aan een nieuwe kijk op groei: een nieuw paradigma voor maatschappelijke ontwikkeling.

3. Naar een andere kijk op groei

3.1. Inleiding

In dit hoofdstuk wordt de aanzet gegeven voor een kijk op groei die tegemoet komt aan de beschreven problemen en omstandigheden: een kijk op groei die beter past bij deze tijd.

3.2 Uitgangspunten

Uitgangspunten en vooronderstellingen expliciet maken werkt verhelderend, kan eventuele misverstanden voorkomen en meningsverschillen verklaren. Onderstaand worden de drie belangrijkste uitgangspunten van het 'nieuwe' paradigma besproken.[III]

3.2.1 Evolutie in plaats van revolutie

Dit boek begon met de constatering dat het in de westerse landen beter gaat dan ooit. Het eerste uitgangspunt is dat we hierop moeten voortbouwen. Er wordt aangesloten bij het idee van 'piecemeal engineering' of geleidelijk werken aan verbetering.[21] Een 'nieuwe' kijk op groei bouwt voort op de eerder besproken groeinoties. Dat wordt geïllustreerd in Figuur 3.1.

Figuur 3.1. Voortbouwen op de bestaande noties.

[III] De overige uitgangspunten staan in Bijlage 1.

3.2.2 Focus op westerse landen

Bij het zoeken naar oplossingen voor de geschetste megaproblemen worden de mogelijkheden die westerse landen zelf en in onderlinge samenwerking ter beschikking staan onderzocht. Westerse landen zijn goed georganiseerd. Ze hebben op politiek, economisch en cultureel terrein veel gemeenschappelijke kenmerken en zijn politiek, militair en economisch invloedrijk. Ten aanzien van belangrijke basisprincipes, zoals de rol van de democratie en aandacht voor het individu, verschillen ze weinig. In technologisch opzicht en op gebied van maatschappelijke organisatie zijn ze relatief ver ontwikkeld. Het zijn ook grote consumenten (met een grote behoefte aan voedsel, natuurlijke hulpbronnen en ruimte) én vervuilers (direct en indirect).

De westerse landen hebben op hoofdlijn dezelfde problemen en een vergelijkbare gemeenschappelijke uitgangspositie. Zo komt de verdwenen correlatie tussen welvaartsgroei en welzijnsgroei alleen hier voor en staan de westerse landen voor dezelfde uitdagingen. Bestudering van de specifieke westerse context ligt derhalve voor de hand.[IV]

3.2.3 De democratie

Voor de liberale democratie, zoals we die in verschillende verschijningvormen kennen, wordt geen alternatief gezien. De liberaal-democratie kent vitale basisinstituties: overheid, 'civil society' en economie. Ook de wijze waarop de liberale democratie is georganiseerd, via regio's, landen, machtsblokken, etc. wordt als uitgangspunt genomen. Dit geldt ook voor het beginsel van de trias politica van Montesquieu: het onderscheiden van de staatsmachten in wetgevende, uitvoerende, rechterlijke macht, evenals het onderscheid tussen de publieke en private sfeer en de scheiding tussen kerk en staat.

Het idee, dat mensen in principe gelijk behandeld dienen te worden, staat voorop. Iedere persoon doet er in gelijke mate toe. De democratie houdt nadrukkelijk rekening met het individu en met de belangen van minderheden. De overheid handelt op basis van bestaande wetten en regelgeving (bijvoorbeeld: personen zijn onschuldig, zolang het tegendeel bewezen is). Deze worden in principe niet met terugwerkende kracht ingesteld. Ideeën over een transparante overheid, het belang van daadkrachtige controlerende instanties op het gevoerde beleid, het belang van integriteit van overheidsdienaren en het bestrijden van corruptie zijn uitgangspunten. 'De universele

[IV] Overeenkomsten op mondiaal niveau komen uiterst moeizaam tot stand. Het vinden van de essentie voor het oplossen van de megaproblemen wordt ook niet gevonden door direct te focussen op de relatie tussen westerse en niet-westerse landen. Ze bevinden zich in een totaal andere uitgangssituatie. Traditioneel economische groeidenken biedt voor hen wel soelaas.

rechten van de mens' van de Verenigde Naties en westerse grondwetten zijn basisrechten.

3.3 Model voor het opbouwen van een betere kijk op groei

In Hoofdstuk 1 en 2 kwamen de redenen voor de nodige aanpassing aan de orde. In de voorgaande paragraaf zijn 'uitgangspunten' kenbaar gemaakt die worden gehanteerd bij het opstellen van een andere kijk op groei. We zagen dat kritiek op het concept duurzame ontwikkeling een aantal zaken duidelijk heeft gemaakt. Er is behoefte aan een zo concreet mogelijk doel voor maatschappelijke ontwikkeling. Bovendien moet de mens in het 'hier en nu' centraal staan. Menselijke aspiraties dienen vorm te krijgen binnen de ruimte die de aarde hiervoor biedt (randvoorwaarde). Niet alleen de economie maar alle menselijke systemen zijn relevant. Voorts vereist strategisch handelen niet alleen een doel en een visie, maar ook een goede inschatting van de uitgangssituatie, en een overtuigend idee hoe hier in de praktijk invulling aan is te geven (verandering). De verschillende elementen zijn in Figuur 3.2 in een model gezet.

Het 'doel' waar collectief de handen voor op elkaar is te krijgen, wordt verbeeld door de ster. Dit is het onderwerp van de volgende paragraaf. 'De mens' en microbenaderingen die leiden naar het doel zijn het onderwerp van het volgende hoofdstuk (Deel II). De 'menselijke systemen' die ten dienst

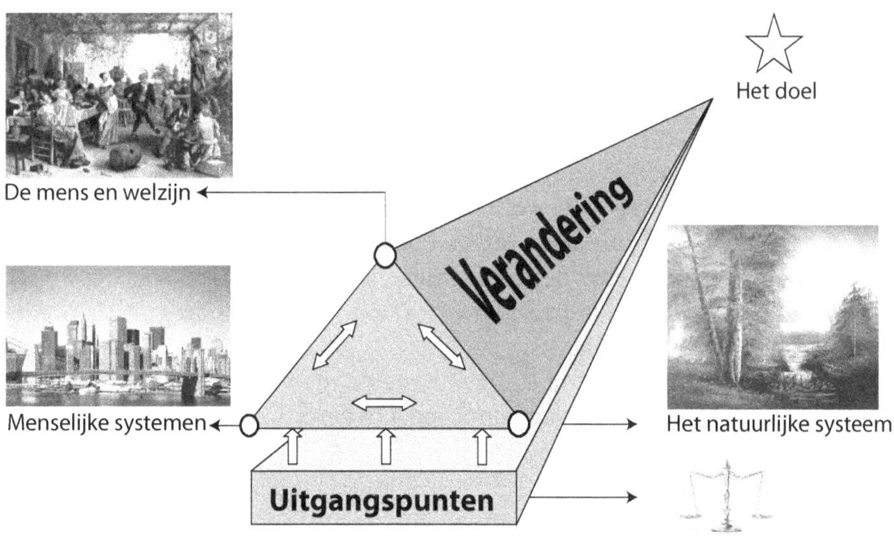

Figuur 3.2. Model voor het opbouwen van een betere kijk op groei.

staan komen vervolgens aan de orde (Deel III), waarna ingegaan wordt op verandering (Deel IV). Het natuurlijke systeem wordt als randvoorwaarde gebruikt voor de menselijke aspiraties.

3.4 Het doel van maatschappelijke ontwikkeling

Maatschappelijke ontwikkeling is te zien als een doel waar brede overeenstemming over bestaat en waar naartoe wordt bewogen.[V] Binnen het dogma van de economische groei is het doel welvaartsgroei, met de impliciete gedachte dat dit leidt tot welzijnsgroei. Binnen duurzame ontwikkeling blijft het doel vaag: er wordt gewerkt aan 'behoefte van de mens', maar wat is die behoefte? Binnen de westerse culturele context (en feitelijk veel breder), is er een grote overeenstemming over de wenselijkheid van geluk. Uit onderzoeken blijkt dat de meeste mensen geluk het meest nastrevenswaardig in hun leven vinden.[22] Gezondheid wordt soms ook als eerste genoemd (een goede geestelijke en lichamelijke gezondheid zijn een belangrijke voorwaarden voor geluk).[23] Argumenten die pleiten voor geluk als hoogste waarde zijn ook te vinden in de signaalwaarde die ervan uit gaat. Geluk is te zien als een psycho-biologisch signaal. Het geeft informatie over de leefbaarheid van de omgeving en over de adequaatheid van ons handelen. Gelukkige mensen staan meer open voor hun omgeving, evenals voor de verbetering daarvan.[24] Geluk maakt mensen socialer. Tevens is geluk bevorderlijk voor de levensduur. Er is niet snel sprake van een te veel aan geluk.

3.4.1 Wat is geluk

Het begrip geluk wordt hanteerbaar door na te gaan wat er precies mee wordt bedoeld. Geluk wordt gedefinieerd als: de mate waarin een individu de totale kwaliteit van zijn/haar leven als geheel, gunstig beoordeelt.[VI] Geluk is volgens deze definitie subjectief. Alleen het individu kan geluk ervaren en het gaat bij het meten alleen over zijn of haar (eigen) leven; niet om het leven in het algemeen. Evaluaties van geluk belichamen een beoordeling, een weloverwogen waardering, of iemand het leven als geheel aangenaam vindt, gunstig of niet gunstig of iets hier tussenin.

Wil een persoon zijn mate van geluk meten, dan is het zaak dat deze een algehele beoordeling maakt van zijn leven. Dit vereist een verstandelijke acti-

[V] In andere woorden is maatschappelijke vooruitgang te omschrijven als 'dat wat wenselijk wordt gevonden en de mate waarin dat wordt gerealiseerd'.

[VI] Er moet worden opgemerkt, dat veel auteurs een andere definitie van geluk gebruiken, hetgeen tot miscommunicatie kan leiden. De hier gebruikte is op basis van Veenhoven (http://www2.eur.nl/fsw/research/veenhoven/Pub2010s/2011c-fulln.pdf).

viteit, waarbij zowel het verleden, het hier en nu, als de verwachtingen voor de toekomst worden beoordeeld. Geluk is geen eenvoudige optelsom van alleen plezier, maar een cognitieve constructie, die wordt samengesteld op basis van de ervaring. Alle criteria van waardering hebben relevantie zoals streven, verwachting, waarden en affectieve voorwaarden zoals humeur en emoties. Het gaat om 'zijn'. Alles hebben is hierbij niet voldoende. Ook de notie dat het leven opwindend is, betekent niet automatisch geluk. Evenmin gaat het om enkele aspecten van het leven, zoals werk of huwelijk. Het gaat om alles: het 'leven als geheel'. Zo krijgt het woord 'totale' een diepere betekenis.

Een natie kan niet gelukkig zijn. Hoogstens beschouwen de meeste burgers die een natie vormen, zich als gelukkig. Collectief geluk is de optelsom van individueel geluk gedeeld door het aantal respondenten.

3.4.2 Geluk of welzijn?

De keuze voor geluk als ultiem doel lijkt de keuze voor eenvoud. Maar eenvoud is bedrieglijk. Het begrip geluk is te nauw gedefinieerd om direct te gebruiken in een breed gedragen notie van vooruitgang. Omwille van hanteerbaarheid van het geluksbegrip, vallen er nogal wat partijen buiten de boot. Het geluk van wilsonbekwamen, kinderen en toekomstige generaties is niet vast te stellen. Voorts is er ook geen oog voor het welzijn van dieren. Waar niet alleen wordt gekozen voor het recht van de sterkste, zijn al deze partijen relevant.

Om maatschappelijk geluk te optimaliseren, gaat het er vanzelfsprekend niet alleen om 'de juiste voorwaarde' voor één persoon te creëren, maar ook wat deze persoon kan bijdragen aan het geluk van anderen: het 'nut' dat geleverd wordt. Dit alles maakt dat 'welzijn' beter als doel voor maatschappelijke ontwikkeling is aan te wijzen. Welzijn is in vergelijking tot geluk in een meer algemene zin te gebruiken en heeft een neutralere klank. Het woord geluk verwijst in ruimere zin naar 'het goede leven', 'kwaliteit van leven' en 'welzijn'.

Het belang dat aan welzijn wordt gehecht blijkt ook uit het feit dat het een onderwerp is in de wetenschap. Het welzijn van de mens is een centraal thema in de filosofie en de sociale wetenschappen. Zo is onderzoek naar 'het goede leven' al 2500 jaar een terugkerend thema in de filosofie. De ruimtelijke wetenschappen werken indirect aan welzijn, bijvoorbeeld door het zoeken naar een goede inrichting van ruimte met oog op economische expansie en leefbaarheid. De economische wetenschap werkt indirect aan welzijn door onderzoek naar welvaartsgeneratie. Ook de psychologie en de sociologie richten zich in de traditionele scholen indirect op welzijn. In de psychologie wordt gezocht naar methoden om het lijden van de mens verlichten. De sociologie benadert het welzijn van het individu in relatie tot groepen waarin die leeft en de samenleving als geheel. Spanningen worden opgespoord en zo mogelijk opgelost. De economie, de psychologie en de sociologie kennen sinds enkele tientallen jaren ook scholen die zich direct richten op het welzijnsstreven van de mens.

3.4.3 Collectief welzijn als ideaal?

Het mag duidelijk zijn dat het niet gaat om het welzijn van bepaalde individuen. Iedereen wil het 'goede leven'. Het gaat om collectief welzijn. Dit is idealistisch, maar een zeker rechtvaardigheids- en solidariteitsgevoel zijn een onlosmakelijk deel van de mens. Ieder gezond, volwassen individu zal in redelijkheid een zekere invulling willen zien ten aanzien van deze punten. Zowel vanuit werkelijke gevoelens voor de medemens en dieren, als vanuit beredeneerd eigenbelang. Iedereen kan in beginsel slachtoffer worden van een gebrek aan rechtvaardigheid en is men geen slachtoffer, dan zal het potentiële bereikbare welzijn al snel gehinderd worden door (grote) onrechtvaardigheid.

Collectief welzijn wordt bij voorkeur niet alleen vandaag en morgen geoptimaliseerd, maar ook op de langere termijn. Daarmee komt de component duurzaamheid in beeld.

3.4.4 Welzijn en duurzaamheid

Mensen willen een hoge mate van geluk en een lange gezonde levensduur. Daarbij kijken de meesten verder dan het eigen leven: er moet ruimte blijven voor de toekomstige generaties. Dit betekent ondermeer de bereidheid om een zekere kwantiteit en kwaliteit van natuur en milieu in stand te houden.

Kwaliteit en kwantiteit van natuur en milieu is niet alleen een kwestie die speelt op de lange termijn, maar is ook een zaak van huidig welzijn. Wanneer in de primaire behoefte is voorzien, dan is er ruimte om kwaliteit te waarderen. Kenmerken van de natuur en milieu, zoals diversiteit, schoonheid, stilte, duisternis, ruimte, eeuwigheid en zuiverheid worden over het algemeen gewaardeerd. Dit naast gebruikswaarde, bijvoorbeeld recreatie, de reinigende werking die natuur uitoefent op het milieu en de bijdrage van natuur en milieu aan de leefbaarheid in het algemeen.

3.4.5 Duurzaam collectief welzijn als het doel voor maatschappelijke ontwikkeling

We willen welzijn voor onszelf, onze naasten, en andere mensen. We willen collectief welzijn, vandaag en morgen, maar ook op de lange termijn en voor toekomstige generaties. We willen dus duurzaam collectief welzijn (DCW).

Duurzaam collectief welzijn is het begrip, waarvoor we de handen van de meerderheid op elkaar kunnen krijgen. Het is in een krachtig begrip omdat het dichtbij de intrinsieke motivatie van mensen blijft. Aangezien er altijd mogelijkheden zijn om het welzijn verder te verhogen en/of te werken aan duurzaamheid, is er altijd verbetering mogelijk. De groeinotie heeft de potentie om lange tijd mee gaan.

Een nieuwe kijk op groei[VII] verdient een eigen woord dat de essentie weergeeft. We willen *wel*zijn verdiepen, verbreden en be*stendigen*. Dat doel wordt '*welstendigheid*' genoemd. Welstendigheid is het doel met brede overtuigingskracht. Bewegen naar het doel is *welstendige ontwikkeling*. Het synoniem is het optimaliseren van duurzaam collectief welzijn: DCW-optimalisatie.

Is er nu met het concept welstendige ontwikkeling de basis gelegd voor een nieuwe kijk op groei? Welstendige ontwikkeling wordt binnen de beleidspraktijk en de wetenschap al lange tijd impliciet nagestreefd, dus nieuw is het niet. Echter, door het te benoemen en expliciet te maken kan welstendige ontwikkeling meer adequaat toegepast worden.

3.5 Invulling geven aan welstendige ontwikkeling

Welstendigheid is gewenst, maar zijn er concrete mogelijkheden om hier ook op een rationele wijze aan te werken? Er moet voldoende en betrouwbare kennis over geluk zijn. Geluk en welzijn dienen meetbaar te zijn en te beïnvloeden en dat geldt ook voor welstendigheid. Deze onderwerpen worden achtereenvolgens besproken.

3.5.1 Kennis op gebied van geluk[25]

Onderzoek op het gebied van geluk geeft niet altijd eenduidige resultaten. Soms is er sprake van tegenstrijdige bevindingen. Zo geven sommige onderzoeken een kleine positieve correlatie aan tussen gelovig zijn en geluk, terwijl andere een neutraal verband zien.

Ook kunnen verklaringen een verschillend licht werpen op de zaak. De relaties tussen oorzaak en gevolg zijn niet altijd duidelijk. Rijke mensen zijn bijvoorbeeld iets gelukkiger dan mensen met een modaal inkomen. Rijkdom is hier aan te wijzen als oorzaak en geluk is het gevolg. Maar voor de omgekeerde relatie zijn ook argumenten te vinden. Mensen die goed in hun vel zitten hebben een hoge verdiencapaciteit en zijn als gevolg daarvan relatief rijk.

[VII] Welstendige ontwikkeling is een extra trede in onze kijk op groei omdat het doel waarop inspanningen zijn gericht, is veranderd. Op aspecten wordt anders dan gebruikelijk naar de maatschappij gekeken, hetgeen gevolgen heeft voor de wijze waarop invulling aan groei wordt gegeven.

Op veel aspecten is er nog sprake van voortschrijdend inzicht. Bijvoorbeeld minder dan een decennium geleden werd de toenemende keuzevrijheid vrijwel kritiekloos ontvangen Recent is het inzicht ontstaan dat het moeten kiezen ook energie vergt en dus een prijs heeft.

Hoewel er kritiek op het geluksonderzoek mogelijk is, blijkt dat de resultaten voldoende betrouwbaar zijn om als instrument voor welstendigheid te kunnen dienen.

3.5.2 Meten van geluk

Om geluk te maximaliseren, moet het meetbaar zijn. Op hoofdlijn zijn er twee methoden om de kwaliteit van leven te kunnen meten. Het gaat om methoden op basis van subjectieve indicatoren (de perceptie van personen) en methoden op basis van objectieve indicatoren. Geen van beide is perfect.

Geluk, zoals gedefinieerd, is een persoonlijk ervaren levensuitkomst en deze is alleen subjectief te meten. De methoden die meestal worden gebruikt om geluk te meten, zijn relatief eenvoudig. Via een beperkt aantal directe vragen, die al dan niet gesteld worden na enkele inleidende vragen, wordt naar het geluk gevraagd.[26] Op een schaalverdeling, die afhankelijk van de methode kan variëren tussen 1 en 4 of 1 en 10, wordt aangegeven hoe hoog de respondent scoort. Op de 10-puntsschaal staat een 1 voor uitermate ontevreden met het leven als geheel en een 10 voor uitermate tevreden. Uit onderzoeken blijkt dat deze metingen betrouwbaard en valide zijn.[27] Geluk is dus (voldoende) meetbaar.

In de Figuur 3.3 staat een score voor geluk die typisch is voor westerse landen, zowel voor wat betreft de spreiding als het hoge gemiddelde niveau (7,7 in dit voorbeeld).

De rapportages, voortkomend uit het subjectieve geluksonderzoek, zijn redelijk goed vergelijkbaar. Deze conclusie heeft betrekking op het persoonlijke niveau, het collectieve niveau en tussen landen. Persoonlijk niveau houdt dit in: wanneer een zelfde individu over een aantal jaren, bij ongeveer gelijke omstandigheden wordt geïnterviewd dan zullen de resultaten soortgelijk zijn. Doordat resultaten op collectief niveau vergeleken mogen worden, kunnen betekenisvolle grafieken worden opgesteld, zoals weergegeven in de Figuren 3.3 en 3.4 en Tabel 3.1.

In westerse landen voelen de meeste mensen zich overwegend prettig. Het oordeel over het leven als geheel wordt gemiddeld positief beoordeeld en is door de tijd behoorlijk stabiel. Figuur 3.4 illustreert nationale trends in gemiddeld geluk. De figuur laat zien dat de geluksscore in Nederland in 30 jaar vrijwel gelijk is gebleven. De relatief constante lijn van Nederland, op een hoog niveau, is kenmerkend voor goed presterende westerse landen. Het

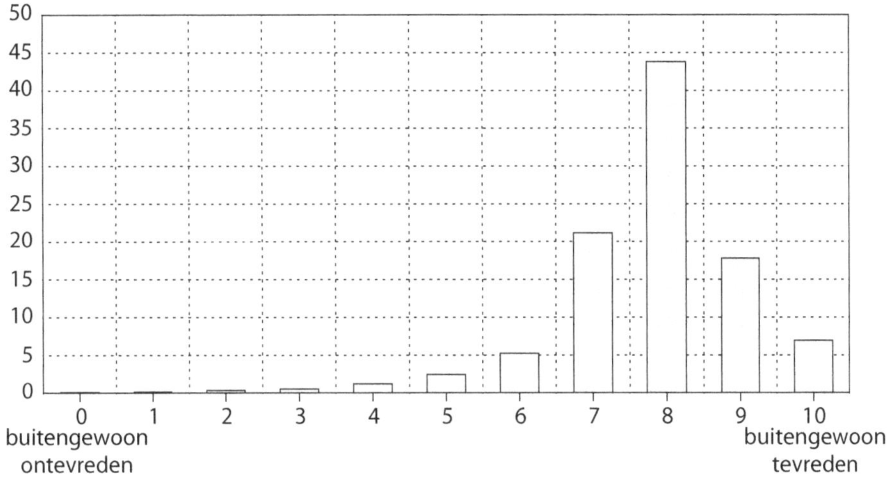

Figuur 3.3. Typische gelukscore in goed presterende westerse landen.[28]

zijn steeds dezelfde landen die hoog scoren op geluk. Doordat landen in de gelukstop wat betreft score dicht bij elkaar zitten en er sprake is van kleine fluctuaties door de tijd, verandert de onderlinge rangschikking tussen deze landen continu.[29]

De beperkte stijging van 0,05% per jaar, die bij nadere bestudering in Nederland is waar te nemen, wordt toegeschreven aan andere factoren dan

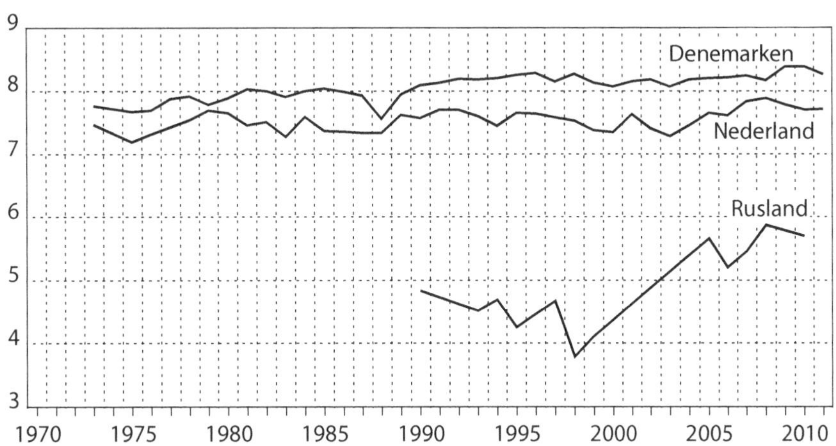

Figuur 3.4. Verandering in gemiddeld geluk in drie landen.[30]

Tabel 3.1. Geluk in enkele Europese landen, 1999-2010 (in rapportcijfers).[31]

	1999	2010
Denemarken	8,2	8,2
Nederland	7,5	7,9
Finland/Zweden	7,7	7,9
België	7,3	7,3
Verenigd Koninkrijk	7,1	7,2
Oostenrijk	7,8	7,1
Duitsland	7,2	7,0
Spanje	6,9	7,0
Frankrijk	6,5	6,8
Italië	6,9	6,6
Griekenland	6,0	5,5
Hongarije	5,6	5,2

welvaartsgroei, bijvoorbeeld de toegenomen individuele autonomie. Terwijl de reële koopkracht per persoon in deze periode vrijwel is verdubbeld (CBS), is er nauwelijks sprake van een stijging in geluk. Dergelijke getallen zijn een algemeen verschijnsel bij de goed presterende westerse landen. Toegevoegde welvaart heeft voor deze landen geen of nauwelijks effect op geluk.

De trend die Rusland heeft gevolgd na de val van het IJzeren Gordijn maakt duidelijk, dat veranderende omstandigheden zo hun effect kunnen hebben. In Tabel 3.1 worden de resultaten getoond van enkele Europese landen.

3.5.3 De mate waarin geluk is te beïnvloeden

Nu duidelijk is geworden, dat geluk meetbaar en vergelijkbaar is, dringt de vraag zich op of geluk is te beïnvloeden en zo ja, welke voorwaarden van belang zijn. Er zijn drie theorieën die geluk verklaren. Het betreft de behoeftetheorie, de vergelijkingstheorie en de persoonlijkheidstheorie.

De eerste focust op menselijke behoeften en gaat ervan uit dat, naarmate deze beter worden vervuld, dit een positief effect heeft op het geluk.[32] Uit vele onderzoeken blijkt de verklarende kracht van de behoeftetheorie. Factoren die een hoge correlatie met geluk hebben, zijn dikwijls op niveau in westerse landen: voldoende koopkracht, burgerrechten, afwezigheid van corruptie, economische, politieke en private vrijheid, het actief zijn in verenigingen, participatief leiderschap, pluriformiteit en moderniteit. Hierbij zijn correlaties met geluk gevonden van +0,32 oplopend tot +0,66.[33] Alle variabelen tezamen zijn in staat 83% van de variatie te bepalen. Het onderzoek had betrekking op 65 landen. Genoemde factoren zijn voornamelijk te beïnvloeden vanuit het macroniveau. Op microniveau gaat het onder meer om een goed primair netwerk, het gevoel gewaardeerd te worden en vormen van inbedding.

De factoren voor geluk zijn in de loop van het leven aan verandering onderhevig. Enerzijds zou een ieder, vanuit zijn persoonlijke ervaring, kunnen stellen dat prioriteiten veranderen. Anderzijds is dit wetenschappelijk vastgesteld: over een periode van tien jaar blijken op het individuele niveau de factoren die bijdragen aan het geluk aanzienlijk te veranderen.[34]

Onderzoeken, zoals in deze paragraaf besproken, geven in toenemende mate steun voor het idee dat menselijke behoeften in hoge mate universeel van aard zijn. Vanuit collectief gezichtspunt zijn voorwaarden voor geluk in positieve zin te beïnvloeden.

De vergelijkingstheorie ziet geluk als relatief.[35] Mensen hebben de neiging zich steeds te vergelijken met anderen. Zodra er een verbetering optreedt in de eigen situatie, verschuift ook het referentieniveau, waardoor het effect op geluk teniet wordt gedaan. Een variant op deze theorie betrekt ook de verwachtingen aangaande het eigen leven erbij. Meestal is er sprake van een discrepantie tussen werkelijkheid en verwachtingen, die van invloed is op het geluksniveau. Hoewel uit empirisch onderzoek blijkt, dat ook deze theorie soms in enige mate verklarend kan zijn, bijvoorbeeld met betrekking tot inkomenstevredenheid of de sociale positie, zijn conclusies niet zo eenduidig en krachtig te geven als bij de behoeftetheorie. Zou het geluk zitten in het beter af zijn dan anderen, dan moeten er ongeveer even veel gelukkigen als ongelukkigen bestaan. Het gemiddelde geluk zou dan rond de 5 moeten liggen. Tabel 3.1 toont dat het gemiddelde ver boven neutraal ligt.

De persoonlijkheidstheorie gaat ervan uit, dat geluk is aangeboren en als zodanig intern bepaald is.[36] Een variant gaat ervan uit, dat persoonlijkheidskenmerken, die veelal gunstig zijn voor geluk, deels zijn aan te leren. Zonder afbreuk te doen aan de verklarende kracht van de behoeftetheorie, kan de persoonlijkheidstheorie door onderzoek worden bevestigd: een deel van het geluk is zeker aangeboren, maar ook is een deel via een goede ontplooiing gunstig te beïnvloeden.

Geluk is meetbaar en vergelijkbaar. Door empirisch onderzoek kunnen de voorwaarden voor geluk worden opgespoord. Veel van deze voorwaarden zijn beïnvloedbaar. Zo kan geluk positief worden beïnvloed. Kennis over geluk geeft een gedegen basis om aan het analoge, maar breder gedefinieerde begrip welzijn te werken.

3.5.4 Beïnvloeden van welstendigheid

Het menselijk handelen legt beslag op aardse bronnen. Dit milieubeslag is vrij nauwkeurig te bepalen, onder andere via de 'ecologische voetafdruk'. Hiermee bestaat er een idee over de verdeling van bronnen in het heden, maar ook een idee over de milieugebruiksruimte van toekomstige generaties.

Ideeën over solidariteit en rechtvaardigheid zijn in te vullen met oog op duurzaamheid. Ook is er veel mogelijk op basis van gezond verstand en beredeneerd eigenbelang. Belangrijk bij het vinden van de mogelijkheden is realiteitszin. Serieuze mogelijkheden om het welzijn te vergroten ten koste van duurzaamheid zijn vrijwel onweerstaanbaar. Een impliciete veronderstelling dat het (vermeende) welzijn door een voorgenomen maatregel in het geding zou kunnen komen, is vaak al genoeg deze terzijde te schuiven. De politieke arena getuigt hier dagelijks van. Het menselijke streven naar welzijn(sgroei) vormt dus een beperking om invulling te geven aan duurzaamheid. Positief geformuleerd: *in het doorgronden van welzijn ligt de mogelijkheid om invulling te geven aan duurzaamheid.* De mogelijkheid om duurzaamheid op democratische wijze te bereiken is het grootst als maatregelen ongeveer neutraal of positief uitwerken op het collectieve welzijn. Over welzijn bestaan veel misverstanden. Deze uit de wereld helpen opent de weg naar een hoger welzijn en duurzaamheid.

Een omschakeling naar een duurzame samenleving hoeft het behaalde collectieve welzijnsniveau niet negatief te beïnvloeden, integendeel. Met materiële winst is in de westerse samenleving niet eenvoudig welzijnswinst meer te behalen. Wel in de collectieve sector, op het gebied van kwaliteit van de leefomgeving, natuur en milieu, het verminderen van internationale spanningen en het tegemoetkomen aan gevoelens van solidariteit en rechtvaardigheid. Op alle schaalniveaus zijn er mogelijkheden te over om aan duurzaamheid te werken.

Wanneer welzijnsoptimalisatie het ultieme doel is, dan dient het milieu serieus te worden genomen en als het milieu serieus wordt genomen, dan ontstaat de mogelijkheid voor welzijnsoptimalisatie. Het is niet zo dat welzijn en duurzaamheid altijd afhankelijk van elkaar zijn; soms zijn ze apart te optimaliseren. Ook zo is invulling te geven aan welstendigheid.

Deel II:

Het microperspectief

4. Werken aan welstendigheid vanuit microperspectief

4.1 Inleiding

De wegen naar welstendige ontwikkeling worden gevonden, door kennis over de menselijke aard en welzijn expliciet te maken. Dergelijke kennis blijft in de beleidspraktijk momenteel impliciet. Met behulp van die kennis kunnen omstandigheden worden gecreëerd waaronder mensen gedijen. Dit gebeurt op basis van gemeenschappelijke kenmerken van de mens, maar met respect voor diversiteit. Voor welstendige ontwikkeling moeten omstandigheden aansluiten bij de aard van de mens en niet andersom.

4.2 De menselijke aard

De menselijke rationaliteit is beperkt, en mensen handelen vaak irrationeel. Het menselijke rekenvermogen is bijvoorbeeld beperkt en beïnvloedbaar. Mensen kennen de condities die de basis leggen voor welzijn maar matig. En voor zover die wel bekend zijn, wordt er lang niet altijd naar gehandeld.

In het algemeen zijn we gefocust op de relatief korte termijn en op de nabije toekomst. Gevoelens en voornemens die verder weg liggen worden slecht ingeschat. Verder is de menselijke inborst, zeker als de omstandigheden meewerken, geneigd tot het goede. De genoemde aspecten worden in Bijlage 2 verder uitgewerkt.

4.3 Het welzijnsmodel

Geluk is voor ongeveer 50% aangeboren en voor 50% te beïnvloeden.[37] Door creatie van de omstandigheden waaronder mensen gedijen en het aanleren van levenskunst is geluk en ook welstendigheid te beïnvloeden.[VIII] Bij het praktisch invulling geven aan welstendigheid bestaat het gevaar dat men verstrikt raakt in allerlei definities, zienswijzen, disciplines en scholen. Op academische gronden is het zinvol om binnen scholen, disciplines en met duidelijke definities te werken, maar de (beleids)praktijk vraagt om een integrale zienswijze.

Om welstendigheid te conceptualiseren en te operationaliseren, is een kritische, flexibele en doelgerichte houding gewenst. Met dit idee is het

[VIII] Het gaat onder andere om het vermogen de juiste activiteiten te kiezen en deze op een adequate wijze uit te voeren, zodat dit leidt tot een hoog welbevinden. Zo kan op basis van cognitie een positieve of optimistische grondhouding worden aangenomen, gedrag er op gericht zijn in beginsel aardig te zijn voor anderen en kan er op basis van wilskracht naar worden gestreefd invulling te geven aan betekenisvolle persoonlijke doelen.

welzijnsmodel opgesteld (Figuur 4.1). Dit model heeft tot doel om vanuit een microperspectief de generieke welzijnsfactoren op te sporen in de vorm van behoeftes. De keuze voor het microperspectief is logisch omdat alleen het individu geluk kan ervaren.[IX] Het model beschrijft een ideale situatie. Door het vergelijken van dit ideaal met de werkelijkheid ontstaat er een idee waar welstendige ontwikkeling mogelijk is.

4.3.1 Balans

Met balans wordt bedoeld dat factoren uit het welzijnsmodel (bij voorkeur voortdurend) het juiste niveau hebben en zich onderling in goede verhouding tot elkaar bevinden. Ieder mens wordt geboren met een zeker potentieel om geluk te kunnen ervaren. Dat wil nog niet zeggen dat dit ook gebeurt. De wereld is dynamisch en niet ingericht om het welbevinden van een enkel individu te optimaliseren. Continu veranderende omstandigheden en veranderende voorkeuren maken dat ook het ideale evenwicht de neiging heeft steeds te veranderen. Bovendien is het individu zelf niet altijd in staat om aan te geven waar de balans ligt (rede, emoties en opvattingen liggen niet altijd

<table>
<tr><td colspan="3" align="center">Balans</td></tr>
<tr><td>Mens (4.4)

Ontplooiing

Vitaliteit</td><td>

Autonomie (4.5)</td><td>Omgeving (4.6)

Fysieke levensbehoeften

Inbedding
- ruimtelijk
- sociaal
- cultureel</td></tr>
<tr><td colspan="3" align="center">Perspectief (4.7)</td></tr>
<tr><td colspan="3" align="center">Oprechtheid (4.8)</td></tr>
</table>

Figuur 4.1. Het welzijnsmodel, behoeften voor geluksoptimalisatie.

[IX] Van hogere diersoorten is bekend dat zij kunnen lijden. In deze context is te spreken van dierenwelzijn. Bij het komen tot DCW-optimalisatie is ook dit aspect relevant.

op één lijn). De factoren uit het welzijnsmodel interfereren met elkaar. Door bijvoorbeeld veel tijd aan studie te besteden, is de factor ontplooiing gunstig te beïnvloeden. Als er teveel tijd aan leren wordt besteed, dan is er mogelijk te weinig tijd voor lichaamsbeweging dat leidt tot een verminderde vitaliteit. Het gaat steeds om een juiste mix.

Het vinden van de juiste balans is gecompliceerd, maar dat laat onverlet dat hier het streven moet liggen voor optimalisatie van geluk en welstendigheid.

4.4 Mens

Om te kunnen functioneren heeft het individu zekere geestelijke en lichamelijke capaciteiten nodig. Deze aspecten vallen onder 'ontplooiing' en 'vitaliteit'.

4.4.1 Ontplooiing

Door het tijdig verwerven van de juiste kennis, vaardigheden en inzichten, kan het aangeboren welzijnspotentieel worden geoptimaliseerd. Dit kan via een negativistische benadering: door het oplossen van storingen, te grote remmingen, trauma's, etc. Met een positivistische benadering is er aandacht voor zwakke én sterke punten.[38] Ontwikkelingen moeten in voldoende mate passen bij de aard van de persoon en deze doet graag waar die goed in is. Iemand met een aanleg voor techniek kan een gemotiveerde technicus worden. Een persoon die goed kan uitleggen, heeft daar meestal ook plezier in en kan een gemotiveerde leraar zijn.

Kennis, vaardigheden en inzichten zijn onvervreemdbaar en kunnen als middel onbeperkt worden ingezet. Door een goede koppeling te vinden tussen persoonlijkheid, bijpassende activiteiten en maatschappelijke behoeften, kan zowel persoonlijk welbevinden als het maatschappelijk nut floreren. Het zijn niet alleen professionele vaardigheden die moeten worden eigen gemaakt. Voor DCW-optimalisatie zijn ook het aanleren van levenskunst en deugden van belang.

Tijdens de levensloop zijn bepaalde perioden het meest geschikt voor het aanleren van vaardigheden en voorkeuren. Op relatief jonge leeftijd zijn mensen het meest ontvankelijk om een positieve grondhouding te ontwikkelen ten aanzien van natuur en milieu.[39] In het algemeen geldt dat naarmate de leeftijd toeneemt, de aanpassingscapaciteit of de wil om zich aan te passen vermindert. Leren heeft weliswaar een klemtoon in het eerste deel van de levensloop, maar strekt zich uit over het gehele leven. Naast inspanningen van het individu zelf en educatieve instellingen zijn hier ook instituties zoals het gezin, religieuze instellingen en media actief.

Mogelijkheden voor welstendige ontwikkeling
Ontwikkeling is niet vanzelfsprekend. Kinderen en jong volwassenen worden uitvoerig bijgestaan om een passende weg te vinden. Dat geldt in het algemeen niet voor volwassenen. Maar ook zij hebben af en toe behoefte aan begeleiding. Die kan gevonden worden in de privésfeer, maar hiervoor kunnen bijvoorbeeld coachingsinstituten opgericht worden. Dergelijke instituten bestaan er voor de professionele markt, maar zijn er niet voor een breed publiek en gericht op welstendige ontwikkeling. Om van een dergelijk initiatief een succes te maken, mogen ze laagdrempelig zijn.

4.4.2 Vitaliteit

Geestelijke en lichamelijke gezondheid zijn belangrijk voor een goed functioneren. Leeftijd, aangeboren kenmerken en een permanente kans om letsel op te lopen stellen een limiet aan de maximaal haalbare vitaliteit. Bij goede omstandigheden en met de huidige medische zorg is in westerse landen een gemiddelde levensduur van ruim 76 jaar voor mannen en 81 jaar voor vrouwen normaal.[40] Tot gemiddeld 70 jaar gaat dat zonder grote ongemakken.[41] De laatste jaren vragen dikwijls een intensieve medische begeleiding.

Hoewel lichamelijke en geestelijke vermogens pieken op relatief jonge leeftijd kunnen ze, mits goed onderhouden, tot op zeer hoge leeftijd op niveau blijven. Een goede (gezondheids)zorg geeft een stevige bijdrage om de in redelijkheid haalbare vitaliteit te benaderen.[X]

Gebreken zijn dikwijls geen beletsel voor geluk. Veel mensen met een handicap bewijzen dat dagelijks. Echter, wanneer reëel behandelbare gebreken niet tijdig en adequaat worden aangepakt, dan is het welbevinden lager dan eigenlijk mogelijk is. Dit zal meer opgaan naarmate de patiënt kennis heeft van de mogelijkheden en daardoor minder geneigd is zijn situatie te accepteren.

Mogelijkheden voor welstendige ontwikkeling
Bij verbetering van vitaliteit is 'kwalitatieve gezondheidszorg' een middel. Het gaat om het centraal stellen van het welbevinden van de patiënt en de toegankelijkheid van de zorg. En niet primair om de maximaal haalbare levensduur

[X] Tussen leeftijd en geluk zit weinig correlatie, met uitzondering van soms een kleine dip in de pubertijd en rond het 35e levensjaar. Dat laatste wordt verklaard door een te grote accumulatie van levenstaken. Ook zeer oude mensen laten hoge gelukscores noteren, vaak zelfs iets hoger dan gemiddeld. Het is van belang een gebalanceerd tijdsperspectief na te streven. Daarmee wordt bedoeld, dat bij voorkeur de dingen gedaan worden, wanneer de tijd hiervoor het meeste geschikt is. Dat heeft betrekking op de lange termijn. Denk bijvoorbeeld aan gezinsplanning, geld verdienen als hiervoor de capaciteiten aanwezig zijn of met oma praten over hoe het vroeger was, zolang ze nog leeft. Naast de lange termijn is het ook zaak oog te hebben voor de kortere termijn. Denk bijvoorbeeld aan vrienden en kennissennetwerken onderhouden, geregeld spelen en plezier maken, etc.

en efficiëntie van het systeem. Kwalitatieve gezondheidszorg gaat verder dan het huidige overheidsdoel ten aanzien van de gezondheidszorg namelijk een leven zo lang mogelijk in goede gezondheid doorbrengen.[42]

Geestelijk zorg is net zo belangrijk als lichamelijke zorg. Bij problemen met de vitaliteit zijn een snelle opsporing, diagnose en adequate behandeling nodig. Het is belangrijk om de doorlooptijd zoveel te beperken en het traject goed te coördineren. Begeleiding, symptoombestrijding (pijnbestrijding) en het bieden van een zeker comfort zijn onderdeel van hoogwaardige zorg. Dit kan bijvoorbeeld door het faciliteren van een prettige interactie tussen patiënt en zorgsysteem met het aanleggen van 'zorgpaden'. Patiënten met een aandoening doorlopen daarbij een vast traject waarbij alle aspecten van zorg op elkaar zijn afgestemd. Het traject wordt begeleid en afgelegd met minimale vertraging. Een dergelijk systeem leidt niet alleen tot tevreden klanten, maar ook tot minder fouten en kostenbesparingen.

4.5 Autonomie

Autonomie (zelfbeschikking) is de mogelijkheid om daadwerkelijk zelf te kunnen beslissen hoe het leven in te richten. Zonder enige vorm van autonomie is er vrijwel geen mogelijkheid invulling te geven aan het geluksstreven. De mate van autonomie wordt onder andere bepaald door culturele gebruiken, heersende normen en waarden, persoonlijke opvattingen hierover en organisatorische en fysieke omstandigheden. Mede onder invloed van de individualiseringstrend is de mate van autonomie de afgelopen decennia gegroeid. Dat heeft in het algemeen een positief effect gehad op het welzijn, maar ook een keerzijde (in Bijlage 3 wordt de trend verder uitgewerkt; er worden ook verwante begrippen besproken als vrijheid en keuzevrijheid).

Mogelijkheden voor welstendige ontwikkeling
De trend naar individualisering is vanuit welzijnsperspectief als positief te duiden. Bij het restricties opleggen aan het volwassen individu moet goed worden beargumenteerd waarom ze bijdragen aan welstendige ontwikkeling. Restricties werken potentieel belemmerend op zelfverwezenlijking en zo op het geluk. Ook in de westerse maatschappij zijn er nog veel mogelijkheden voor verruiming van de vrijheid (voor voorbeelden zie Bijlage 3).

4.6 Omgeving

Een omgeving, die aansluit bij de behoeften van het individu, schept de voorwaarden voor welzijnsoptimalisatie.

4.6.1 Fysieke levensbehoeften

Milieu en veiligheid

Met milieu wordt gedoeld op de algemene behoefte aan een gezonde leefomgeving. In de biologie wordt de term 'geschikte biotoop' gebruikt en in de sociologische context het begrip 'leefbaarheid'. Te denken valt onder andere aan schone grond, water, lucht en een leefbaar klimaat (of de juiste aanpassingen hiervoor). Er is ook behoefte aan veiligheid.[XI] Die is niet vanzelfsprekend. Er zijn tal van risico's. Onvoorspelbare effecten kunnen optreden als gevolg van het broeikaseffect, de snelle vermindering in biodiversiteit en de grootschalige inzet van (nieuwe) technologieën. Andere risico's zijn: natuurgeweld (overstroming, storm, lawines maar ook kleiner geweld, zoals virologisch en bacteriologisch besmettingsgevaar, etc.), technisch falen, de gevolgen van onzorgvuldig gedrag (brand, ongevallen, verkeersonveiligheid, voedselonveiligheid, slechte voedselkwaliteit, etc.) en crimineel of gewelddadig gedrag van de medemens (agressie, diefstal, vandalisme, terrorisme), staatsgeweld, willekeur en gewapende conflicten.

Op veel van de bovengenoemde aspecten scoren westerse landen goed en is in de afgelopen decennia verbetering geboekt. Toch is er nog veel ruimte voor ambitie.

Bestaanszekerheid+

Het gaat over primaire behoeften, nu en in de toekomst. Een aantal van die behoeften is hierboven al beschreven, maar niet genoemd zijn behoefte aan: eten, drinken, bescherming tegen weersinvloeden door kleding en een huis, plaatsen die privacy verlenen en hygiënische voorzieningen. Ook is te denken aan intimiteit.

Maar bestaanszekerheid alleen is te beperkt om het aangeboren welzijnspotentieel te bereiken. Ook een zeker niveau van comfort, luxe en esthetica zijn hiervoor nodig. Het gaat dan niet langer alleen om de inhoud maar ook om de vorm. Het is de bestaanszekerheid+ die ontstaat als aan de eerste levensbehoeften is voldaan. Eten moet niet alleen de honger wegnemen, maar bij voorkeur ook gevarieerd, lekker en gezond zijn, er aantrekkelijk uitzien en in een prettige ambiance genuttigd worden. De inrichting van het huis moet niet alleen functioneel zijn, maar ook mooi. Kleding dient niet alleen te beschermen, maar velen willen zich er ook mee onderscheiden. Niet alle wensen hoeven vervuld te zijn. Het is prettig wanneer er nog iets te wensen

[XI] Toch kunnen beperkte risico's ook het vermogen hebben een als prettig ervaren spanning te genereren. Een achtbaan die geen duizeligheid mag veroorzaken, is al snel saai. Gepasteuriseerde kaas is wel veilig, maar minder lekker. Wanneer de veiligheid te groot wordt, de maatschappij te voorspelbaar, dan kan de neiging ontstaan om risico's juist op te zoeken.

overblijft. Als alle wensen zijn vervuld dan treedt verzadiging op, en verdwijnt de motivatie.

Welvaartsgroei en de ontwikkeling van verbeterde of nieuwe producten zorgen (ogenschijnlijk) steeds voor nieuwe behoeften. De commercie is specialist in het oproepen van deze behoeften. Bijvoorbeeld: een fenomeen als vakantie is in de Noordwest-Europese context een basisbehoefte. In historisch – of mondiaal perspectief is dit echter niet vanzelfsprekend. Velen zullen van mening zijn, dat ze niet zonder mobiele telefoon of computer kunnen. De geschiedenis heeft echter bewezen, dat ook zonder deze artikelen hoge collectieve geluksscores mogelijk zijn.

De grens tussen 'noodzakelijke luxe' (een luxe die daadwerkelijk bijdraagt aan collectief welzijn) en 'overbodige luxe' (een luxe die niet bijdraagt aan collectief welzijn of een luxe die neutraal uitwerkt voor collectief welzijn, maar wel het milieu belast) is onmogelijk objectief aan te geven. De grens verandert met het voortschrijden van de techniek, de toenemende welvaart en ten gevolge van culturele invloeden. Eenmaal verworven luxe went en zal al snel tot de categorie noodzakelijk worden gerekend.

Toenemend bezit van goederen geeft een afnemende meeropbrengst. Er kan zelfs een punt gepasseerd worden, waarbij meer per saldo een last wordt. Bijvoorbeeld als gevolg van de gevoelde noodzaak bezittingen te moeten verzekeren, onderhouden en veiligstellen. Te veel auto's veroorzaken parkeerproblemen. Meer en/of grotere bezittingen geven dan minder geluk.

Mogelijkheden voor welstendige ontwikkeling

In rijke westerse landen bestaat sinds meerdere decennia geen verband meer tussen welvaartsgroei en welzijnsgroei. De grens van 'noodzakelijke luxe' is gepasseerd. 'Overbodige luxe' is relatief. Onderlinge competitie levert weliswaar individuele winnaars en verliezers op, maar collectief gezien is er sprake van een 'zero-sum game': de optelsom van voor- en nadelen leidt dan tot geen enkele welzijnswinst. Extra consumptie van (overbodige) luxe goederen is niet in staat om collectief een welzijnseffect te genereren. Tegelijkertijd wordt er door de overmatige beslaglegging op schaarse middelen er in termen van duurzaamheid ingeleverd. Welstendige ontwikkeling bereikt zo niet de maximaal haalbare waarden. We moeten daarom sceptisch naar overconsumptie kijken.

Negatieve externe effecten van (overbodige) luxe consumptie worden onvoldoende meegeteld. Om de benodigde middelen te genereren, moet er hard worden gewerkt. Dat leidt tot gebrek aan vrije tijd en tot stress. Productie en consumptie leiden, direct of indirect, tot creatie van milieubelasting, aantasting van de natuur, veiligheids- en gezondheidsrisico's, generatie van overlast en Noord-Zuid spanningen. Om in de consumptiegroei te voorzien, wordt er zwaar ingezet op economische groei. Daarvoor is in een geglobaliseerde wereld een flexibele economie nodig, die steeds op de toppen van haar kunnen presteert. Zekerheden, waar mensen aan hechten, verdwijnen. Waar dit gebeurt, zal het duurzaam collectief welzijn geen dienst worden bewezen. Zo kan bijvoorbeeld een economisch gedegen argumentatie om de arbeidsmarkt flexibeler te maken, contraproductief uitwerken.

Terwijl aan de ene kant sprake is van een grote overconsumptie en een hierbij behorende overproductie, is aan de andere kant juist sprake van onderproductie. Dit geldt voor gezondheidszorg, onderwijs en andere collectieve goederen. We moeten wegen vinden om meer collectieve goederen te produceren, omdat hier welstendigheidswinst is te halen.

Luxe goederen en diensten, die niet bijdragen aan DCW-optimalisatie en/of het milieu onnodig zwaar belasten, kunnen extra worden belast.[43] Door beïnvloeding van prijzen is veel in de gewenste richting bij te sturen. Deels wordt dit instrument al ingezet. Vergroening van het belastingstelsel is een project dat al langere tijd loopt en luxe producten worden al extra belast. Hier is echter nog meer mogelijk. Een veel hogere belasting op luxe goederen kan gepaard gaan met het opschroeven van de belastingvrije voet. Fysieke consumptie wordt zo duurder en arbeid goedkoper. Hiermee kan er meer van diensten worden genoten en kunnen er mooiere producten worden gemaakt. Terwijl in fysieke zin minder wordt geconsumeerd, is hier in termen van persoonlijk welbevinden en DCW-optimalisatie sprake van een betere consumptie.

4.6.2 Inbedding

Inbedding (verbondenheid) is de behoefte om ergens onderdeel van uit te maken, er bij te horen. Verbondenheid kan een gevoel van leegte verdrijven en een gevoel van echtheid opwekken. Het maakt het bestaan overzichtelijk en in enige mate voorspelbaar. Het geeft het besef thuis te zijn, gewaardeerd te worden en nodig te zijn. Inbedding geeft een basis van waaruit activiteiten worden ondernomen. Ook kan het dienen als referentiekader. Door inbedding wordt het bestaan overzichtelijk, prettig en krijgt het betekenis[44] (het laatste aspect betekenis oftewel zingeving wordt toegelicht in Bijlage 4).

Tussen inbedding en de behoefte aan autonomie zit een spanningsveld. Ergens bij willen horen, betekent dat je je moet aanpassen en rekening moet houden met andere belangen. Dat is vrijwel tegengesteld aan vrijheid. De zich verzelfstandigende jeugd voelt feilloos dat het concept inbedding haar vrijheid beperkt en schudt het graag af. Ook voor volwassenen kan een te grote verbondenheid benauwend werken. Ook hier gaat het erom het juiste evenwicht te vinden.

Er zijn verschillende typen van inbedding: ruimtelijke inbedding, sociale inbedding en culturele inbedding.

Ruimtelijke inbedding

Bij ruimtelijke inbedding gaat het in eerste instantie om de woning en woonomgeving. Ook heeft het betrekking op de behoefte zich thuis te voelen in een bepaald gebied. Een beoordeling van de kwaliteit van de leefomgeving zal sterk afhankelijk zijn van persoonlijke voorkeuren. Een persoon die zich thuis voelt in een stedelijke omgeving, zal de aanwezigheid van licht, levendigheid, omgevingsgeluid en (culturele) voorzieningen meer waarderen of zich daar minder aan storen dan degene die kiest voor een landelijke omgeving. De leefomgeving kent een grote diversiteit maar de behoefte aan kwaliteit is evident.

In een kwalitatief hoogwaardige leefomgeving is er ruimte voor wonen, werken en recreëren. Een zekere hoeveelheid groen maakt onderdeel uit van een aantrekkelijke woonomgeving. Natuurlijke inbedding maakt het mogelijk om rust te ervaren en te recreëren. De aanwezigheid van natuur werkt positief uit op de leefbaarheid als zodanig en het welbevinden.

Schoonheid is ook belangrijk. Weinig appreciatie is er voor verpauperde voorsteden, anonieme en op efficiëntie gebouwde industrieterreinen, en een versnipperd rommelig landschap, waar de identiteit uit is verdwenen. Schoonheid roept bij mensen positieve emoties op en de wens zich hiermee verbonden te voelen. Een kwalitatief hoogwaardige ruimtelijke omgeving is een basisvoorwaarde voor welzijn.

Ruimtelijke inbedding en mogelijkheden voor welstendige ontwikkeling

Wonen, werken en recreëren zijn zoveel mogelijk geconcentreerd in de leefomgeving. Zo kan de reistijd voor woon-werkverkeer beperkt blijven. Minder belasting door snelverkeer draagt bij aan leefbaarheid. Zowel met het oog op leefbaarheid, om milieuredenen en omdat langzaam verkeer de meeste positieve emoties geeft, is er uit collectief oogpunt een voorkeur voor dit type vervoer.[XII] Per fiets worden doorgaans gebieden op maximaal 10 kilometer afstand bezocht. [45] Binnen deze straal zijn bij voorkeur al de gewenste kwaliteiten aanwezig.

Een aantrekkelijke leefomgeving draagt ertoe bij, dat er meer uitstapjes binnen het gebied worden gemaakt, wat remmend werkt op de mobiliteit. Dan kan ook meer gebruik worden gemaakt van vormen van langzaam verkeer. Het zoveel mogelijk combineren van wonen, werken en recreëren, zal er aan bijdragen, dat er meer energie in de omgeving wordt gestopt. Sociale cohesie neemt toe, net als de veiligheid en de aandacht voor de woonomgeving,

[XII] Aangezien ook de auto een positief effect heeft op geluk dient vanuit welzijnsperspectief voorzichtigheid te worden betracht met al te restrictief optreden tegen de auto.

evenals de wens de kwaliteit te verbeteren. Gezien de gemiddelde woon-werkafstand in Nederland van 30 kilometer (in 2004) is er veel ruimte voor ambitie. Het is niet altijd mogelijk een geschikte baan in de buurt te vinden, maar door een flexibelere benadering van de vestigings- en verhuisdynamiek kan hieraan tegemoet worden gekomen. Dat kan bijvoorbeeld door de overdrachtsbelasting en prijsopdrijvende hypotheekrenteaftrek af te schaffen. Zo wordt de barrière om te verhuizen verlaagd. De mogelijkheid om zelf een huis te bouwen kan nog verder verruimd worden.

Duurzame ontwikkeling en welstendige ontwikkeling kunnen hand in hand gaan, bijvoorbeeld bij de realisering van de ecologische hoofdstructuur (EHS) en verweving van landbouw, landschap en natuur. Rond woonkernen en bij natuurgebieden kan de landbouw extensief zijn, oplopend naar intensief in grootschalige productielocaties zoals Flevoland en Noord-Frankrijk. Zo kan ook het contact met de voedselketen in stand blijven.[46]

Vanuit het oogpunt van welstendige ontwikkeling dienen milieuaspecten vanaf het begin van de planning een rol te spelen. Dit vanuit een integrale visie op gebiedsontwikkeling, waarvan allerlei overheidsdocumenten (zoals de Nota's over de Ruimtelijke Ordening) getuigen. De stap van theorie naar praktijk wordt echter onvoldoende gezet. Randvoorwaarden moeten zo duidelijk zijn dat het milieubelang niet ongemerkt naar de achtergrond wordt geschoven.[47] De bestaande werkwijze voorziet er in dat iedere gemeente zijn eigen industrieterrein, kantorenpark, golfterrein en aansluiting op de mobiliteitsnetwerken, etc. krijgt. Overal verrijzen recreatiefaciliteiten buiten wooncentra.[48] De toch al schaarse ruimte wordt onnodig onder druk gezet. Een betere ondersteuning van lokale overheden door de Rijksoverheid is soms gewenst.

De overheid zet eenzijdig in op economische groei. Grote infrastructurele werken als de Betuwelijn of projecten uit de Vijfde Nota Ruimtelijke Ordening laten hier geen misverstand over bestaan. Zo wordt het duidelijk waarom het in Nederland nooit meer donker wordt, op de meeste plaatsen permanent druk en lawaaiig is en sprake is van een permanent 'werk in uitvoering'. Met betrekking tot de ruimtelijke ontwikkeling is er nog veel te verbeteren. Een prettige leefomgeving werkt ook gunstig uit op economische ontwikkeling.[XIII]

[XIII] Verschillende auteurs komen bijvoorbeeld tot de conclusie dat goede stadsmilieus toeristen en creatieve mensen aantrekken. De creatieven zijn op hun beurt een belangrijke vestigingsfactor voor bedrijven. In dergelijke steden ontstaan formele en informele kennisnetwerken, die voorop lopen in ontwikkeling. Kwaliteit leidt zo bezien weer tot nieuwe kwaliteit. Zogenaamde 'softe locatiefactoren' zijn succesfactoren in de globale economie. Daarbij is te denken aan kwaliteit van huisvesting, kwaliteit van leven, sociale voorzieningen, cultureel leven, milieukwaliteit, goed bestuur en sociale en territoriale cohesie. Een kwalitatief hoogwaardige leefomgeving wordt een steeds belangrijker factor bij de ontwikkeling van de (kennis)economie.

Sociale inbedding

Hechte sociale gemeenschappen zijn van groot belang voor het welbevinden. De kwaliteit van de sociale verbanden bepaalt de mate waarin daadwerkelijk steun gegeven en ontvangen wordt. Kwalitatief goede sociale relaties geven zin aan het leven. Liefde, vriendschap, sympathie, vertrouwen en solidariteit komen tegemoet aan menselijke behoeften.

De meest hechte netwerken bestaan meestal uit het gezin, de familie, de buren en de vriendenkring (primaire netwerk). Ze hebben een informele sfeer. Collega's, zakenrelaties, verenigingsrelaties, kennissen, etc. behoren tot het secundaire netwerk, waar activiteiten en transacties een veel formeler karakter hebben.

Culturele inbedding

Culturele inbedding heeft betrekking op de behoefte aan gemeenschappelijke waardepatronen, symbolen en rituelen. Gedeelde conventies bepalen wat op waardering en afkeuring kan rekenen en geven de mogelijkheid emoties te delen. Cultuur kan samengaan met taal, religieuze gebruiken en een bepaald arbeidsethos. Bij cultuur gaat het niet alleen om de vraag 'wat', maar nadrukkelijk ook om de vraag 'hoe'.

Voor een leefbare samenleving is er een minimale maatschappelijke samenhang nodig. Aandacht voor gemeenschapszin, burgerschap en hiermee verwante deugden zijn van belang.[49] De sociale en culturele cohesie in de samenleving staan onder druk.

De immigratie uit onderontwikkelde gebieden naar de rijke westerse landen geeft maatschappelijke spanning. Cultuurverschillen zijn een verrijking, maar ook een (potentiële) bron van conflict tussen bevolkingsgroepen. Het gevaar bestaat dat verschillende culturen langs elkaar heen gaan leven. Dat geeft niet alleen wrijving maar kan ook leiden tot politieke polarisatie.

Inbedding en mogelijkheden voor welstendige ontwikkeling

Spanningen (bij immigratie) zijn te verminderen door aandacht voor (nationale) identiteit, gedeelde gemeenschappelijke waarden, tradities, feestdagen, evenementen en nationale karakteristieken. Ook kan gedacht worden aan het afremmen van te snelle immigratie.

Inbedding hangt samen met de behoefte aan een menselijke schaal. Deze menselijke schaal is niet alleen om redenen van geluk een behoefte. Het sluit ook aan bij de wens om tot een meer duurzame samenleving te komen en geeft (een gevoel van) veiligheid. Het idee van de menselijke schaal staat op gespannen voet met de trend naar globalisering. Deze leidt tot schaalvergroting en de roep om wereldburgerschap. Dat is moeilijk te verenigen met de behoefte aan ruimtelijke, culturele en sociale inbeddingen, en de menselijk schaal. Onderzoek maakt duidelijk, dat de burger minder warm loopt voor een harde, kapitalistische economie en globalisering.[50] De Nederlander verkiest de zorgzame regio, die gericht is op solidariteit en kleinschaligheid boven de prestatiemaatschappij met daaraan verbonden trends als globalisering en groeiende ongelijkheid.[51]

Ook secularisering, individualisering, een meer economische gerichtheid en een grote verandering in de inrichting van ruimte (onder andere door verstedelijking) weken mensen los uit sociale verbanden en van hun geboortegrond. Cultuur verandert in hoog tempo.[52] Instituten als het gezin, de kerk, politieke partijen en de traditie verliezen invloed. Nieuwe instituties, zoals subculturen, vriendennetwerken op internet, 'internetcommunities', sportfaciliteiten op commerciële basis, de 'homo economicus' en zijn netwerksamenleving komen er voor in de plaats. De vraag is of zij voldoende vervanging zijn.

4.7 Perspectief

Voor zover het individu mogelijkheden heeft om zijn of haar situatie te veranderen, gebeurt dit door het kiezen en uitvoeren van activiteiten. Activiteiten leiden tot resultaten. Goed gekozen activiteiten, die goed worden uitgevoerd leiden tot persoonlijk en maatschappelijk floreren (welstendige ontwikkeling). Een en ander is schematisch weergegeven in Figuur 4.2.

De aanwezigheid van reëel perspectief is een behoefte. Perspectief geeft hoop en vertrouwen in de toekomst.

Vanuit individueel oogpunt is het wenselijk dat een activiteit leidt tot het positief benutten van het moment en een betere balans in het welzijnsmodel. Wanneer bij de keuze en uitvoer van de activiteit ook nog volledig rekening is gehouden met de belangen van anderen en van natuur en milieu, nu en in de toekomst, dan is er sprake van een ideale situatie. Door het goede te doen levert het individu de maximale bijdrage die in zijn vermogen ligt. Dit wil niet zeggen dat het aangeboren welzijnspotentieel hiermee is gegarandeerd. Ook omstandigheden moeten meewerken. Een middagje zeilen kan, als de wind het onverhoeds laat afweten, eindigen in een onplezierige lange nachtelijke peddeltocht.

Mogelijkheden voor welstendige ontwikkeling

Competitie is een belangrijk onderdeel van het mens zijn. Vanuit de welzijnsoptiek is het belangrijk, dat er in zekere mate sprake is van eerlijk competitie. Dat is zeker geen gemeengoed. Er is misbruik van voorkennis, vriendjespolitiek, exorbitante zelfverrijking, misbruik van marktmacht of macht in het algemeen, concurrentievervalsing, belangenverstrengeling,

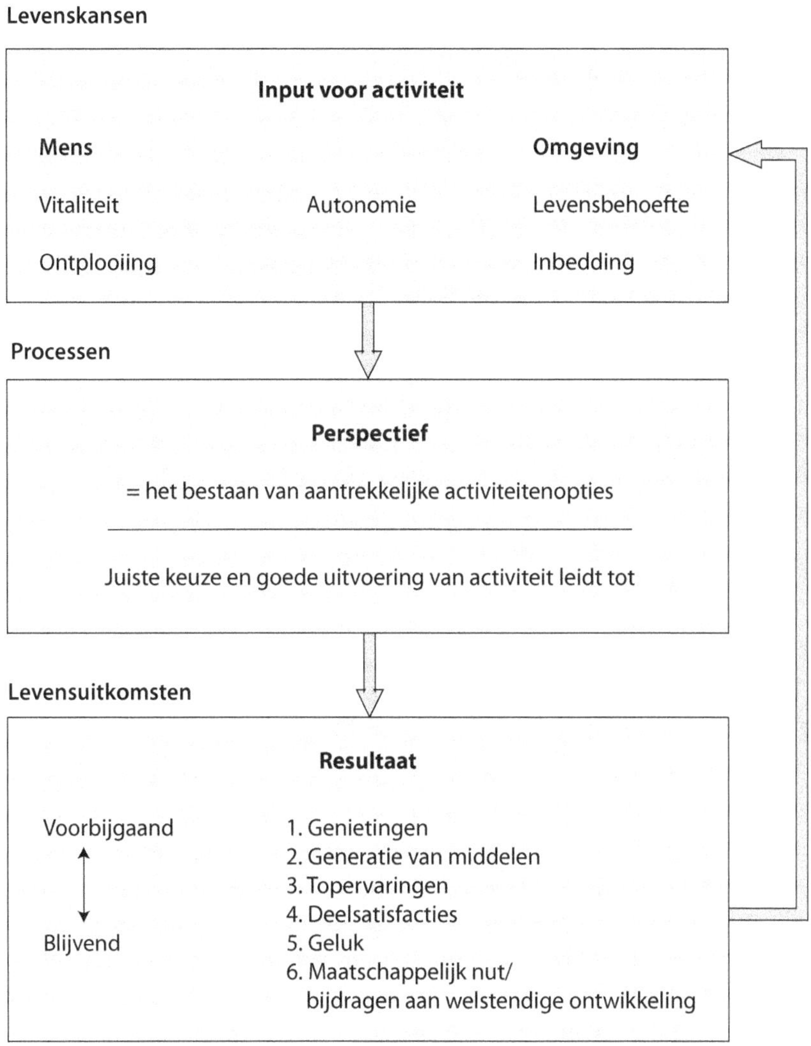

Figuur 4.2. Het welzijnsmodel in een dynamische context.

klassenjustitie, corruptie, vals spel in de sport en crimineel gedrag (lang niet alles staat in de wet). Veel 'misstanden' worden met succes aangepakt maar er is nog verbetering mogelijk.

Een soortgelijke inzet van middelen moet tot een soortgelijke kans op resultaat leiden. Zowel de miljonair die aan een zeilwedstrijd meedoet, als de modale burger die solliciteert op een aantrekkelijke baan, is gebaat bij een eerlijke competitie. Eerlijke competitie geeft vertrouwen, voorkomt willekeur en geeft (binnen zekere marges) gelijke kansen.

4.8 Oprechtheid

Ieder (normaal functionerend) volwassen individu is betrokken bij de omgeving. Het (veronderstelde) welzijn van naasten, kennissen, landgenoten, de medemens in het algemeen, dierenwelzijn, het floreren van natuur en milieu zijn relevant. Het individu heeft behoefte aan een zekere mate van solidariteit en rechtvaardigheid. Als criteria voor solidariteit en rechtvaardigheid onvoldoende in acht worden genomen, ontstaan gevoelens van ongenoegen. Wanneer het onrecht zich afspeelt buiten de eigen omgeving dan wordt het eigen geluk beschermd. Toch zal het eigen (en duurzaam collectieve) welbevinden hoger liggen, wanneer tegemoet wordt gekomen aan de bestrijding van onrecht.

4.8.1 Solidariteit

De 'Van Dale' beschrijft solidariteit als: *"bewustzijn van saamhorigheid en bereidheid de consequentie daarvan te dragen."* Saamhorigheid kan van toepassing zijn op de medemens, natuur en milieu, zowel in het heden als in de toekomst. Daadwerkelijk invulling geven aan solidariteit (en rechtvaardigheid) kan gezien worden als een correctie op de natuurlijke gang van zaken, waarin evolutionair succes en het recht van de sterkste of slimste tellen. Invulling geven aan solidariteit (en rechtvaardigheid) is een concept dat aansluit bij altruïstische eigenschappen van de mens. Het is ook een soort verzekering: degene die nu gevraagd wordt solidair te zijn, heeft mogelijk in de toekomst solidariteit van anderen nodig. En het is een belangrijk beginsel voor DCW-optimalisatie. Door creatie van omstandigheden zoals beschreven in het welzijnsmodel, worden ook goede voorwaarden geschapen waaronder mensen solidair willen zijn.

4.8.2 Rechtvaardigheid[53]

Rechtvaardigheid is 'het beginsel dat ieder als lid van de maatschappij krijgt wat hem toekomt'. Het tegemoetkomen aan rechtvaardigheid is zowel een individuele als een collectieve behoefte.[XIV] De gangbare ideeën over recht-

[XIV] Het tegemoetkomen aan rechtvaardigheid is ook te zien als een morele plicht. Van dergelijke dwingende redeneringen wordt in dit boek geen gebruik gemaakt.

vaardigheid zijn gebaseerd op het idee van de principiële gelijkwaardigheid van de mens. Dit uitgangspunt is in westerse landen vrijwel algemeen geaccepteerd.

Alle vormen van rechtvaardigheid hebben relevantie voor DCW-optimalisatie. Met name het begrip 'verdelingsrechtvaardigheid' verdient toelichting. Hoe moeten de beschikbare bronnen op een onpartijdige manier worden verdeeld tussen de mensen en tussen de huidige en toekomstige generaties? En welke ruimte moet er daarbij gelaten worden voor natuur en milieu? Bij rechtvaardigheid heeft ieder mens recht op de 'basisbehoefte', voor een 'volledig leven'. De bronnen worden dus zo verdeeld, dat er tegemoet kan worden gekomen aan de basisbehoeften van iedereen. Nadat basisbehoeften zijn verdeeld, wordt het restant verdeeld als zijnde verdere behoeften. Deze worden zo verdeeld, dat negatieve sentimenten in de samenleving zoveel mogelijk worden vermeden.

Een beperking is dat de eis van onpartijdigheid het vrijwel onmogelijk maakt om verstrekkende uitspraken te doen over de rechten van mensen, die niet in staat zijn of worden geacht hun wensen ten aanzien het 'volledige leven' kenbaar te maken. Hoe met de natuur om te gaan, blijft ook ongewis. De regels zijn dus te vaag om in detail toe te passen. Een meer cultureel bepaalde opvatting over rechtvaardigheid kan hier oplossing bieden. Deze is echter niet onpartijdig. Rechtvaardigheidstheorieën, opgezet vanuit een enkelvoudig idee, bijvoorbeeld de fundamentele gelijkheid van de mens, kunnen niet zonder controverse tot universele uitspraken komen. Berlin (1958) noemt dit het fundamentele gebrek aan convergentie van waarden.[54] Er is geen hoogste waarde (bekend) die algemeen kan overtuigen en waar alle andere waarden naartoe leiden.

Verplichtingen van rechtvaardigheid zijn minimaal, in zoverre ze als recht geclaimd kunnen worden.[55] De natuur nu en in de toekomst, dieren voor menselijk gebruik, de armen in de wereld en de toekomstige generaties hebben geen stem, wanneer de rechtvaardigheid in het geding is. Hoe lastig het begrip rechtvaardigheid ook mag zijn, dat er behoefte aan is, staat buiten kijf. We kunnen in de praktijk vaak betere alternatieven van slechtere onderscheiden en zo komen tot een zekere optimalisatie.[56]

Oprechtheid en mogelijkheden voor welstendige ontwikkeling

Bestrijden van redenen voor ongeluk Een belangrijke mogelijkheid voor het verhogen van het collectief welzijn ligt in het bestrijden van redenen voor ongeluk.[57] In veel westerse landen is nog sprake van armoede, gebrekkige ziektekostenverzekeringen of beperkte hulpverlening en een slechte leefomgeving.

Niet iedereen kan overweg met een grote mate van autonomie. Eenzaamheid is in de moderne samenleving geen zeldzaamheid. Psychisch en lichamelijk leed komt veelvuldig voor. Meer dan 10% van de bevolking heeft problemen die het welzijn aanzienlijk verstoren. Voldoende aandacht hiervoor kan het collectief welzijn substantieel doen stijgen.

Een te hoog verzorgingsniveau maakt mensen afhankelijk, belemmert de vrije keuze en stimuleert inactiviteit. Hulp moet zich richten op een goed ingebedde en gewaardeerde zelfstandige positie in de maatschappij (of zo zelfstandig als redelijkerwijze mogelijk). Verantwoordelijkheid nemen voor de eigen keuzen is een belangrijk uitgangspunt. Het is essentieel voor een positief zelfbeeld.[58] Door adequate scholing, opvoedingsondersteuning, een sociaal stelsel dat naar werk leidt, behoorlijke sociale huisvesting en goede gezondheidszorg kan hier structureel in worden voorzien.

Inkomensverdeling In de meeste westerse landen is de inkomensongelijkheid de afgelopen 20 jaar toegenomen.[59] Socialistisch georiënteerde westerse landen (met relatief veel herverdeling) scoren ongeveer even hoog ten aanzien van geluk en de spreiding ervan als landen met een meer rechtse signatuur en een soortgelijke welvaart.[60] Het is zaak om niet door te slaan in het gelijkheidsdenken. De (aangeboren) behoefte om zich te onderscheiden en de competitie aan te gaan worden er door gefrustreerd. Iedereen heeft een minimaal recht op de vruchten van eigen arbeid. Toch mogen binnenlandse verschillen ook niet te groot zijn, zo laat onderzoek zien. Welke inkomensverdeling tot optimale uitkomsten leidt in termen van DCW-optimalisatie, vereist nader onderzoek.

4.9 Op zoek naar het optimum

Empirisch onderzoek laat zien dat westerse landen in de top scoren op het gebied van collectief geluk. De beste scoren meer dan een 8 en komen daarmee in de buurt van de maximaal haalbare scores. Dat zal onderstaand indicatief worden toegelicht.

Onderzoeken van het CPB wijzen erop, dat er circa 10% van de bevolking arm is. Nog eens 10% van de mensen leeft in een sociaal isolement, een fnuikende factor als het om geluk gaat. Een kleine 1% zit in de gevangenis. Psychiatrische ziekenhuizen en soortgelijke instellingen hebben patiënten die in het algemeen een lagere score op geluk laten noteren. Mensen met problemen zijn vaak in meerdere statistieken terug te vinden. Een realistische aanname is dat 15% van de mensen minder functioneert. Stel dat deze groep met gericht beleid is te reduceren tot 10% en dat zij een 5 scoren op geluk, dan kan op basis van de bovenstaande gegevens een maximaal haalbare collectieve geluksscore worden berekend van: 0,9 × 8,5 + 0,1 × 5 = 8,15.[XV]

Misschien is het nog mogelijk de 10%-groep verder te reduceren en de geluksscore van een 5 te verhogen. Zo zijn er, in een optimistisch scenario, nog enkele tienden bij te sprokkelen. Bij de huidige stand van de medische wetenschap zal de absoluut haalbare geluksscore dan ongeveer 8,4 zijn.

Van belang is de erkenning, dat er een bovengrens is aan collectief geluk en dat deze in diverse westerse landen wordt benaderd. Altijd is er ruimte voor verbetering, maar naarmate de top in welzijn wordt benaderd, is het minder gemakkelijk progressie te boeken. Werken aan welstendige ontwikkeling is een subtiel proces. Het gaat het om vele aspecten in een fragiele balans. Kennisneming van veranderde omstandigheden is daarbij essentieel. Andere omstandigheden vereisen andere keuzen. Onbeperkt milieubeslag claimen heeft een prijs. Milieukwaliteit is niet meer vanzelfsprekend terwijl in een situatie van rijkdom deze van groot belang is. Onzekerheden, die gepaard gaan met een steeds verdergaande aantasting van het milieu en schaarste aan grondstoffen gaan ten koste van welzijn. Immateriële aspecten zijn net zo belangrijk als materiële aspecten. Aandacht voor naasten, de medemens elders en later, dieren, de leefomgeving, de natuur, het milieu en duurzaamheid zijn nadrukkelijke thema's en ze worden manifester naarmate het maximaal bereikbare welzijn wordt benaderd.

Werken aan collectief welzijn betekent in veel gevallen rekening houden met duurzaamheid. Het schept ook de voorwaarden waaronder duurzaamheid kan gedijen en werken aan duurzaamheid betekent rekening houden met welzijn. Het werken aan collectief welzijn en aan duurzaamheid gaat in onze westerse maatschappij dus vaak hand in hand. Niet of onvoldoende wordt ingezien, dat de vraag 'Hoe kan de transitie naar een duurzame samenleving maximaal momentum krijgen?' én de vraag "*Hoe kunnen we de wereld beter inrichten zodat mensen gelukkiger worden*?"[61], vaak gaan over één en hetzelfde onderwerp: het zijn twee zijden van dezelfde medaille. Dat welzijn duurzaam van aard moet zijn, speelt direct in het hier en nu. Greep krijgen op welzijn in relatie tot de ruimte die het milieu kan bieden, is het parool. Dat geldt niet zozeer voor het individu, maar zeker wel voor de westerse samenleving als geheel. Via deze weg slaat het terug op individueel geluk.

Hoe vanuit macroperspectief invulling kan worden gegeven aan DCW-optimalisatie, is het onderwerp van de volgende hoofdstukken.

[XV] In het rekenvoorbeeld is aangenomen dat de 90% goed functionerende gemiddeld een 8,5 rapporteren.

Deel III:

Het macroperspectief

5. SYSTEMEN

5.1 Inleiding

Denken in systemen is een manier van kijken naar de werkelijkheid, waarbij het zaak is om het grote geheel te doorzien.[62] Binnen het systeem zijn subsystemen te onderscheiden en daarbinnen weer allerlei onderdelen. De manier waarop alle elementen interacteren leidt tot een zekere systeemdynamiek. Complexe open systemen, zoals het natuurlijke systeem en de door de mens gecreëerde systemen (menselijke systemen), kennen dezelfde wetmatigheden. Zo hebben ze een zeker doel en muteren continu naar een andere toestand. Daarbij bestaat een zekere mate van onvoorspelbaarheid. In de natuurlijke evolutie bijvoorbeeld interacteren en muteren de levensvormen voortdurend, terwijl leven de constante is (te zien als systeemdoel). Ingewikkelde oorzaak en gevolg relaties staan centraal en cyclische verbanden vormen daarbij een belangrijk onderdeel. Het natuurlijke systeem weet gedurende miljarden jaren een dynamisch evenwicht in stand te houden, met steeds weer ander verschijningsvormen van leven.

Het natuurlijke systeem en de menselijke systemen interacteren. Door het totale systeem te begrijpen ontstaat er een idee hoe variabelen in de loop der tijd toenemen en afnemen, wat het effect is van menselijk handelen op de natuur en hoever het natuurlijke systeem is te belasten met waarborg voor de vitaliteit (regeneratiecapaciteit) op lange termijn.

Door systeemdenken worden veranderende omstandigheden en onbedoelde gevolgen van acties ontdekt en ook vooronderstellingen aan de oppervlakte gebracht. Er ontstaat begrip voor het werkelijke probleem (de dieperliggende oorzaak) en geëigende oplossingen. Zo kunnen er mogelijkheden worden gevonden die leiden tot welstendige ontwikkeling.

5.2 Het natuurlijke systeem

Het natuurlijke systeem bestaat uit het geologische, het meteorologische en het ecologische systeem. Door haar omvang en (bio)diversiteit is het ecologische systeem veerkrachtig en kan het op verandering reageren. Grote meteorietinslagen zorgden in het verleden bijvoorbeeld voor een enorme vernietiging maar het systeem regenereerde. Altijd bestaan er niches waarop een verandering geen vat heeft en weten soorten te overleven. Het ecologische systeem blijft op deze wijze duurzaam in stand.

Een vitaal natuurlijk systeem is een essentiële randvoorwaarde voor de menselijke ontwikkeling. Het voorziet voor een belangrijk deel in de middelen voor productie en consumptie en is in staat om afvalstoffen uit dergelijke processen te neutraliseren. Het is een bron die gezond leven mogelijk maakt.

Veel mensen weten van de natuur te genieten en een rijke natuur is een belangrijke bron voor welbevinden. De omvang en de vitaliteit van dit systeem bepalen dus vergaand de mogelijkheden voor de mens in het hier en nu en het daar en later.

De aarde is een eindige bron met maar een beperkt herstellend vermogen. Natuur en milieu reageren niet alleen moeilijk voorspelbaar, maar ook nog uitermate traag. Vitaliteit van een complex open systeem in stand houden betekent dat de kwantiteit en kwaliteit, diversiteit en natuurlijke connectiviteit (de verbinding tussen de verschillende subsystemen) bewaakt moet worden. Onder andere op basis van deze inzichten is het idee voor realisering van de ecologische hoofdstructuur (EHS) ontstaan. Een van de uitgangspunten hierin is dat diversiteit een voorwaarde is voor duurzaamheid. Een monocultuur, bijvoorbeeld een tarweveld, kan door een enkele ziekteverwekker waartegen het niet resistent is, een misoogst opleveren. Hoe groter de vitaliteit van een systeem, des te meer verstoring (stress) het kan verdragen. Flora en fauna krijgen het extra moeilijk als natuurgebieden zijn versnipperd en er harde systeemgrenzen zijn (bijvoorbeeld een drukke verkeersweg of een massieve beschoeiing). Dergelijke inzichten leiden tot de aanleg van zogenaamde zachte oevers en de bouw van wildviaducten.

Een te hoge belasting van het systeem en te snelle verandering, (bijvoorbeeld als gevolg van het broeikaseffect) dienen voorkomen te worden. Wanneer de veerkracht te veel wordt aangesproken dan wordt het systeem instabiel en kan het in korte tijd omslaan naar een andere toestand. Als het eenmaal slecht gaat, dan zijn ontwikkelingen onomkeerbaar (uitsterven van soorten) of uiterst moeilijk omkeerbaar. Uitgedunde visreserves zien dan geen kans meer zich te herstellen; vertroebelt oppervlaktewater met een teveel aan nutriënten is slechts zeer moeizaam weer helder te krijgen. Bij complexe open systemen moet er terughoudendheid zijn bij het opzoeken van de stressgrenzen. Het is dus zaak om verantwoordelijk met de natuur om te gaan, temeer omdat er geen substituut is. Het natuurlijke systeem en het menselijke systeem moeten in een zeker evenwicht met elkaar zijn. Zoals in Hoofdstuk 1 toegelicht is dit een precair en zorgelijk evenwicht (Figuur 5.1).

Door de menselijke expansie worden de natuurlijke systemen enorm onder druk gezet. Hiervan zijn wij getuige. We zien hoe de biodiversiteit snel afneemt. Dat geldt ook voor vernieuwbare en niet vernieuwbare natuurlijke hulpbronnen. Maar we zien ook het aanpassingsproces.

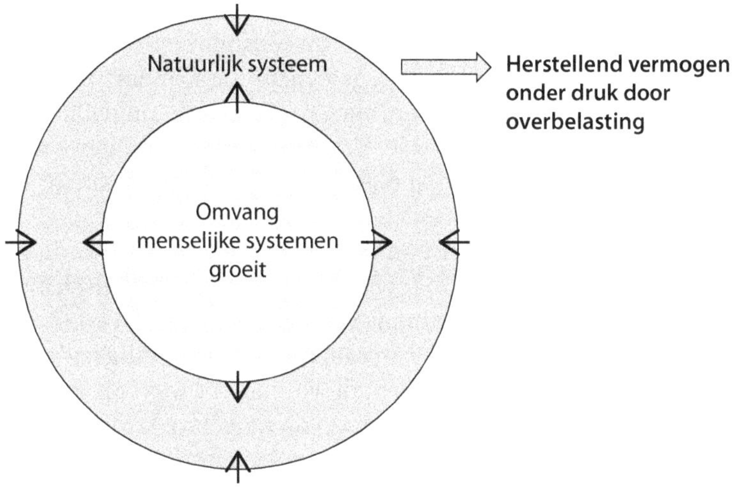

Figuur 5.1. Het natuurlijke systeem staat onder druk.

5.3 Menselijke systemen

De geschiedenis laat een komen en gaan van beschavingen zien, bijvoorbeeld het Romeinse en het Maya imperium en Chinese dynastieën.[63] Dominante landen boeten in aan relevantie (Groot-Brittannië in de 19e eeuw) terwijl nieuwe supermachten opkomen. Waarom komen beschavingen aan hun eind of verliezen ze hun relevantie en wat heeft dat van doen met systeemdenken?

5.3.1 Redenen voor ineenstorting en verval[64]

Wanneer een imperium inboet aan economische, militaire en politieke macht dan bestaat het gevaar dat het van buiten wordt aangevallen. Het initiële gevaar komt echter vaak van binnenuit. Een rijk kan groter worden dan het kan bolwerken (imperial overstretch).[65] Beschavingen worden tijdens hun groei steeds complexer. De bureaucratie neemt toe, het leger groeit, zo ook de steden en de economie en de wetten. Er zijn steeds meer grondstoffen nodig, de afhankelijkheid om hierin te voorzien groeit en het kost steeds meer energie om alles in goede banen te leiden. Toenemende complexiteit in combinatie met rigide 'top down' sturing, vragen steeds meer middelen die moeten worden opgebracht met het opleggen van belastingen. Terwijl de kosten stijgen neemt de effectiviteit van het bestuur af. Onvrede onder de bevolking neemt toe en ook de bereidheid het regime te steunen. Daarbij is er sprake van verstarring. Machtige partijen hebben vaak geen baat bij verandering terwijl dat juist wel nodig is bij veranderende omstandigheden. Ze werken niet alleen verandering tegen maar zien ondertussen ook kans om hun eigen positie te versterken, met toenemende ongelijkheid en een vermindering van de sociale cohesie. Creatieve geesten krijgen ondertussen te weinig ruimte. Het gevolg is nog meer onvrede en de veerkracht verdwijnt uit het systeem.

Bij de ineenstorting van het communisme waren veel van de bovengenoemde kenmerken zichtbaar. Ook schortte het aan een realistisch mensbeeld. Zo werd er vanuit gegaan dat de mens verregaand gevormd kon worden. De verheffing van de arbeider zou tot een egalitaire samenleving leiden maar dat stuitte in de praktijk op grenzen. Toen de veerkracht was verdwenen, was er niet zoveel meer nodig om het systeem op de knieën te krijgen.

Ineenstorting en verval van een rijk of grootmacht kan ook het gevolg zijn van dubieuze doelen en methoden. Zo was het Derde Rijk uit op de verheffing van het superieure Duitse ras. Daarvoor was onder meer 'Lebensraum' nodig. Een massale veroveringsoorlog moest daarin voorzien. De strategie leidde tot vele oorlogsfronten en werd uiteindelijk een misrekening. Weinig van de omringende landen werden in hun waarde gelaten. De krachten werden verenigd en Duitsland werd verslagen.

Beschavingen zijn ook verdwenen als gevolg van overbelasting van bronnen. Bijvoorbeeld op Paaseiland waar de beschaving ten onder ging aan overbevolking, ontbossing en uitputting van de beperkt aanwezige natuurlijke grondstoffen.

Onbeperkt groeien in fysieke zin stuit vroeg op laat op harde grenzen. Waar die grenzen in zicht komen of omstandigheden dwingen, is het verstandig om doelen en strategieën aan te passen. Maar daarin blijken samenlevingen minder capabel. De focus is gericht op de oude doelen, en daar ligt de expertise.[66]

Als de vitaliteit uit het systeem verdwijnt dan wordt het steeds moeilijker om op crisis en schokken te reageren. Er is dan maar een klein zetje nodig tot het systeem instort en de samenleving rigoureus verandert. Invallen van de Barbaren maakte zo een einde aan het Romeinse rijk.[67] Dat kon alleen maar gebeuren omdat het systeem innerlijk al verzwakt was.

De bovenstaande wetmatigheden spelen een rol spelen bij complexe open systemen, zowel voor natuurlijke als menselijke systemen.

5.3.2 Vitaliteit behouden is de basis voor welstendige ontwikkeling

De westerse samenleving heeft kenmerken van een beschaving die over zijn hoogtepunt heen is. De VS lijkt met zijn buitenlandpolitiek soms te lijden aan 'imperial overstretch'. De westerse maatschappij wordt complexer en is verstard door gevestigde belangen en vergrijzing (denk bijvoorbeeld aan een groot bedrijf als Shell of de discussie rond pensionering). De afhankelijkheid van niet westerse landen is groot (olie, soja, etc.). Er is groeiend onbehagen bij grote groepen mensen, maar de democratie weet dit niet goed te kanaliseren. Door de welvaart is de bevolking daarbij minder geneigd tot activiteiten die het niet leuk vindt. Dat zet de meer ambitieuze nieuwe economieën potentieel op een voorsprong. Die nieuwe mogendheden komen snel op en doen het relatieve gewicht van westerse landen afnemen. Ondertussen loopt de samenwerking tussen westerse landen moeizaam (voorbeeld EU) en hebben ze moeite om te reageren op veranderende omstandigheden (financiële crisis en milieucrisis). Werken aan welvaartsgroei is nog steeds het centrale doel en de strategieën zijn daarop gericht, maar het kan niet meer overtuigen. Bescheidenheid is niet het sterkste punt van de westerse beschaving: anderen wordt veelvuldig de les gelezen en de ecologische voetafdruk is buitenproportioneel.

Beschavingen die willen overleven moeten vitaal en krachtig blijven. Dat is onder meer te bereiken door samenwerking (bijvoorbeeld van westerse landen binnen de EU). Net als in de natuurlijke systemen is diversiteit belangrijk[XVI], evenals een zekere mate van natuurlijke connectiviteit.[XVII] In plaats van zich verzetten, moet een beschaving zich weten aan te passen aan veranderende omstandigheden. Daarvoor is het soms nodig gevestigde belangen te doorbreken. Ze moet opgebouwd zijn met voldoende realiteitszin (aansluiting vinden bij 'het zijn' van de mens). Zaken in goede banen leiden via top down sturing wordt al snel te complex en heeft daarom grenzen. Door gebruik te maken van zelfsturing van deelsystemen kan dat worden vermeden (bijvoorbeeld binnen scholen en zorginstellingen). Een samenleving heeft behoefte aan aansprekende doelen en overtuigende strategieën. Onrechtvaardigheid mag niet al te grote vormen aannemen. Ook is het zaak om enigszins bescheiden te blijven: oog hebben voor anderen en de fysieke mogelijkheden. Te grote afhankelijkheid is een risico.

In het verleden werd het einde van beschavingen gezien als gevolg van een soort goddelijke lotsbepaling. Nu weten we de achterliggende redenen en

[XVI] Via het mededingingsbeleid wordt bijvoorbeeld voorkomen dat monopolies ontstaan en blijft diversiteit intact.

[XVII] Een land als Noord Korea bijvoorbeeld sluit zich dermate af dat het regime op lange termijn moet vrezen voor zijn bestaan.

met die kennis is het in beginsel mogelijk om verval te voorkomen. En kan er worden gewerkt aan nieuwe doelen die beter passen bij de tijd.

5.4 Het westerse systeem

Het westerse systeem van maatschappelijk organisatie is de liberaal-democratie. Geen enkel ander systeem is tot dusver zo succesvol geweest in het genereren van welvaart, welzijn, gelijke kansen en een hoge levensverwachting. De westerse democratieën zijn behoorlijk stabiel en vreedzaam. De keerzijdes zijn de milieu- en energiecrises, maar de landen lopen voorop in de transitie naar de duurzame samenleving. De kredietcrisis is meer dan een normale conjuncturele dip, het is ook een systeemcrisis. Maar dergelijke weeffouten in deelsystemen zijn te repareren. De liberaal-democratie is het vehikel om te werken aan verandering. Waar de vitaliteit onvoldoende is, moet er gerepareerd worden want er is geen beter systeem voorhanden.

Tussen de westerse democratieën zijn verschillen. Er wordt een onderscheid gemaakt tussen bijvoorbeeld 'de sociaal-democratie', 'het Rijnlandse model', 'het Angelsaksische model' of 'het kapitalistische systeem'. Het verschil zit in accenten; op hoofdlijn zijn het toch de overeenkomsten die opvallen. Belangrijke principes zijn: overleg in plaats van oorlog, democratie, transparantie, controle en het bestrijden van corruptie, een zekere scheiding van kerk en staat, het tripartiete stelsel, oog voor grondrechten en basisinstituties (maatschappelijke structuren).

De basisinstituties zijn het openbaar bestuur, de 'civil society' en de markt. Van belang zijn zowel de relaties tussen de instituties als de aspecten binnen afzonderlijke instituties. 'Onderzoek en ontwikkeling' is verweven binnen de bovengenoemde instituties. Dit is gevisualiseerd in Figuur 5.2.

De liberaal-democratie kan niet bestaan zonder één van de genoemde entiteiten. Zou bijvoorbeeld de institutie economie worden opgeheven of fuseren met de overheid, dan krijgt het systeem veel overeenkomsten met de communistische planeconomie. Zou de overheid worden opgeheven, dan krijgt het systeem kenmerken van een anarchie. Bij het opheffen van de 'civil society' is weinig voor te stellen.[XVIII] Wetenschap, techniek en innovatie (O&O) institutioneel beëindigen is theoretisch mogelijk, maar een gegarandeerd recept om achterop te geraken.

[XVIII] Het zou mogelijk een soort utopie van hebberigheid kunnen zijn; een maatschappij zoals deze in Dubai lijkt te ontstaan.

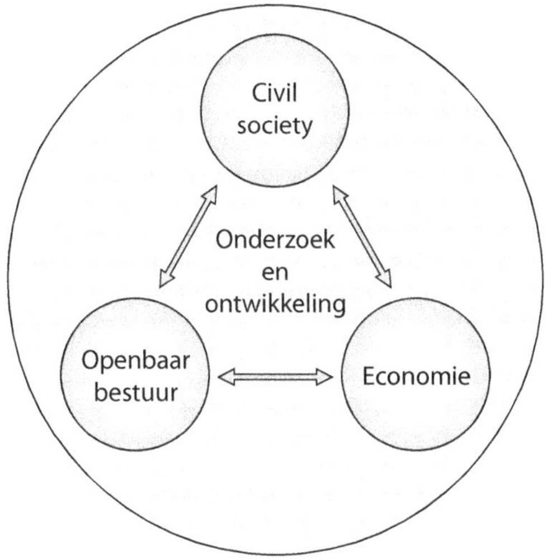

Figuur 5.2. Maatschappelijk structuren in relatie tot elkaar.

5.4.1 Borgen van de liberaal-democratie

Westerse landen hebben veel bereikt mede dankzij de kwaliteit van de liberaal-democratie. Het is echter helemaal niet vanzelfsprekend dat systeemkwaliteiten automatisch op niveau blijven. Door te borgen wat zich bewezen heeft kan terugval worden voorkomen.

Een terroristische dreiging kan het systeem fundamenteel aantasten. Als reactie op de aanslagen op het WTC-gebouw in New York op 11 september 2001, hebben westerse overheden maatregelen genomen. Zo is in 2005 de identificatieplicht ingevoerd. Het behoeft geen betoog dat daarmee het gevoel van vrijheid wordt – of kan worden gehinderd. Menig burger die niets te verbergen heeft en per ongeluk zijn paspoort is vergeten voelt zich een verdachte. Een dergelijke maatregel werkt contraproductief uit op welzijn. De maatregel is ook dubieus omdat die niet werkelijk bijdraagt aan terreurbestrijding. Vrijheid van vereniging en de vrijheid van meningsuiting staan eveneens onder druk. Opsporingsinstanties hebben meer bevoegdheden gekregen, terwijl de controle hierop achterblijft. Niet de terroristen hebben burgerrechten en democratische principes aangetast, maar de politici. Politicologen begonnen dit al vrij snel na de aanslag op te merken. Ze waren kritisch over de ontwikkeling van de rechtsstaat.[68] Inmiddels hebben zij bijval gekregen van de rechtelijke macht. Onder meer rechters van de Hoge Raad, politieke commissies en Europa leveren kritiek.[69]

Ook door de voortschrijdende techniek en hoe hiermee wordt omgegaan, kan de kwaliteit van de liberaal-democratie in gevaar komen. De moderne techniek tast soms oude instituten aan, zoals het briefgeheim en ideeën over privacy. Telefoontaps zijn gemakkelijk aan te brengen, e-mailverkeer en surfgedrag zijn massaal te volgen. Belgedrag en betaalgedrag zijn eenvoudig te analyseren, cameratoezicht is goedkoop en op veel plekken ingevoerd. Biometrische databanken en methoden om de locatie en identiteit van personen vast te stellen zijn talrijk. Er ontstaan allerlei digitale dossiers en ze worden steeds beter gekoppeld. Het patiëntendossier, het kinddossier en bestanden over bestedingsgewoonten zijn slechts enkele voorbeelden.

Het gebruik van de hierboven genoemde technieken is in beginsel in conflict met het recht op privacy van de burger. Die wordt door allerlei verscherpte vormen van toezicht geleidelijk aan steeds verder ingeperkt. De stap van controle naar verdere aantasting van de privacy is niet zo groot. Dit is een hellend vlak. Respect voor privacy beantwoordt aan westerse waarden, komt tegemoet aan een elementaire menselijke behoefte en onderstreept de waardigheid van de mens.

Bewaking van de rechtsstaat vraagt continu de aandacht. Zo dreigden in 2012 internationale afspraken met betrekking tot de Hedwigepolder niet te worden nagekomen. De overheid zou daarmee een onbetrouwbare partij zijn geworden. Ook waren er plannen voor verhoging van de griffierechten. Deze zouden een dusdanige barrière opwerpen dat procederen voor veel mensen feitelijk onmogelijk zou worden.[70] Ook wordt preventieve opsluiting anno 2013 vaak oneigenlijk gebruikt.

Het behouden van de kwaliteit van de liberaal-democratie is dus geen vanzelfsprekendheid. Het onderwerp verdient om deze reden nadrukkelijk de aandacht.

5.4.2 Verbeteren van de liberaal-democratie

De maatschappelijke ordening als zodanig is tamelijk rationeel. Toch leiden de bestaande inrichting en dynamiek met betrekking tot de megavraagstukken niet zelden tot een irrationeel resultaat. Dat is aan te duiden als meta-irrationaliteit. Het menselijk handelen komt tot stand door talloze kleine beslissingen en gezamenlijk leidt deze ‘tirannie van de kleine beslissing’ tot een onbevredigend resultaat. Lichtzinnigheid hierover is ongepast. Als gevolg van meta-irrationele processen kunnen hele beschavingen verdwijnen.[71] Zij zijn in zekere mate beheersbaar door oog te houden voor een goed systeemontwerp. Monitoren van – en rapporteren over de kwaliteit van de liberaal-democratie, is een taak van de Raad van State en de Raad van Europa. In hoeverre aanbevelingen van dergelijke instituties worden overgenomen is aan de politiek, maar negeren vereist een uitgebreide argumentatie.

Aangezien 'het goede' in onze complexe westerse samenleving via de rede tot stand moet komen, is er een uitstekende reden om de vrijheid van meningsuiting een trede hoger te zetten dan andere grondwettelijke vrijheden (zogenaamde negatieve vrijheden). Zouden andere negatieve vrijheden per abuis hoger worden gesteld, dan wordt de rede feitelijk monddood gemaakt en zo het vrije denken. Dat heeft gevolgen voor de ontwikkeling van de democratie.[72] Wat is daar tegen in te brengen? Ongenuanceerd gebruik maken van het recht op vrije meningsuiting, kan ondermeer gelovigen en de medemens onnodig hard kwetsen of beledigen. Dat heeft te maken met fatsoen, een belangrijk thema van een andere orde. Of het aanzetten tot geweld moet ten alle tijden verboden worden. Daar is inderdaad veel voor te zeggen. Ergens wordt er een grens overschreden waar een academisch debat uitmondt in een feitelijke aanzet tot geweld. Zolang er zorgvuldig, openbaar en inhoudelijk wordt geargumenteerd (criteria van een academisch debat) lijkt die grens niet overschreden. De Franse genocidewet die een verbod uitvaardigt op het ontkennen van 'erkende' genocide staat het vrije debat en geschiedschrijving in de weg. Dergelijke wetgeving moet in deze context met scepsis worden bekeken.

5.5 Kenmerken van de maatschappelijke instituties[73]

De liberaal-democratie kent de basisinstituties openbaar bestuur, markt en de 'civil society'. Deze maatschappelijke orde is geen natuurlijke orde. Ze wordt door heersende normen en waarden en door het recht in stand gehouden.

5.5.1 Overheid en politiek

De politiek heeft haar wortels in de 'civil society'. Hier worden de leden voor partijen geworven en vinden politieke manifestaties plaats, zoals congressen en andere bijeenkomsten. Toch wordt de politiek hoofdzakelijk effectief via het instituut overheid. Op voorspraak van de politiek worden de bestuurlijke instituties geïnstalleerd die worden geacht beleid op te stellen en te effectueren. Ambtelijke diensten bieden daarbij ondersteuning en zorgen voor de uitvoering. Politiek en overheid hebben vanuit de beleidspraktijk een innige band.

Kerntaak van de overheid en de gangbare politieke partijen is het behartigen van de publieke zaak. De in Hoofdstuk 1 beschreven problemen zijn collectieve problemen en daarom zijn de overheid en politieke partijen nadrukkelijk in beeld bij het vinden van oplossingen. Als de collectieve zaak in het geding is dan wordt van deze instituties in het bijzonder initiatief verwacht.

De overheid voorziet in haar publieke taak door te waken over het recht en het produceren van goederen en diensten die het publiek van belang acht, maar die niet of onvoldoende door de andere basisinstituties worden geproduceerd. Waar het recht wordt geschonden heeft de overheid een correctieve taak. De overheid wordt geacht op te treden, wanneer het collectieve belang in het geding is of de doelen van de democratie gevaar lopen. Daarvoor heeft zij het machtsmonopolie.

De macht van de staat is groot, maar deze mag ook niet te groot worden. Dat kan onder andere worden bereikt door bewust aangebrachte restricties. Zo wordt met het oog op mogelijk machtsmisbruik het private domein als vrijwel onaantastbaar beschouwd. De staat mag alleen handelen op basis van expliciete bevoegdheden en alleen optreden wanneer de publieke zaak in het geding is. Daarbij komt dat lang niet iedere publieke zaak automatisch ook een zaak van het openbaar bestuur is. Het primaat van zelforganisatie, de mogelijkheid die instituties wordt gelaten om de problemen zelf op te lossen, vormt een belangrijk principe. Ook worden bevoegdheden verdeeld (denk aan de scheiding tussen het politieke en ambtelijke apparaat en de trias politica) en worden hoge eisen gesteld aan zorgvuldigheid, consistentie van wetgeving, openbaarheid en verantwoording.

5.5.2 Markt

De kerntaak van de markt is het genereren van welvaart. Dat gebeurt door de productie van goederen en diensten en het genereren van inkomens. Met die inkomens wordt het mogelijk om goederen en diensten af te nemen en zo blijft de economie draaien.

De logica van de markt is gebaseerd op eigenbelang en competitie, zowel van individuen als van organisaties. Op de markt komen commerciële transacties tot stand. Door hier actief te zijn kunnen mensen (al dan niet verondersteld), zinvol bezig zijn en worden middelen voor (toekomstige) activiteiten gegenereerd. Het marktmechanisme ('de onzichtbare hand') bepaalt wat, hoeveel, hoe en voor wie er wordt geproduceerd. Goed werkende markten dragen er aan bij dat processen, producten en diensten steeds beter worden. Ook is er een gestage stroom aan nieuwe processen, producten en diensten. Stijgende productiviteit en toenemende welvaart zijn het gevolg.

De markt weet dynamiek aan te jagen en heeft een 'drive' die gericht is op groei. Het als bedrijf stil blijven staan, betekent al snel marginalisatie. Door te groeien kan dit worden voorkomen. Waar omzet prijs maal hoeveelheid is, krijgt deze groei al snel een fysiek karakter. Fysieke groei en milieubelasting correleren veelal positief met elkaar. De maximale efficiëntie wordt bereikt bij perfecte markten en wanneer al de kosten correct geïnternaliseerd zijn in producten (correct zijn doorberekend).

De markt heeft uit zijn aard nauwelijks oog voor niet-marktpartijen en zaken waaraan niet kan worden verdiend. Relevante zaken zonder marktprijs of een verkeerde prijs worden niet optimaal gebruikt. Het marktmechanisme is gericht op de korte termijn, leidt in de ogen van velen tot een onrechtvaardige verdeling van welvaart en is niet in staat de zogenaamde collectieve goederen, zoals gezondheidszorg of een leefbaar milieu, te produceren. Waar natuur en milieu geen (goede) prijs hebben weet de markt deze bronnen van bestaan snel te verbruiken. De markt produceert de goederen en diensten waar het meest aan kan worden verdiend, ongeacht in hoeverre hier vanuit duurzaam collectief welzijn behoefte aan is. Dat heeft een prijs voor onder andere natuur en milieu, kansarmen (in de breedste zin van het woord), toekomstige generaties en duurzaam collectief welzijn. Om dat te voorkomen is correctie van het mechanisme nodig.

5.5.3 Civil society

De 'civil society' in brede zin wordt aangeduid als het institutionele domein buiten de markt en het openbaar bestuur. Synoniemen voor civil society zijn 'burgermaatschappij' of 'burgersamenleving'. Het betreft organisaties en instituties, waar mensen vrijwillig deel van uitmaken, zoals buurtorganisaties, culturele en religieuze groeperingen, liefdadigheidsinstellingen, virtuele gemeenschappen, vrijwilligersorganisaties, milieugroeperingen, consumentenorganisaties, non-profitorganisaties, niet-gouvernementele organisaties (NGO's), vakbonden, beroepsverenigingen, coöperaties en soms de media. Ook gezin, familierelaties, vrienden- en kennissennetwerken en verenigingen worden hiertoe gerekend.

De kerntaak van de civil society is het onderhouden van betekenisvolle instituties, aan de hand waarvan mensen hun individuele en collectieve identiteit ontlenen. De civil society is de kraamkamer van 'het goede leven'. In de westerse cultuur worden de contacten binnen de civil society gekenmerkt door vrijwilligheid en een hoog informeel gehalte. Ondanks de individualisering zijn het gezin, de familie en vriendenkring nog altijd de norm.[74] De kwaliteit van de laatstgenoemde netwerken is uitermate belangrijk voor geluk. Dergelijke instellingen geven het individu een betekenisvolle plek in de gemeenschap. Dat is een waarde die niet in geldtermen is uit te drukken.

5.5.4 Het belang van evenwicht

Tussen de overheid, markt en civil society moet een zeker evenwicht bestaan. Te veel staatsinterventie leidt tot onnodige belemmering van de markt en een uitholling van de betekenis van civiele organisaties in de samenleving. Een overheid met onvoldoende respect voor de eigen verantwoordelijkheid van organisaties binnen de civil society en het private domein, is bemoeizuchtig en paternalistisch. Ze verliest haar neutraliteit. In meer extreme vormen verliest ze haar kerntaak uit het oog, wordt ze hinderlijk bureaucratisch[XIX] en kan karaktertrekken krijgen van een totalitair regime. Teveel de klemtoon leggen op de institutie markt leidt tot het recht van de sterkste, verminderde solidariteit en houdt onvoldoende rekening met breed gedragen ideeën over rechtvaardigheid. Er is een probleem wanneer geld en macht de handelingscoördinatie overnemen van processen in de civil society die essentieel zijn voor de sociale integratie. Het is politiek-bestuurlijk van groot belang, dat de civil society een onafhankelijke sfeer is, die wordt gedomineerd door het communicatieve handelen.[75] Teveel civil society kan leiden tot onvoorwaardelijk groepsconformisme, weinig respect voor het individu, spanningen tussen etnische en religieuze groeperingen en situaties waarin wetgeving gezien wordt als een inbreuk op de interne gemeenschapsverhoudingen. Te weinig aandacht voor familiestructuren, vriendennetwerken en andere verbanden in de civil society staat de sociale en culturele inbedding in de weg.

5.5.5 Het westers systeem in dienst van welstendigheid

Het westers systeem biedt het meest kans voor welstendigheid. Deze conclusie is gebaseerd op basis van behaalde resultaten en door het vergelijken van alternatieve maatschappelijke systemen. De maatschappelijke ordening heeft een eigen rationaliteit en logica. Door kennis te nemen van de eigenschappen van instituties worden mogelijkheden en onmogelijkheden gevonden voor maatschappelijke ontwikkeling. Om hoge systeemuitkomsten te halen moet er een (fragiele) balans worden gevonden tussen en binnen de instituties. Alle instituties en alle instellingen hebben daarbij relevantie. Dergelijke inzichten bestaan al lange tijd en zijn bepaald niet revolutionair.

Des te opmerkelijker is de constatering dat er in de praktijk maar al te vaak voorbij wordt gegaan aan dergelijke simpele logica. Zo ligt er bij duurzame ontwikkeling vaak een klemtoon op produceren en consumeren en

[XIX] Denk bijvoorbeeld aan de discussie rond 'het zeilmeisje'. De kinderbescherming probeerde hier via de rechter de ouderlijke bevoegdheid te ontnemen om daarmee te verhinderen dat een minderjarige met toestemming van haar ouders een solotocht rond wereld zou maken. De discussies en procedures begonnen in 2010. Inmiddels is de reis volbracht maar de procedures lopen nog.

krijgt de culturele context die dit programmeert relatief weinig aandacht, evenals de menselijke motivatie. Hoe je mensen en instellingen motiveert wordt in het neoliberale experiment goed begrepen, maar hier is het besef dat markten correctie nodig hebben afwezig. Ondertussen is het systeem geëvolueerd naar vrijwel ongelimiteerde mondiale vrije markten en is er een aantal enorme crises nodig om erachter te komen dat we zijn doorgeschoten. Iedereen breekt zich ondertussen het hoofd hoe de markten weer in te tomen, maar dat valt niet mee bij afwezigheid van een krachtige mondiale autoriteit.

Cultuur ligt aan de basis van systeemopbouw en systeemuitkomsten. Als welstendigheid serieus wordt genomen dan is het verstandig na te gaan waar ideeën al dan niet ondersteunen en in hoeverre interventie is gewenst. Zonder de allocerende en stimulerende kracht van vrije markten te kort te doen, is het intomen van markten een wezenlijk onderwerp. Een krachtige rol van politiek en overheid zijn noodzakelijk, ook in internationale context. Wanneer welstendige ontwikkeling als hoogste doel wordt aangemerkt voor maatschappelijke ontwikkeling dan moeten de maatschappelijke instituties in dienst staan van dit doel. In de volgende hoofdstukken worden de mogelijkheden hiertoe verkend.

6. Civil Society en cultuur

6.1 Inleiding

De civil society[XX] is de belangrijkste drager van de cultuur. Cultuur manifesteert zich in onder andere symbolen, omgangsvormen, rituelen en uitingen van kunst. Cultuur programmeert de waarden van het individu. Culturele opvattingen bepalen welk gedrag en welke activiteiten op goedkeuring kunnen rekenen. De verwachte beloning (of straf) is van grote invloed op de keuze van activiteiten en stuurt daarmee (indirect) de activiteiten. Activiteiten leiden tot resultaten en opgeteld zijn dat maatschappelijke resultaten. Een cultuur die bijvoorbeeld economie, geld en snel scoren nadrukkelijk op een voetstuk zet, kan leiden tot zichzelf verrijkende managers en bankiers, die het gemeenschappelijk belang uit het oog verliezen. Een cultuur die zich een breed welzijnsbegrip heeft eigen gemaakt, kan empatische motieven van burgers versterken.

Cultuur werkt ook via een andere weg door op maatschappelijke uitkomsten. Een voorstelling hoe de wereld in elkaar zit (wereldbeeld), wordt gevormd op basis van omstandigheden waarin een persoon (of groep) verkeert, kennis en inzicht maar ook door het heersende waardenstelsel, de cultuur. Niet alleen wordt een idee gevormd hoe de dingen zijn maar ook hoe ze zouden moeten zijn. Op basis van dergelijke ideeën ontstaan politieke prioriteiten en die hebben uiteindelijk invloed op de systeemopbouw. Een systeemopbouw leidt tot systeemresultaten. De cultuur programmeert dus mensen en menssystemen en ligt in belangrijke mate ten grondslag aan maatschappelijk resultaten. De weg naar welstendigheid begint bij een idee hoe culturele opvattingen 'de goede zaak' al dan niet kunnen ondersteunen.

6.2 Wereldbeeld

Een wereldbeeld is geen statisch gegeven. De maatschappelijke focus verandert in de loop der eeuwen. Ze beweegt op hoofdlijn tussen het begrippenpaar 'idealistisch/geestelijk' en 'materialistisch/werelds' en tussen het begrippenpaar 'uniformiteit, collectief, globalisering' en 'diversiteit, indivi-

[XX] Zoals we zagen in Hoofdstuk 5 vallen onder het begrip 'civil society' allerlei instituties (Hoofdstuk 5.5.3). Iedere institutie heeft mogelijkheden om het handelen meer in lijn te brengen met duurzaamheids- en welzijnscriteria. Om de transitie naar welstendige ontwikkeling maximaal momentum te geven, is het essentieel dat zij hier gebruik van maken. De uitwerking van de mogelijkheden per institutie is belangrijk, maar ook omvangrijk en politiek gevoelig thema. Dat vraagt om een genuanceerde behandeling. Daar kan in het korte bestek van dit boek geen recht aan worden gedaan.

dueel, regionalisering' (zie Figuur 6.1). Steeds zijn er middelpuntvliedende en middelpuntzoekende krachten actief. Wanneer de middelpuntvliedende krachten te sterk zijn dan krijgt de maatschappij extremistische trekken.[76]

Als een maatschappij te veel klemtoon legt op 'idealistisch, geestelijk' kan dit bijvoorbeeld tot een instabiele fundamentalistische theologie leiden, zoals in Iran. Te veel klemtoon op 'uniformiteit, collectief, globalisering' kan leiden tot de communistische heilstaat zoals de Sovjet Unie. Te veel klemtoon op 'materialistisch, werelds' leidt tot de (kapitalistische) crises zoals we die nu mee maken in de westerse maatschappijen.

Zowel aan de meest linkerzijde als aan de meest rechterzijde van het politieke spectrum is er momenteel een ontwikkeling waarneembaar naar 'diversiteit, individueel, regionalisering'. Wanneer deze trend te rigoureus doorzet wordt het moeilijk om de grote problemen van deze tijd op te lossen. 'Diversiteit' is een groot goed maar als het daarbij gaat om een politieke diversiteit die het samenwerken vrijwel onmogelijk maakt dan is dit contraproductief. Te veel de klemtoon op 'het individuele' staat collectief welzijn

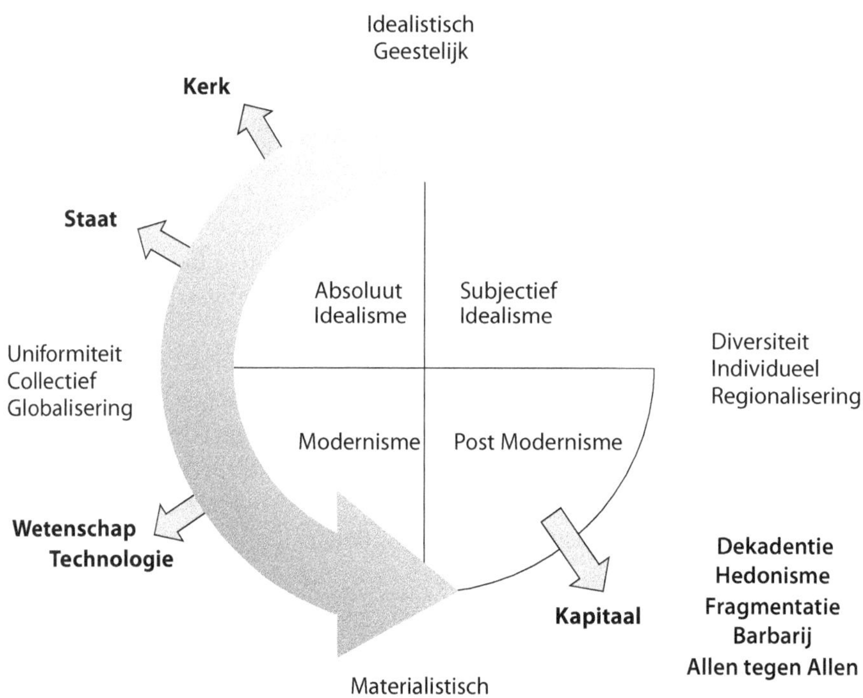

Figuur 6.1. De geschiedenis herhaalt zich?[77]

in de weg. Open complexe systemen zijn gebaat bij een natuurlijke verbondenheid. Die wordt te veel gehinderd wanneer 'regionalisering' doorslaat. Internationale samenwerking (waar dit redelijkerwijze mogelijk is) is nodig om de grote collectieve problemen op te lossen.

Hoe verder de samenleving uit het evenwicht raakt, hoe minder duurzaam zij is. En hoe minder de mogelijkheden voor welstendige ontwikkeling zijn.

Het is daarom belangrijk om bij de verschillende waardeoriëntaties en de daarmee verbonden wereldbeelden niet te veel uit het midden te geraken om eenzijdigheid en extremisme te voorkomen. Met oog op welstendige ontwikkeling moet er in een maatschappij gestreefd worden naar een evenwicht tussen immaterieel (geestelijk) en materieel welbevinden, tussen idealistisch denken en realistisch (werelds) denken, tussen collectieve en individuele belangen, tussen uniformiteit (hetgeen wat bindt) en diversiteit, tussen globalisering en regionalisering. Dat geldt ook voor andere tegenstellingen zoals die tussen vernieuwend denken (progressief) en behoudend (conservatief, bestendiging van de macht) en tussen de korte termijn en de lange termijn. Zo ontstaan er meerdere assen waarvan de belangrijkste in de Figuur 6.2 zijn weergegeven. Het vinden en vasthouden van de juiste balans, ook in cultureel opzicht en het daarmee verbonden wereldbeeld, is gewenst.

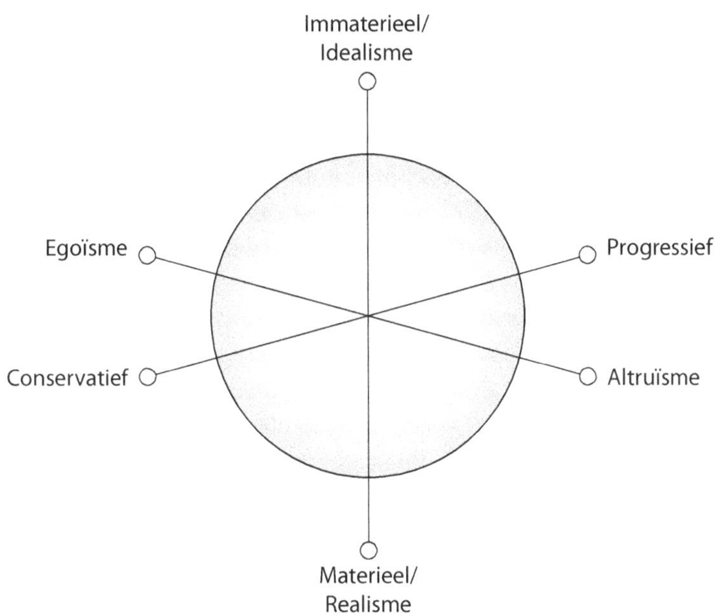

Figuur 6.2. Een evenwichtig wereldbeeld zonder extremistische kenmerken is de basis voor welstendige ontwikkeling.

6.3 Cultuurkritiek

Waar culturele gewoonten wringen met ideeën over welstendigheid, zijn er wellicht mogelijkheden voor DCW-optimalisatie. Met behulp van cultuurkritiek zijn potentiële mogelijkheden op te sporen.

6.3.1 Consumeren

De verleidingen in de modern-hedonistische cultuur zijn voor velen te groot om er weerstand aan te bieden.[78] Cultuur en commercie programmeren op extrinsieke doelen: je onderscheiden en publiek succesvol zijn. Dat is met het oog op welzijnsmaximalisatie te eenzijdig. Ook de impliciete zingeving die wordt meegegeven is te veel gericht op het individuele leven.

Consumptie is voor praktisch gebruik, identiteitsbevestiging, status en (virtueel) plezier: de fantasie over wat het product zal brengen. Echter, instant plezier, veel intense ervaringen en nieuwe producten geven in het beste geval maar even bevrediging. De aandacht is vluchtig, er moet snel weer iets anders voor in de plaats komen. Nieuwe formules, design en reclame weten de consument keer op keer te verleiden. “*Consumption is at the heart of industrialized societies. ... patterns of consumption have a major influence on the institutions, discourses, and practices in society ... Consumerism has clearly affected the public domain of state and civil society.*”[79]

Producten verouderen snel omdat er in hoog tempo nieuwe komen. Meestal halen ze de ontwerplevensduur niet. Een kapotte wasmachine of tv wordt nauwelijks meer gerepareerd. Veel producten worden er niet op ontworpen of reparatie is onbetaalbaar. Kopen is consumeren en dat is goed voor de economie, luidt het credo. Vrijheid is het toverwoord. We zijn vrij te consumeren wat we willen en zoveel we willen, maar daar moet natuurlijk wel (eerst) voor worden gewerkt. Die opvatting van vrijheid botst met de ideeën van grote filosofen, zoals Rousseau en Kant: vrij is degene die zichzelf weet te beperken.

Consumptie die onbeperkt wordt aangejaagd, leidt tot consumptieverslaafden die ten onder gaan aan oplopende kredietschulden. Opgeteld leidt het tot macro-economische onevenwichtigheden en andere megaproblemen. Overdadige luxe consumptie leidt in collectieve zin niet tot verhoogd welbevinden. Daarbij weten consumenten liever niet hoe de voedselketen in elkaar steekt, hoe producten tot stand zijn gekomen of hoe milieubelastend ze zijn. Zolang ze maar lekker smaken, betaalbaar blijven en (virtueel) plezier brengen.

6.3.2 Produceren

Produceren en consumeren liggen aan de basis van economische groei en daar hebben we binnen het dogmatische economische groeidenken nooit genoeg van. De culturele consensus is dat we hard en slim moeten werken: hard om veel geld te verdienen en slim om concurrerend te blijven. Oorspronkelijk werkten we om te overleven, nu om geld te verdienen en te sparen voor ons pensioen, vakantie en allerlei producten, waar we gelukkiger van zullen worden. We werken om te consumeren. Consumptie stuwt de vraag op en die consumptieartikelen moeten geproduceerd worden. Dat betekent meer werk, meer inkomen en meer consumptie. Zo blijft de economie niet alleen op toeren, maar gaat ze ook steeds sneller draaien.

In het cultureel bepaalde arbeidsethos wordt de diversiteit aan mensen miskend. Wanneer welzijn serieus wordt genomen dan is respect voor interne drijfveren van mensen uitermate belangrijk. Er zijn van nature actieve mensen, overactieve mensen en minder actieve. Het is de vraag of de overactieve modus waarin mensen nu moeten functioneren aansluit bij de menselijke aard. Als andere culturen worden vergeleken met onze westerse cultuur, dan moet worden vastgesteld dat onze werklust lang niet altijd is aangeboren. Een beetje druk helpt soms om te presteren, maar continue druk is verre van ideaal. Werken en luieren kunnen niet zonder elkaar, maar de verhouding is zoek. *"De verdeling van arbeid en ledigheid is verstoord geraakt"* (in dagindeling bezien en over de levensloop).[80]

6.3.3 Massamedia

De media zijn als het ware een spiegel van de cultuur. Ze bevestigen wat we aantrekkelijk en belangrijk (moeten) vinden. Massamedia informeren, zorgen voor nieuws, opinie, cultuur, vermaak, laten alternatieve leefwijzen zien, maken wereldwijs en kunnen een basis zijn voor zelfreflectie. Toch is de invloed van de massamedia niet onverdeeld positief.

Geweld en vandalisme op tv kan gedrag negatief beïnvloeden en die kans is groot bij kinderen en jeugdigen. Rijkdom en beroemdheid zijn het hoogste ideaal, maar slechts weggelegd voor minder dan een promille van de bevolking. Reclame is omvangrijk en programmeert met succes op zaken die vanuit welzijnsperspectief minder belangrijk zijn of zelfs negatief uitwerken. De acceptatie van lichamelijk verval is zeer gering in een commerciële wereld, die alleen maar schoonheid en vitaliteit laat zien en jeugdigheid op een voetstuk zet.

In de consumentenprogramma's (en ook in het algemeen) ligt de klemtoon eenzijdig op rechten van de consument. Dat rechten niet kunnen bestaan zonder plichten wordt daarbij gemakshalve nog wel eens vergeten.

Programma's zetten vaak aan tot gedragingen die vanuit het welstendigheidsperspectief dubieus zijn. Wat bijvoorbeeld te denken van het weggeven van achtdaagse reizen naar Bali of het heimelijk propageren van drugs of extreem gedrag.

Hoewel het medium tv theoretisch in staat is tot redelijk diepgaande beschouwingen, wordt hier omwille van het behoud van de kijkcijfers en omwille van commerciële redenen van afgezien. Om dezelfde redenen wordt veelvuldig op emoties ingespeeld. Dit kan leiden tot onder meer frustratie of irrationele zienswijzen met bijvoorbeeld overdreven angstgevoelens of een idee van onveiligheid tot gevolg. De publieke zenders zouden het goede voorbeeld kunnen geven, maar uit angst voor verlies aan kijkcijfers doen ze in de praktijk nauwelijks onder voor de commerciële zenders.

Natuurlijk heeft iedere techniek zijn voor- en nadelen. Idealiter is het dan zaak de voordelen te laten domineren en de nadelen zoveel mogelijk teniet te doen. Dat is ten aanzien van de tv nog steeds niet volledig gelukt. Er wordt door de overheid niet of nauwelijks ingegrepen en dat valt extra op bij de publieke zenders. Het reguleren van de zogenaamde vrije markt is nodig. Dat mag niet worden verward met het belang van een vrije journalistiek.

6.3.4 Het tijdsperspectief

In de westerse wereld is geleidelijk aan het idee van 'lineaire tijd' ontstaan. Het tijdsbesef is steeds meer los komen te staan van religieuze en culturele invullingen, die diep historisch en sociaal verankerd zijn. Een idee van tijd dat aansluit bij natuurlijke cycli, zoals het dag- en nachtritme of de opeenvolging van seizoenen kennen wij niet meer.

Het lineaire tijdsbesef wordt versterkt door het economisch gedicteerde denken. Het proces van liberalisering van markten en globalisering werkt daarbij als katalysator. Het tempo van de maatschappij wordt steeds verder opgevoerd. Altijd is er wel ergens een financiële beurs open, de internet community slaapt nooit, de winkels zijn steeds langer open en de zondag neigt een normale werkdag te worden (24/7). Ook denken wij dat de tijd efficiënt benut moet worden.[81]

Er is een mismatch ontstaan tussen het tempo van de financiële markten (flitskapitaal, etc.) en de echte economie en ook tussen de economie en de maatschappij als geheel. Mede door het proces van globalisering zijn we (als individu en de politiek) de greep op ontwikkelingen kwijtgeraakt. De laatste 40 jaar zijn de cijfers over geluk in het Westen niet of nauwelijks nog gestegen en hebben natuur en milieu enorm moeten incasseren. Deze periode is ongeveer even lang als het modern-hedonisme oud is. We zijn slaaf geworden van het systeem. We moeten continu spitsroeden lopen, maar nu niet meer om vooruit te komen, maar om niet achterop te raken. Dat leidt tot crises.[82]

6.4 Een cultuur gericht op welstendige ontwikkeling

We horen vreemd genoeg zelden dat er tijd genoeg is, terwijl dit haast een objectief feit is. De levensverwachting is enorm gestegen en een goed pensioen is in beginsel voor iedereen weggelegd. Door de enorme productiviteit (vergelijk die bijvoorbeeld met de productiviteit van 400 jaar geleden) kunnen we in theorie met het grootste gemak de economische en niet-economische zaken die nodig zijn produceren. Als de arbeid goed wordt verdeeld, dan is enkele uren per dag werken genoeg. Er is zo bezien sprake van een overvloed, waar we alleen nog maar mee om moeten leren gaan (Figuur 6.3).[83]

Meer aandacht krijgen voor een cyclisch tijdsbesef (naast het lineaire dat gericht is op verbetering) is een kwestie van balans weten te vinden.[84]

Figuur 6.3. De kunst van het bijna-nietsdoen.[85]

Meer waardering voor vrije tijd is zowel om economische als sociale redenen gewenst. Boeken lezen, musea bezoeken, mantelzorg, sport, verenigingswerk, maatschappelijke participatie, de interesse voor de natuur een plaats geven of gewoon goed uitrusten om daarna weer productief te zijn, daar is tijd voor nodig. Dat levert bovendien ook geld op: de vrije tijdseconomie is een enorme groeimarkt en een bron voor vernieuwing.[86]

Het tijdsperspectief kan verder invulling krijgen door het enigszins paradoxaal klinkende, maar uitdagende idee van 'de groei met ouderdom'. Groei is per definitie iets dat plaatsvindt met het toenemen van de leeftijd. Lichamelijke en intellectuele vermogens pieken echter op relatief jonge leeftijd. Door de maatschappelijke fixatie op vitaliteit en jeugd(cultuur) is lichamelijke en geestelijke achteruitgang moeilijker te accepteren. Lichamelijke conditie en geestelijke prestaties kunnen echter tot op hoge leeftijd op een goed niveau blijven en met het toenemen van de leeftijd treden altruïstische karaktereigenschappen vaak meer op de voorgrond. Ook de wijsheid, acceptatie en stabiliteit komen (meestal) met de jaren. Geluk is nauwelijks leeftijd gerelateerd.

Ging vroeger ouderdom met respect gepaard, nu wordt het nauwelijks nog gewaardeerd. De balans tussen werk en rust is zoek. Mensen zijn overbelast tot aan hun pensionering, en worden daarna gezien als kostbare nietsnutten. Een evenwichtigere kijk op leeftijd, die loopt van geboorte tot aan het overlijden, is wenselijk. Bij mooie vooruitzichten is iedereen gebaat. De hoge westerse levensverwachting geldt in beginsel voor ons allemaal, maar er komt een eind aan ieders fysieke bestaan. Cyclisch tijdsbesef helpt bij de acceptatie van het onvermijdelijke. De natuur dicteert cycli. Dat neemt niet weg dat vooruitgang in termen van welvaart, welzijn en duurzaamheid aantoonbaar mogelijk is. In de verzadigde, westerse economieën is dit een subtiel proces.

6.4.1 Visie op activiteit

De eenzijdige visie op arbeid moet worden doorbroken met een positieve strategie die goed is te verenigen met het idee van DCW-optimalisatie. Denk bijvoorbeeld aan een meer evenwichtige verdeling van de arbeid over de bevolking en over de levensloop, aandacht voor variatie, functieroulering en een prettige invulling van het begrip levenslang leren. Arbeidsvreugde is een belangrijk aspect. In werk kunnen we status en eigenwaarde vinden en het kan maatschappelijk nuttig zijn. Werken is leuk, maar dat geldt niet voor teveel werk, te lange arbeidsdagen, eentonig werk, ondergewaardeerd werk, slechte arbeidsomstandigheden, pestende collega's, bazige bazen en te lange reistijden. Werken kan leuk en zinvol zijn, mits gedoseerd en zolang het niet alleen is ingericht op basis van economische principes, maar ook op principes van welstendigheid.

Werk en consumptie zijn belangrijk maar de meest essentiële activiteiten vinden plaats binnen de civil society. Juist hier zijn mensen de meeste tijd actief. Met een integrale zienswijze op activiteit wordt het in beginsel mogelijk een voor welstendigheid goede balans te vinden en deze te bewaren.

6.4.2 Slow

'Slow consumptie' is uitstekend te verenigen met welzijn en duurzaamheid. Zo vraagt de slowfoodbeweging aandacht voor duurzame productie van voedsel, authentieke productiewijzen en producten die tot stand komen met respect voor mens en dier. Het (leren) genieten van oorspronkelijk voedsel en een bewuste en verantwoordelijke houding tegenover voedsel ligt aan de basis.[87]

Geïnspireerd door de slow foodbeweging zijn er bewegingen die aandacht vragen voor kwaliteit van de leefomgeving (slow cities) en een meer relaxte manier van leven in een duurzaam economisch systeem (slow money).

Cultuurverandering is voor een deel de sleutel tot welstendigheid. Aandacht voor kwaliteit van leven gaat uitstekend samen met kwaliteit van de leefomgeving. Ontmoedigen van investeringen in overbodige luxe werkt welzijnsneutraal en is goed voor het milieu. Voldoende zelfdiscipline en enige gematigdheid (een plezierige vorm van soberheid), zijn zowel van belang voor persoonlijk welbevinden als maatschappelijk welzijn.[88] Deze zaken sluiten goed aan bij de traditionele westerse ethiek. Het is in collectief opzicht niet vol te houden om geen verantwoordelijkheid te nemen voor de ecologische voetafdruk.

De mogelijkheden om de belasting van de aarde meer in lijn te krijgen met de mogelijke belastbaarheid zijn groot, zonder dat dit ten koste hoeft te gaan van ons hoge welzijn. Juist het omgekeerde is vaak het geval: welzijn en duurzaamheid gaan dan hand in hand.

Sympathie opbrengen voor natuur en milieu en enige matiging betrachten, zijn zaken waar in de jeugd een basis voor moet worden gelegd. Dat is geen eenvoudige zaak, zeker niet als opvoeders ook onderdeel zijn van de consumptiecultuur.

6.4.3 Kwaliteit in alles

Als kwantiteit er niet meer zoveel toe doet kunnen kwaliteit, esthetica, vorm, liefde, passie en zingeving met hoofdletters geschreven worden. Daarbij zijn niet alleen de producten, maar ook het proces zelf belangrijk. In economische termen is een Japanse theeceremonie een tijdrovende en omslachtige manier van theedrinken. Wanneer de deelnemers er genoegen aan beleven, dan is er in termen van DCW-optimalisatie bijna geen mooier voorbeeld van hoe men elkaar op een prettige wijze bezig kan houden. Het is de kunst om zoveel mogelijk activiteiten te vinden, die welzijn genereren (zonder daarbij het overzicht te verliezen).

Het efficiëntie denken voorbij betekent andere keuzes maken. Daar worden we niet slechter van, integendeel. Bijvoorbeeld: activiteiten die veel overlast geven en veel energie- en materiaalinput vragen, worden minder gewaardeerd dan activiteiten die een soortgelijk welzijn kunnen genereren, maar een minder belastende investering vragen. We zouden enorm veel tijd besparen door allemaal Engels te gaan spreken, maar worden we daar gelukkiger van?

6.4.4 Een nieuw wereldbeeld

De 'kijk op groei' die in dit boek wordt uitgewerkt, zou 'het welstendigheidswereldbeeld' genoemd kunnen worden.[89] Klemtonen worden anders gelegd dan binnen het dogma van de economische groei. Er is aandacht voor de effecten van ons handelen 'elders en later'. De argumentatie daarvoor wordt gevonden in welbegrepen eigenbelang in het 'hier en nu'. In dit besef worden de korte en de lange termijn, en het 'hier en elders' gekoppeld. Er wordt expliciet gestuurd op DCW-optimalisatie. Het tijdsbesef is niet alleen lineair maar ook cyclisch. De zingeving is breder gericht dan alleen op het eigen leven.

Niet alleen formeel economisch handelen maar al het handelen krijgt op evenwichtige wijze aandacht. Natuur en milieu zijn geen vervangbare productiefactoren maar een essentieel onderdeel van een systeem, waarvan de mens ook deel is.

Het 'zien' wat belangrijk is (de ethos) wordt wezenlijk anders ingevuld. De aanpak is integraal en holistisch. Dat staat in contrast met de dualistische reductionistische en atomaire werkwijze, die overheerst onder het dogma van de economische groei. Vanuit het domein 'kennis' wordt aandacht gevraagd om wetenschappelijke inzichten te koppelen, zodat zij eenduidig bijdragen aan welstendigheid. Zo kan een bijdrage worden geleverd aan 'de eenheid van kennis', een belangrijk streven binnen de wetenschap.[90] Onder andere door een effectieve koppeling van (sociale) wetenschappen ontstaan de ideeën om invulling te geven aan welstendigheid. Vanuit een goed onderbouwde visie wordt het mogelijk om op consistente wijze aantrekkelijke voorstellen en mogelijkheden aan te bieden die leiden tot actie.

6.5 Cultuurverandering

Als het mogelijk zou zijn om op te schuiven naar een cultuur die meer aandacht heeft voor welzijn en duurzaamheid, dan zou de maatschappij anders worden geprogrammeerd. Er is geen gebrek aan argumenten die pleiten voor cultuurverandering en een nieuw wereldbeeld, maar hoe realiseer je het?

Cultuurverandering is een continu proces. Zonder sturing zorgen allerlei krachten voor verandering. Dat een dergelijke spontane verandering tot de snelste weg naar welstendige ontwikkeling leidt is redelijkerwijze niet te verwachten. Gerichte cultuurinterventie is mogelijk door de uitoefening van macht, het benutten van een crisis of met een goed verhaal.

6.5.1 Machtsuitoefening

Met het zwaard of met het aanbod van privileges zijn hele volksstammen met succes tot een monotheïstische godsdienst bekeerd. Zodra het nieuwe geloof is ingenesteld, houdt het zichzelf in stand. Machtsuitoefening, of de dreiging hiermee, kan tot grote veranderingen leiden. Machtsuitoefening houdt tegelijkertijd verandering vaak tegen. Vroeger waren de adel en de kerk de conservatieve krachten, vandaag staan multinationals, de sociale partners verenigd in de SER (het poldermodel), de vierde macht of machtige organisaties, zoals de ANWB, vaak op de rem.

Nadrukkelijke uitoefening van macht op individuen en instituties binnen de civil society ligt gevoelig. Het is vaak moeilijk te verenigen met de beginselen van de democratie en kan op termijn contraproductief uitwerken. Dat kan bijvoorbeeld gestalte krijgen als met de belangen van minderheden onvoldoende rekening wordt gehouden. Het fiat voor machtsuitoefening moet bij voorkeur zorgvuldig en democratisch tot stand zijn gekomen. Machtsuitoefening dient legaal te zijn, maar meer nog legitiem. Mogelijkheden voor machtsuitoefening zijn in de praktijk beperkt.

6.5.2 Benutten van crisis

Een crisis is uit te leggen als een toestand waarin oude leefgewoonten ontoereikend blijken als oplossingen voor de problemen van vandaag (systeemcrisis). In een andere visie is een crisis een periode van ernstige stoornis, met (economische) systeemcycli. Economisch beleid kan dan helpen de weg naar conjuncturele opgang terug te vinden.[XXI]

Evolutie verloopt geleidelijk maar periodiek ook met sprongen. Zulke sprongen kunnen gemaakt worden in tijden van een crisis. Met andere woorden, een crisis opent een deur die snelle verandering mogelijk maakt. Of hiervan gebruik wordt gemaakt, is allerminst zeker. Niet zelden leidt crisis tot lethargie, angst, niet handelen of dubieuze remedies. Dan wordt er een minister ontslagen en gaan we over tot de orde van de dag.

Een crisis komt onverwacht, zowel in de tijd als in de wijze waarop de crisis tot uiting komt. Een systeemcrisis wordt niet onmiddellijk als zodanig erkend en daarom is er vaak geen goede remedie voorhanden. Ontwikkeling van doortastende oplossingen kosten tijd en ondertussen verdwijnt het momentum. Al met al zijn de mogelijkheden voor het snel benutten van systeemcrisis in de praktijk beperkt.

6.5.3 Een goed verhaal

Een cultuur verandering met oog op welstendigheid kan het beste worden bereikt met een samenhangend, consistent en overtuigend verhaal over welstendige ontwikkeling. Wanneer dit goed wordt verteld (en steeds weer) dan begint het wereldbeeld te kantelen. Ideeën worden verder ontwikkeld door de wetenschap en maatschappelijke instituties zoals de politiek. Het verhaal wordt beter en verspreidt zich. Door bewustwording, inzicht en het zien van mogelijkheden groeit de intentie om te veranderen. Dat wordt ondersteund door voorbeeldgedrag van overheden, instellingen, bedrijven en burgers die voorop lopen. Het verhaal verspreidt zich verder door campagnes, educatie en coachingsactiviteiten en het tonen van leiderschap. Gedrag verandert eerst langzaam, maar als eenmaal een kritische grens is gepasseerd dan verspreidt het zich sneller als een olievlek. Door imitatie ontstaat al spoedig 'het nieuw normaal'.

[XXI] De kredietcrisis wordt met dit laatste idee aangepakt, terwijl de eerste uitleg beter past bij de situatie.

6.5.4 Cultuurverandering door structuurverandering

Cultuur bepaalt voor een deel de inrichting van systemen. Systemen leiden tot systeemuitkomsten en mogelijkheden. Zo is er bijvoorbeeld het systeem van ruimtelijke ordening. De fysieke inrichting van ruimte, bijvoorbeeld de aanleg van een weg, maakt het mogelijk ons snel van A naar B te verplaatsen. De inrichting van systemen heeft een duidelijk verband met hetgeen we belangrijk vinden of hebben gevonden. Waar het systeem een gevolg is van interne systeemdynamiek en machtsstructuren, kan betoogd worden dat de culturele consensus deze tolereert of dat de consensus niet krachtig genoeg is om er weerstand aan te bieden.

Cultuur en systemen houden elkaar in een zekere greep. Structuurverandering zonder cultuurverandering is slechts beperkt mogelijk en omgekeerd is dat ook het geval. Bij structuurverandering hoeft niet meteen aan een rigoureuze en grootschalige systeemverandering te worden gedacht. Subtiele verandering kan zeer effectief zijn. Door alleen al de inrichting van een zelfbedieningsbuffet aan te passen, worden keuzes substantieel beïnvloed. Dat kan leiden tot gezonde eetgewoonten, zonder dat de keuzevrijheid wordt aangetast.[91] Binnen marges, die cultureel acceptabel zijn, kunnen systemen worden aangepast. De cultuur wordt als het ware geborgd in het systeem. Als aanpassingen succesvol zijn, kan de wens ontstaan om een volgende stap te zetten (de cultuur verandert). Door het nemen van veel kleine stapjes wordt gewerkt aan welstendige ontwikkeling.

Met een goed verhaal bijvoorbeeld ontstaat draagkracht om stadscentra autoluw te maken. Een beleid, gericht op aanpassing van de infrastructuur en verhoging van parkeertarieven, komt nu in zicht. Succesvolle structuurveranderingen leiden tot een verhoogde leefbaarheid van stadscentra. Door deze successen goed te communiceren, worden de geesten rijp gemaakt voor een volgende stap. Zo wordt de weg naar welstendigheid bewandeld.

Wordt het proces van cultuur- en structuurverandering met visie, inzicht en ambitie ter hand genomen, dan wordt de snelste weg naar DCW-optimalisatie gevonden. Het is geïllustreerd in Figuur 6.4.

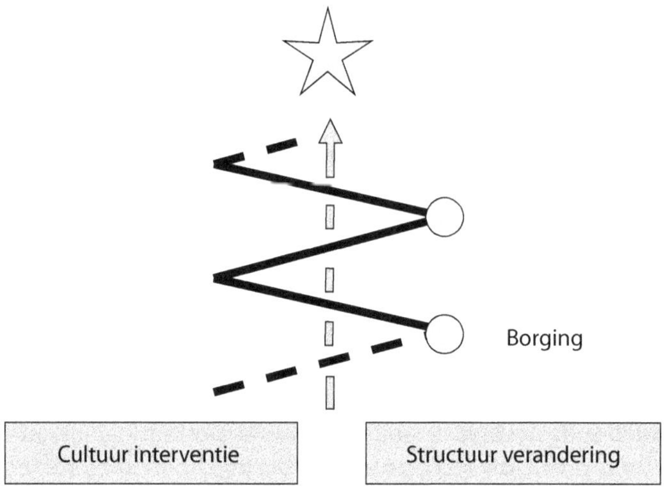

Figuur 6.4. De snelste weg naar welstendigheid.

7. De economie in dienst van welstendigheid

7.1 Inleiding

Binnen het dogma van de economische groei is welvaartsgroei primair. Welzijnsgroei en duurzaamheid zijn van secundair belang en dat leidt anno 2013 in westerse landen niet tot een optimaal resultaat. In dit hoofdstuk wordt onderzocht hoe op economisch gebied tot een meer evenwichtige situatie is te komen. De inzet is daarbij als volgt.

Een gezonde economie is belangrijk voor succesvolle naties. Economisch leiderschap van een land ligt aan de basis van politiek en militair leiderschap, onafhankelijkheid en trots. Het ontbreken van voldoende welvaart geeft de overheid te weinig middelen om ambities waar te maken. Bedrijven worden geremd in hun ontwikkeling, met als gevolg geen of slechts lage economische groei. Een structureel zwakke economie geeft (internationaal) weinig zeggingskracht. Dat is nog meer relevant in verband met de snel toenemende milieuschaarste en de groei van niet-westerse landen. Die worden daardoor machtiger. Eerst economisch, maar daaropvolgend ook politiek en militair. Het machtsmonopolie, dat voornamelijk in het Westen lag, zal worden gedeeld en dat geldt ook voor schaarse energiebronnen, delfstoffen en andere zaken. Kracht behouden door een structureel gezonde en goed presterende economie, is essentieel. Deze economie moet wel in dienst staan van welstendigheid, anders wordt het paard achter de wagen gespannen.

7.2 Macro-economie

De economische wetenschap bestudeert hoe de mens met schaarse middelen handelt om in zijn behoeften te voorzien. Centrale begrippen zijn vraag, aanbod, welvaart en welvaartsgroei. Met kennis over economische processen is na te gaan hoe doelstellingen van individuen, bedrijven, overheid en politiek verwezenlijkt kunnen worden.

Om een theorie over de werking van de economie op te stellen, is vereenvoudiging nodig. Uitgegaan wordt dan bijvoorbeeld van rationeel handelende individuen en van perfecte markten.[XXII] Vervolgens wordt gesteld dat vraag en aanbod in evenwicht moeten zijn. De theorie wordt geleidelijk uitgebreid met

[XXII] Perfecte markten zijn concurrerend (met veel verkopers en kopers) en transparant (alle relevante informatie is bekend) waarbij alle kosten in de prijs van de producten zijn geïnternaliseerd. De markt geeft soms 'ongewenste uitkomsten', zoals sociale ongelijkheid (marktnadeel) of is niet in staat 'collectieve goederen' te produceren (marktbeperking). Het milieuprobleem is in het traditionele economische denken op te lossen door markt falen op te heffen. Dat gebeurt onder meer door zogenaamde externe effecten (relevante aspecten die niet meegenomen worden in prijs van producten) te internaliseren en gebrekkige eigendomsverhoudingen te herstellen.

de rol van de overheid, andere landen en realistischere vooronderstellingen. Economische parameters worden in wiskundige formules gezet, die vervolgens aan elkaar worden gekoppeld. Dit resulteert in een rekenmodel.[XXIII]

Met behulp van geavanceerde statistische instrumenten wordt bepaald welke waarde economische parameters in de werkelijkheid aannemen en deze worden ingevoerd in het rekenmodel. De beste rekenmodellen voorspellen toekomstige ontwikkelingen en 'what if' analyses. Honderden relevante parameters worden met elkaar in verband gebracht. Niet alleen is te zien in welke richting bewegingen gaan, maar ook hoe groot die zijn.

Zonder modellen zou het aanzienlijk moeilijker zijn de economische dynamiek van de complexe westerse maatschappij te doorgronden en te analyseren hoe allerlei grootheden interacteren. Dan gaat het bijvoorbeeld om de vraag wat het effect is van een verhoging van 50% van de brandstofaccijnzen op koopkracht, groei, en milieudruk. Daar is zonder model en geavanceerd rekenwerk moeilijk een idee van te krijgen.

Hoe geavanceerd het model ook is, het blijft vanzelfsprekend een versimpeling van de complexe werkelijkheid. Er bestaan fundamentele tekortkomingen. Het model focust op welvaart, maar dat is niet hetzelfde als welzijn. Met modellen wordt getracht toekomstige ontwikkelingen te voorspellen maar die toekomst is per definitie onkenbaar. Economische modellen zitten vol met normatieve vooronderstellingen en zijn incompleet. Zo schoten bij het voorspellen van de kredietcrisis de gebruikte modellen tekort omdat de financiële sector er slecht in was verwerkt. Niet alle gewenste data zijn beschikbaar, komen vertraagd en daarbij is er ook sprake van foutmarges. Afhankelijk van de input bestaan er meerdere scenario's.

In Nederland is het CPB een autoriteit op het gebied van macro-economisch rekenwerk voor politici en beleidsmakers. Hoezeer hier sprake is van illusoire politiek, wordt duidelijk uit Figuur 7.1 waaruit blijkt dat de voorspellingen en de reële ontwikkelingen uit elkaar lopen. Het Planbureau zit er vaak naast.

De beperking van de economische wetenschap en kwantitatieve modellen worden in de praktijk nog wel eens over het hoofd gezien.[93] Binnen het dogma van de economische groei leunen politici en andere beleidsmakers te zwaar op macro-economisch rekenwerk. Interpretatie van modeluitkomsten vragen deskundigheid en voorzichtigheid. Dergelijke inzichten raken in de politieke praktijk gemakkelijk uit beeld. Politici vragen om vereenvoudiging en duide-

[XXIII] Door verschil in aannames en het leggen van verschillende klemtonen ontstaan er in de economische theorievorming verschillende scholen. De neoklassieke school legt een klemtoon bij de aanbodkant en de neokeynesiaanse school een klemtoon bij de vraagkant. Waar de eerste van onverzadigbare consumptie uitgaat, redeneert de tweede school dat consumptie kan worden gestaakt, bijvoorbeeld wanneer er sprake is van onzekerheid. Zo kunnen beide kampen correct redeneren, terwijl ze het totaal niet met elkaar eens zijn.

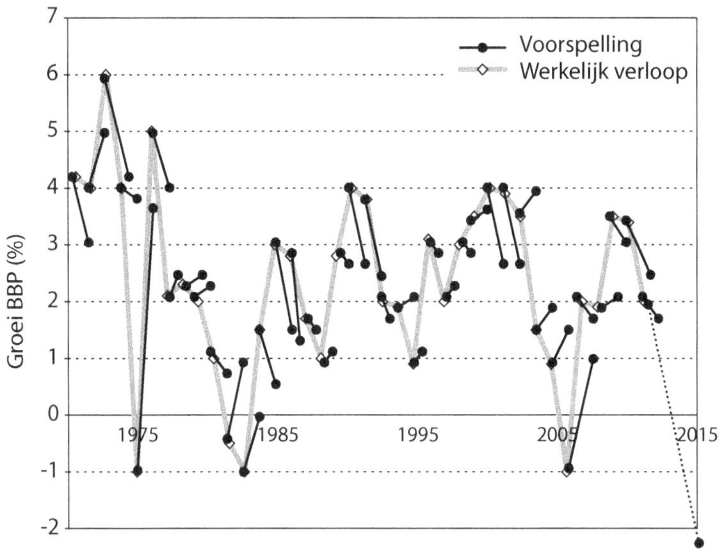

Figuur 7.1. CPB-voorspellingen versus de werkelijkheide groei BBP in procenten.[92]

lijkheid. Betrouwbaarheidsintervallen verdwijnen naar de achtergrond. De cijfers met de hoogste mate van waarschijnlijkheid worden gepresenteerd als feiten. Daarbij kan er ook nog gestuurd worden op uitkomsten (door de data van invoer te selecteren) op grond van bijvoorbeeld partijpolitieke prioriteiten.

Mede op basis van de Figuur 7.1 zijn aanbevelingen op te stellen zoals: "*Voorspel nooit meer met één of twee cijfers achter de komma. Bij het adviseren van beleidsmakers is het veel belangrijker de mate van onzekerheid te duiden dan nauwkeurigheid te suggereren. Werk in tijden van grote onzekerheid met meerdere scenario's. ... Door scenario's te presenteren wordt vermeden dat politici hun beleid op schijnzekerheid baseren.*"[94]

7.2.1 Mogelijkheden voor welstendige ontwikkeling

In het kader van welstendigheid moeten macro-economische modellen worden doorontwikkeld tot ecologische macro-economische modellen. In dergelijke modellen zijn natuur en milieu geen substitueerbare (inwisselbare) productiefactoren maar complementair: essentiële randvoorwaarden die in stand moeten worden gehouden om menselijke ondernemingen mogelijk te maken. In dergelijk modellen kan onderzocht worden hoe een stabiele economische inrichting tot stand kan komen, niet alleen met oog op de korte, maar ook op de lange termijn. Zo is bijvoorbeeld te testen hoe van buitenaf opgelegde beperkingen als CO_2 uitstoot en inzet van energiebronnen uitwerken. Ook kan verkend worden wat de mogelijkheden zijn voor meer ecologische investeringen[XXIV] en hoe stabiele macro-economieën met een lage (of zelfs zonder) groei van de materiële input tot stand kunnen komen.[95] Dergelijke modellen zijn weer verder uit te breiden zodat ook het welzijnsaspect beter wordt geïncorporeerd. Het ontwikkelen van betere macro-economische modellen is een belangrijke taak voor de wetenschap. Het proces is te versnellen als de overheid hier nadrukkelijker opdrachtgever en gebruiker wordt.

De waarde van modellen is van groot belang om de economie te begrijpen en te verklaren. De voorspellende waarde blijft echter beperkt, ongeacht gestaag doorgevoerde verbeteringen. Politici en beleidsmakers zouden werkmethodes moeten vinden, die meer rekening houden met dergelijke beperkingen en die nadrukkelijk ook oog hebben voor welzijn en duurzaamheid. Zelfstandig denken, meer vertrouwen op kwalitatieve redenering en het gezonde verstand zijn daarbij essentieel.

De vooruitgang meten en rapporteren

Als de traditionele economische groei (BBP-groei) geen goede graadmeter is om werkelijke vooruitgang te meten dan is het irrationeel om op een dergelijke grootheid te sturen. Toch is dat wat er feitelijk gebeurt (Hoofdstuk 2.2). Hoe is uit deze impasse te komen? Allereerst is het zaak om de definitie van nationaal inkomen aan te passen zodat deze beter op een lijn komt met ideeën over welstendige ontwikkeling. Daarnaast is er behoefte aan een getal voor een 'duurzaam nationaal inkomen'. Op basis van deze parameters is een betere economische sturing mogelijk (voor een toelichting: zie Bijlage 5). Genoemde parameters kunnen nog niet het volledige beeld geven dat voor welstendige ontwikkeling van belang is. Informatie over welzijn, milieu, duurzaamheid en economie is momenteel (nog) niet overtuigend te combineren in één of enkele getallen. Meer onderzoek is nodig om te bepalen wat de mogelijkheden zijn (zie Bijlage 6). Tot die tijd dienen poli-

---

[XXIV] Ecologische investeringen hebben vaak een langere terugverdientijd (lagere productiviteit) dan traditionele investeringen (bijvoorbeeld waar fossiele techniek vervangen wordt voor duurzame techniek zoals een windmolen). Op korte termijn werkt dat dempend op de economische groei. Ook komt het voor dat ecologische investeringen in het geheel geen rendement hebben. Zo verhogen maatregelen tot ecobescherming en restauratie wel de leefbaarheid en de veerkracht van de natuur, ze kosten geld maar daar staan geen directe geldelijke baten tegenover. Dergelijke investeringen dragen bij aan welstendigheid. Ze hebben een publiek karakter en gaan ten koste van investeringen met een hoger rendement of de consumptie. Dit geeft vrijwel per definitie problemen met legitimiteit binnen het traditionele economische groei denken.

tici en beleidsmakers meerdere rapportages naast elkaar te gebruiken en dat op een evenwichtige wijze. Deze rapportages zijn beschikbaar maar moeten verbeterd èn beter op elkaar afgestemd worden.

7.3 Globalisering

Globalisering of mondialisering is een proces van wereldwijde economische integratie en politieke en culturele beïnvloeding. Het betekent een toename van de wereldhandel; massaal vervoer van energie, voedingsmiddelen en goederen in allerlei stadia van productie naar alle uithoeken van de wereld; gigantische mondiale kapitaalstromen en explosief stijgend dataverkeer. Ook is er een groei van transnationale ondernemingen, vervlechting van voedselketens en supranationale samenwerking in instituties zoals de EU, WTO, OESO en de VN, de groei van internet, massamigratie, etc.

De stuwende kracht achter het proces van globalisering is een economische argumentatie. Door in te zetten op handelsliberalisering kan de welvaart van de wereld als geheel stijgen (zie Bijlage 7). Het is een strategie die gericht is op welvaartsmaximalisatie. Een geglobaliseerde economie doet een hoog beroep op schaarse energie en grondstoffen en legt druk op duurzame ontwikkeling. Het leidt tot groeiende inkomensongelijkheid, dominantie van het marktmechanisme en ondermijnt soms bestaanszekerheid (zie Bijlage 7). Globalisering zet ook de, uit welzijnsoptiek gewenste, menselijke schaal en inbedding onder druk (Hoofdstuk 4.6).

In het proces van globalisering ontstaan mondiaal werkende, niet-gouvernementele organisaties die zich onttrekken aan democratische controle. Dat geldt ook voor de multinationale ondernemingen. Op nationaal en mondiaal niveau zijn er geen krachtdadige organisaties die tegenspel aan het grootbedrijf geven. Landen en landenblokken zijn het hoogste niveau waar de collectieve zaak behartigd kan worden, maar door het proces van globalisering zijn zij hier steeds minder toe in staat. Dat brengt de democratie in een crisis en stagneert de vooruitgang. Landen en landenblokken moeten wegen vinden om de democratie weer te laten regeren. In Hoofdstuk 8 wordt dit verder uitgewerkt.

7.3.1 Mogelijkheden voor welstendige ontwikkeling

Het proces van globalisering kan rechtstreeks bijdragen aan welstendigheid. Bijvoorbeeld door het opstellen van verdragen over uitbreiding en verdere implementatie van mensenrechten of verdragen die de vrede of duurzaamheid dichterbij brengen. Ook is het is zaak om globalisering te ondersteunen wanneer er werkelijk comparatief voordeel is, en er uit strategische overwegingen en welzijns- en milieuoptiek geen grote bezwaren aan kleven. Afhankelijk van de specifieke situatie is er steeds een andere mix van voor- en nadelen. Met oog op welstendige ontwikkeling moeten zij van geval tot geval op hun merites worden beoordeeld. In deze context is een standpunt vóór of tegen globalisering ongenuanceerd.[96]

7.4 Maatschappelijk verantwoord ondernemen

Maatschappelijk verantwoord ondernemen (MVO) is een vorm van ondernemen waarbij een bedrijf of instelling de verantwoordelijkheid neemt voor de effecten van de bedrijfsactiviteiten op mens en milieu.[97] Zo worden er bewuste keuzes gemaakt om een balans tussen People, Planet en Profit te bereiken. MVO vraagt om een integrale visie op ondernemerschap in relatie tot de 3 P's. Het dient verankerd te zijn in alle bedrijfsprocessen en is een continu terugkerend thema: altijd zijn er mogelijkheden om de bedrijfsvoering te verbeteren.

Er zijn allerlei instrumenten voor MVO zoals: Arbo en milieuzorg, ketenbeheer (bijvoorbeeld het sluiten van productieketens of het koppelen van productieketens: industriële ecologie) en het produceren op basis van 'cradle-to-cradle'. Dit laatste is een veelbelovende filosofie ten aanzien van duurzame productie waarbij het streven is om gebruikte stoffen 100% te hergebruiken in natuurlijke of economische kringlopen.[98]

Het MVO levert bedrijven én de samenleving veel voordeel op. Bedrijven presteren aanzienlijk beter,[99] passen zich gemakkelijker aan, zijn innovatiever en aantoonbaar efficiënter. Zo levert het MVO bijvoorbeeld minder afval op, lagere energiekosten, een efficiëntere bedrijfsvoering en een lager ziekteverzuim. Bedrijven met MVO krijgen vaak positieve publiciteit, zijn aantrekkelijke werkgevers en leveren producten waarmee klanten zich willen afficheren. Een verantwoorde bedrijfsvoering geeft vertrouwen bij kredietverleners, subsidieverstrekkers, beleidsmakers en omwonenden.

Werken aan MVO vraagt om visie, een lange adem en professionaliteit. *"De wereld waarin bedrijven functioneren (is) relatief gesloten, met ingesleten routines, conventies, waarden en normen. Bij vergaande vormen van preventief handelen kan niet worden voortgebouwd op bestaande kennis en vaardigheden, routines en standaardoplossingen."*[100] Het is bijvoorbeeld erg complex om nieuwe milieuvriendelijkere alternatieven te introduceren. *"Dit vereist niet alleen het ontwikkelen van het product, maar tevens het opbouwen van een 'alternatieve' productketen."*[101] Het ontbreekt in veel gevallen aan sleutelfiguren, die een voortrekkersrol willen en kunnen innemen. In het midden- en kleinbedrijf is vaak te weinig kennis om MVO succesvol in te zetten. Ook drukken de kosten relatief zwaarder op dergelijke bedrijven en zijn er minder baten. Veel bedrijven voeren om bovenstaande redenen nauwelijks een serieus MVO beleid. Anderen hebben grote moeite de principes integraal en op een overtuigende manier door te voeren. De meesten komen niet verder dan "*'window dressing': veel mooie woorden en uiterlijk vertoon maar weinig daden.*"[102] MVO is dus niet gemakkelijk in te voeren voor bedrijven, maar ook gewoonte, gemakzucht en gebrek aan urgentie spelen een rol.

7.4.1 'Core business' en marktstructuren

Ook de 'core business' van bedrijven en marktstructuren zijn belemmeringen voor het MVO. Een bedrijf als Air France-KLM loopt in zijn branche weliswaar voorop met MVO, maar massavervoer door de lucht is bij voorbaat niet duurzaam. Een soortgelijk probleem is er voor Shell. Fossiele brandstoffen zijn steeds moeilijker te winnen en dat leidt tot extra milieubelasting en risico's.[XXV] Om aandeelhouders tevreden te houden moet de 'core business' echter doorgaan. Initiatieven om tot een meer duurzame energie huishouding te komen passen hier lang niet altijd in en worden soms zelfs ronduit tegengewerkt (voorbeeld zonne-folie). Een bedrijf als Shell voorkomt, ondanks ethische verklaringen en gedragscodes, niet dat in een land als Nigeria de oliewinning totaal uit de hand loopt.

AkzoNobel scoort hoog in de Dow Jones Sustainability Index. De markttucht vereist dat een bedrijf het beter doet dan de concurrenten. Daar moet een groeidoelstelling in voorzien. Door technologische ontwikkelingen daalt de ecologische voetafdruk van elke liter verf (of kilogram product), maar daar staan groei van de markt en stijgende verkopen tegenover. De benodigde absolute ontkoppeling tussen economische groei en fysieke inzet blijft meestal buiten beeld.

Unilever is een wereldspeler in de voedingsmiddelen. De mondiale marktstructuur kent miljoenen aanbieders van voedingsmiddelen en miljarden consumenten. Een beperkt aantal grote bedrijven zit daartussen als een spin in het web. Een meer duurzame markt heeft een meer lokaal karakter en kortere lijnen tussen producenten en consumenten. De prominente positie van Unilever is in zo'n markt niet verzekerd. Het is dan ook de vraag in hoeverre ze daadwerkelijk bereid is om markthervormingen te ondersteunen.

Op basis van bestaande techniek is er ten aanzien van duurzaam bouwen een enorme verbetering te realiseren door het verhogen van de stedenbouwkundige kwaliteit, milieuzorg en een beter gebruik van milieutechniek, actieve zonne-energie, demontabel en ecologisch bouwen.[103] De benodigde kennis is

[XXV] Denk aan olie winning uit teerzanden, de diepzee, Arctische gebieden en schaliegas.

matig bij veel kleine bedrijven in de sector, maar de grotere bedrijven hebben die kennis wel. Echter, de marktstructuur (met vele partijen en belangen) verhindert in veel gevallen dat de beschikbare techniek ook daadwerkelijk wordt toegepast. Duurzame alternatieven vragen een hogere initiële investering die zich pas op langere termijn terugverdient.

Als de belastingdruk en de kostenstructuur in een land te hoog worden dan zien de multinationals zich min of meer gedwongen hun activiteiten te verplaatsen. Daar waar de markttucht regeert moet het MVO wijken. De globalisering heeft multinationals opgeleverd waarop landen en zelfs de EU geen greep meer op hebben. De financiële sector is daarbij wel de overtreffende trap. Zij weet de rekening voor (collectief) falen bij afzonderlijke landen en de EU neer te leggen en de winsten binnen de eigen sector te verdelen. Om MVO serieus van de grond te krijgen is er behoefte aan een krachtige marktmeester, maar nationale overheden en zelfs de EU moeten het hier vaak laten afweten. In Hoofdstuk 8 wordt verder op dit dilemma ingegaan.

7.4.2 Maatschappelijk verantwoord ondernemen en welstendige ontwikkeling

De meeste bedrijven hebben tal van mogelijkheden om meer in lijn met MVO te opereren zonder dat dit ten koste gaat van winst op lange termijn, in tegendeel. Bedrijven kunnen aangemoedigd worden door aandeelhoudersactivisme, druk van grote beleggers (ethisch beleggen), vakbonden, milieuorganisaties, de overheid en het aanstellen van kritischere bestuurders en commissarissen. Ook zijn burgers te mobiliseren: een dreigende consumptiestaking is uitermate effectief. Binnen het midden- en kleinbedrijf (MKB) is het zaak om oplossingen te vinden voor het gebrek aan kennis en betaalbare expertise. Voorlichting, opleiding van medewerkers en (tijdelijke) externe ondersteuning helpen daarbij. Werkgevers en brancheorganisaties kunnen hier een belangrijke rol spelen. Advies en opleidingsinstellingen zorgen voor verdere ondersteuning. Door certificering worden inspanningen voor de buitenwereld aantoonbaar. Het zijn voor het MKB relatief kostbare processen. Het maakt voor een adviseur in tijd gemeten niet zo veel uit om een bedrijf van 5 of 50 werknemers op weg te helpen. Hoe het MKB dit probleem kan oplossen vraagt nader onderzoek.

De overheid zou wegen moeten vinden om het MKB aan te moedigen. Daarbij wordt in eerste instantie niet zozeer aan verplichtingen en subsidies gedacht maar bijvoorbeeld publicitaire campagnes, belastingreducties en 'exposure' (bedrijven die goed presteren onder de aandacht brengen). Ook kan zij door voorbeeldgedrag een bijdrage leveren aan veranderende patronen (bijvoorbeeld via het programma 'duurzaam inkopen'). Op basis van alleen vrijwilligheid gaat het niet lukken. Overheden moeten ook kaders stellen. Serieuze dreiging om regelgeving op te stellen, is soms al voldoende om de markt in beweging te krijgen.

Andersom kunnen bedrijven de overheid helpen bij het werken aan welstendigheid. Marktpartijen hebben ook een verantwoordelijkheid als burger. Om de grenzen van deze verantwoordelijkheid aan te geven, is onderscheid te maken tussen de fase van beleidsvorming over publieke aangelegenheden en de fase van besluitvorming en uitvoering.[104] In de eerste fase mag van de marktpartijen verwacht worden dat zij zich kritisch opstellen. Dat kan betekenen, dat ze vanuit een ideaalgerichte houding deelnemen aan publieke debatten. Marktpartijen hebben veel kennis. Zo kunnen zij de kwaliteit van het publieke debat verhogen en bijdragen aan prudentie. In de andere fasen wordt respect voor de wet, fatsoen en een minimale loyaliteit verwacht.

7.5 De voorwaarden voor economische dynamiek

Een vitale economie is een belangrijke voorwaarde voor welstendigheid. Hoe kan daarin worden voorzien? Tot de kredietcrisis werd gedacht dat vrije markten hiervoor zorgden. Het idee van vrije markten is nog altijd een belangrijk leerstuk, maar perfecte markten bestaan alleen in theorie.

In de echte wereld zijn marktimperfecties meer regel dan uitzondering en is er behoefte aan een marktmeester. Vrije markten zijn ingebed in andere systemen en duizenden wetten en regels. Het geheim van goedwerkende markten en een vitale economie moet niet zozeer gezocht worden in het misleidende begrip 'vrije markt maar veeleer in de voorwaarden voor economische dynamiek. Belangrijke kenmerken worden hieronder besproken.

7.5.1 Macht

Macht en economisch succes zijn onlosmakelijk verbonden. Dat werkt twee kanten op. Economisch succes leidt tot macht en macht kan leiden tot economisch succes. Politieke, economische en militaire macht geven internationaal gezien invloed en de vrijheid een eigen koers te varen. Ongewenste ontwikkelingen van buitenaf worden tegengehouden.

Maar het op basis van macht te nadrukkelijk nastreven van het eigenbelang, geeft vroeg of laat onherroepelijk weerstand. Macht zonder verantwoordingsgevoel en inlevingsvermogen keert zich tegen de machthebbers.[105]

Door de opkomst van grote, nieuwe economieën en dubieus westers beleid, verschuift de machtsbalans in hoog tempo.

7.5.2 Cultuur

Cultuur is van wezenlijk belang als een land streeft naar meer rijkdom.[106] Het gaat om een actieve houding ten aanzien van verbetering, rationaliteit, efficiency en waarheidsvinding. In een dergelijk klimaat van geestelijke vrijheid, onafhankelijk denken en persoonlijke verantwoordelijkheid kunnen de essentiële (sociaal-)institutionele factoren tot verdere ontwikkeling komen.[107] De protestants-christelijke ethiek van soberheid, plichtsbesef en hard werken kan leiden naar succes. Integriteit en vertrouwen liggen aan de basis van een succesvolle economie.[108] De modern-hedonistische cultuur in westerse landen draagt daar, met zijn korte termijnfocus en eenzijdige gerichtheid op de eigen persoon, minder aan bij.

Een cultuur die verwondering, verbeelding, creativiteit en passie weet te faciliteren, en die excelleren, doorzettingsvermogen en vernieuwing kan waarderen, schept een aantrekkelijk klimaat voor onderzoek en ontwikkeling en dat draagt op zijn beurt weer bij aan economische dynamiek. In de VS lukt dit soms beter dan Europa. De VS houden op deze wijze hun wetenschappers en talenten vast en trekken nieuwe aan.

7.5.3 Maatschappelijke structuur

Onder maatschappelijke structuur vallen grondrechten voor burgers, een zekere diversiteit met oog op voldoende maatschappelijke samenhang en een vrije intellectuele klasse. Het gaat bij grondrechten onder andere om eigendomsrechten, maar ook om burgerrechten, die een vrij maatschappelijk functioneren mogelijk maken. Op hoofdlijnen zijn deze vastgelegd in statuten als 'de rechten van de mens' en de diverse grondwetten van westerse landen.

Ook is een adequaat overheidsapparaat dat rechten handhaaft nodig, zoals een opsporingdienst en rechtbanken. Deze (en andere) overheidsdiensten moeten betrouwbaar zijn, waarbij de wet voor een ieder geldt. Corruptie en andere vormen van nepotisme (bijvoorbeeld oneigenlijke zelfverrijking) dienen onder controle te staan. Het is zaak dat de burgers een bepaald minimumniveau van veiligheid wordt geboden. Voldoende transparantie en adequate controleorganen waarborgen dit. Integriteit, visie en daadkracht van het bestuur zijn belangrijk. Het systeem moet in staat zijn om maatschappelijke misstanden te repareren en structurele oorzaken van stagnatie te doorbreken. Het gaat onder andere om het doorbreken van ongewenste gevestigde belangen. Om grondrechten voldoende te handhaven, is een vorm van democratie nodig. "*Good institutions create trust and sustain it.*"[109] Een dergelijk klimaat geeft vertrouwen. Een gedecentraliseerde gelaagde (niet feodale) besluitvorming is cruciaal.

Publieke investeringen zijn belangrijk voor ontplooiing en opleiding van individuen: een hoog niveau van wetenschap- en techniekonderwijs en andere vormen van kennisverzameling en kennisoverdracht zijn nodig. De ambitie om mondiaal voorop te blijven lopen ten aanzien van het onderwijs is belangrijk. Het onderwijsniveau is essentieel in onze kenniseconomie. Onderzoek en innovatie dienen continu te worden aangewakkerd; resultaten moeten worden beschermd.[110] Te hoge voorzieningenniveaus van bijvoorbeeld inkomenszekerheid en pensionering kunnen ongewenste effecten (misbruik, het te hoog oplopen van kosten, een institutioneel gecreëerde inactiviteit of een te lage arbeidsparticipatie) veroorzaken. In het algemeen is het van belang dat systemen vertrouwen geven, zowel aan kansrijken als kansarmen.

7.5.4 Economische structuur

Het niveau van natuurlijke werkloosheid in een economie hangt samen met institutionele factoren, zoals openheid van de economie, het fiscale klimaat, het kennisniveau van burgers en de flexibiliteit van markten.[111] Om werkloosheid structureel te verminderen, moet een economie fundamenteel gezond worden gemaakt. Door het inbouwen van automatische stabilisatoren worden conjunctuurbewegingen automatisch gedempt. Te denken is dan aan de rol van uitkeringen en structureel begrotingsbeleid. Maatregelen als het verhogen van overheidsuitgaven hebben wel tijdelijk een gunstig effect, maar herbergen het gevaar dat ze op langere termijn leiden tot inflatie en een lagere groei. Ze moeten derhalve spaarzaam worden gebruikt.

Een devaluatiepolitiek mag op korte termijn tot verbetering van de concurrentiepositie leiden, maar op langere termijn ontbeert het vertrouwen. Dat geldt ook voor langdurige tekorten op de betalingsbalans en het ontbreken van robuuste overheidsfinanciën.

Het is van belang, dat de voorwaarden worden geschapen voor ondernemerschap en een gezonde (maar eerlijke) concurrentie tussen bedrijven. Voor nieuwe ondernemingen dienen er lage toetredingsdrempels te zijn. Ondernemingsrisico's mogen niet te hoog worden. Kartels zijn ongewenst en marktimperfecties dienen zoveel mogelijk gerepareerd te worden.

7.5.5 Het financiële systeem

Het financieel systeem moet dienend zijn aan de reële economie; zo ook de rol van het geld. De groei van de financiële sector en die van de reële economie moet in balans zijn. Beheersing van de geldhoeveelheid dient nadrukkelijk aandacht te krijgen en moet het monopolie blijven van de centrale banken. Deze zijn tot op bepaalde hoogte onafhankelijk van de politiek. Met monetair beleid wordt de waarde van het geld beheerst. Daarbij wordt niet alleen gekeken naar prijzen van consumptieartikelen, maar gaat het om het gehele portfolio, inclusief onroerend goed en waardepapieren. Hoge renteniveaus zijn soms nodig om de inflatie te bedwingen, maar te hoge renteniveaus remmen economische dynamiek. Dat geldt ook voor te lage renteniveaus. Extreem lage renteniveaus gedurende lange tijd handhaven leidt tot onevenwichtigheden en gebrek aan vertrouwen. De beloning op spaarzaamheid verdwijnt, evenals een gezonde risicoperceptie. Het stimuleert ongeremde consumptie en de weggooi economie, doet de perceptie van wat waardevol is verdwijnen en brengt kredietverslaafden aan de bedelstaf. De te lage rente was een belangrijke oorzaak van de kredietcrisis.[XXVI] De kredietcrisis is opgelost met een lage rentepolitiek en meer krediet hetgeen heeft bijgedragen aan de hierop volgende economische crises. Kredietexpansie leidt in onzekere tijden tot kredietkrimp en daarmee tot ongewenste conjunctuurschommelingen. Zo frustreert een te lage rente politiek een gezonde (economische) ontwikkeling.

Subsidiëring van commerciële banken door vrijwel gratis geld te verstrekken en het de facto overnemen van ondernemingsrisico zijn onwenselijk. Tal van financiële instellingen zijn zo groot en complex geworden en met elkaar verweven, dat zij niet failliet mogen gaan omdat dit het gehele financiële stelsel in gevaar brengt. Door de omvang van financiële instellingen en hun takenpakket te beperken, wordt dit voorkomen. Consumentenbanken, zakenbanken en verzekeringsactiviteiten worden bij voorkeur gesplitst. Financiële innovatie dient door toezichthouders met scepsis te worden gevolgd en zo nodig aan banden te worden gelegd. Dat geldt in het bijzonder voor innovatie, die de financiële sector verder verweeft. Door dergelijke maatregelen kunnen financiële instellingen weer failliet gaan zonder dat redding nodig is. Door een kleine heffing op financiële transacties in te voeren, wordt speculatief geldverkeer ontmoedigd. Er moeten maatregelen worden gevonden die voorkomen dat (financiële) instellingen vanuit zogenaamde belastingparadijzen opereren. Het fiscaal bevoorrechten van vreemd vermogen dient te worden afgebouwd. Nauwlettend wordt gevolgd of gemaakte afspraken om banken en financiële instellingen weer in het gareel te krijgen, voldoende zijn. Te denken is aan solvabiliteits- en liquiditeitsvereisten en de criteria die gelden voor het opstellen van balansen en resultaatrekeningen (onder andere Basel III). Waar regels verwijtbaar worden overtreden, dienen bestuurders ook persoonlijk aansprakelijk te zijn.

[XXVI] Mede als gevolg van de illusie van het vrije marktdenken die voorafging aan de kredietcrisis kregen alle traditionele oorzaken van crises relevantie: speculatie, fraude, economische zwakte, valutacrises, gebruik van te grote financiële hefbomen en gebrekkige liquiditeit en solvabiliteit van banken.

Het vinden van alternatieven voor de dollar als reservemunt verdient verdere studie, evenals het vinden van structurele maatregelen voor het oplossen van de eurocrisis. *"Een gezonde 'biodiversiteit' van internationale, nationale en regionale munteenheden staat garant voor de continuïteit van het hele geldsysteem."*[112]

7.5.6 Strategisch denken

Een economie die ook op lange termijn haar vitaliteit wil behouden, moet sleutelactiviteiten koesteren. Met het inzetten op de consumenteneconomie hebben westerse landen de opgang van nieuwe economieën versterkt. De productie wordt uitbesteed. Maar met het uitbesteden van productie verdwijnt op termijn de kennis van het produceren en van het aanverwante proces, de productinnovatie en ondersteunende activiteiten, waaronder diensten. Zo wordt de economie aangetast in haar fundament en dat heeft uiteindelijk gevolgen voor de lokale activiteiten en overheidsfinanciën.

Sleutelactiviteiten zijn de voor het welvaartsniveau strategisch belangrijke activiteiten. Denk daarbij aan vervoer en automotica, biotechnologie, farma, high tech voedingsmiddelenindustrie, energie, computer- en informatietechnologie, top financiële dienstverlening, nanotechnologie, robotica en innovatieve gezondheidszorg. Sleutelindustrieën zijn creërende industrieën en diensten met internationale concurrentie. Ze houden contact met nieuwe technologie, internationale topkennis, nieuwe organisatievormen en exportmarkten. Als een land zijn sleutelactiviteiten kwijtraakt, dan verdwijnen op termijn ook onderzoek en ontwikkeling, design en alle toeleveringsactiviteit. De hele welvaartspiramide stort dan uiteindelijk in. Lokale activiteiten en overheidsactiviteiten steunen op toeleverende en ondersteunende activiteiten, die grotendeels weer afhankelijk zijn van sleutelactiviteiten. Het is cruciaal het evenwicht tussen deze drie niveaus te bewaren. *"Know how (to make) brengt rijkdom, know how to spend is het begin van armoede"*[113]: een consumptie-economie zonder sleutelactiviteit als fundament is op lange termijn niet levensvatbaar. Kleine landen als Nederland en België kunnen deels in niches actief zijn en bijvoorbeeld faciliteiten aan Duitsland bieden, maar het belang van sleutelactiviteiten blijft onverminderd groot. Bulklogistiek en veel vormen van dienstverlening zijn geen sleutelactiviteiten.

Welstendige ontwikkeling vraagt niet zozeer om een volgende schaalsprong, maar om een scopesprong: niet méér doen van het zelfde, maar andere dingen doen. China is bijvoorbeeld een strategisch denker van formaat. Het land kent daarin een lange traditie en kan ons op veel aspecten inspireren. Een voorbeeld van strategische denken (of het gebrek daaraan) is in Bijlage 8 uitgewerkt.

7.5.7 Totale kwaliteit van leefomgeving

De kwaliteit van de totale leefomgeving is van belang: wonen, werken, recreeren, infrastructuur, kwaliteit van natuur en milieu, cultuurhistorische waarde van het landschap en diversiteit. Aantrekkelijke regio's en steden weten 'high potentialis' te binden en trekken creatieve mensen en nieuwe bedrijven aan. Investeringen in fysieke structuren, zoals ruimtelijke ordening, natuur, doordachte infrastructuur, leefbaarheid, maar ook communicatietechnologie en milieutechnologie, verdienen zich snel terug.[XXVII]

7.5.8 Dynamiek

Hierboven is een aantal essentiële voorwaarden voor economische dynamiek beschreven. Als eenmaal de juiste randvoorwaarden zijn gesteld, dan is er alle reden voor vertrouwen. Organische systemen hebben de neiging intelligenter te worden naarmate zij meer gedecentraliseerd werken. Zelfstandige, goed opgeleide en geïnformeerde mensen weten zelf hun weg te vinden en als een en ander plaatsvindt met voldoende afstemming met de omgeving, dan is er sprake van communicatieve zelfsturing. Als kleinere entiteiten de ruimte wordt gelaten, dan is dynamiek gegarandeerd.[114] Dynamiek leidt tot nieuwe dynamiek. Dat wordt met een voorbeeld in Bijlage 9 geïllustreerd.[115]

7.6 De economie in dienst van welstendigheid

Kunnen de westerse landen de goederen en diensten produceren om de top te benaderen van het maximaal haalbare collectieve welzijn en kan dit in beginsel ook duurzaam zijn? Kortom: wat zijn de fysieke mogelijkheden? Wat kan de markt in dienst van welstendigheid betekenen en hoe kan zij in dienst van welstendigheid komen?

7.6.1 De fysieke mogelijkheden

We zagen dat we momenteel een maximale score van ruim een 8 in collectief geluk kunnen halen. Vanzelfsprekend lukt dit alleen wanneer ook de benodigde goederen en diensten hiervoor geproduceerd kunnen worden. Dat is mogelijk, gezien de stijging in productiviteit in de afgelopen eeuwen. In de laatste zestig jaar is deze met meer dan een factor 4 toegenomen (Figuur 7.2).

[XXVII] Een land als Zwitserland weet (geholpen door de natuur) zijn kwaliteiten uitstekend uit te baten. Het leidt niet alleen tot een toename van vestigingen van allerlei instituten en van het toerisme, maar heeft het straalt uit op vrijwel hun gehele productenportfolio (Made in Switzerland).

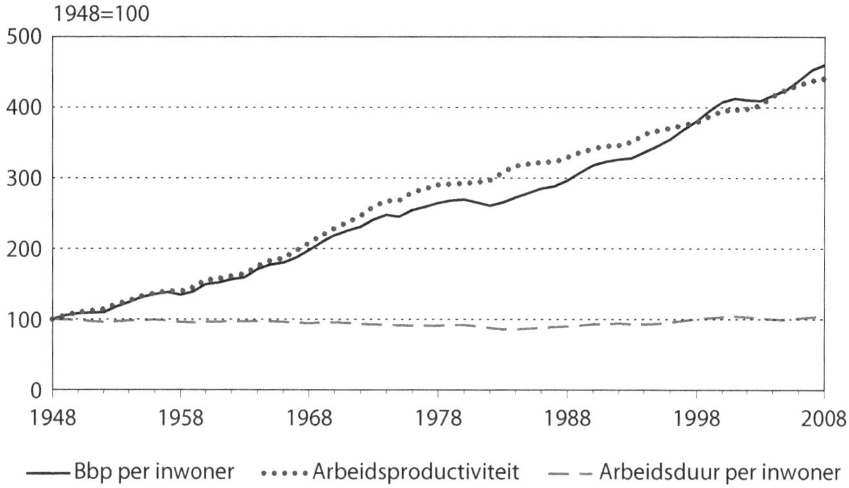

Figuur 7.2. Reële bruto nationaal product in Nederland per inwoner, arbeidsproductiviteit en arbeidsduur.[116]

Productiviteitsgroei en welvaartsgroei (BBP) gaan hand in hand. Maar al die extra goederen kunnen er niet meer voor zorgen dat het collectieve geluk verder stijgt. Dat met een relatief lage welvaart in de top kan worden gescoord op collectief geluk, bewijst Colombia. Het inkomen ligt daar meer dan een factor 4 lager dan in de VS, maar het land kent een hoger geluk (Figuur 2.2). In westerse landen bestaat een enorme hoeveelheid overbodige luxe: luxe die niet bijdraagt aan collectief welzijn. Door aan de productie hiervan minder tijd te besteden, is er meer tijd voor zaken waar wel welzijnswinst is te halen, bijvoorbeeld scholing, gezondheidszorg, het werken aan de kwaliteit van publieke ruimten. Ook zijn de zaken die in westerse landen nog kunnen bijdragen aan geluk vaak immaterieel van aard en uitstekend te combineren met ideeën over duurzaamheid. Fysiek lijkt er weinig in de weg te staan om te streven naar de top in collectief welzijn.

Kan deze top duurzaam worden benaderd? Dit vereist nadere studie maar wel is vast te stellen, dat bij het ontbreken van ontkoppeling door welvaartsgroei, de milieudruk zal toenemen. Aangenomen dat het opgeven van productiviteitsgroei en daarmee verbonden technologische ontwikkeling geen optie is, is die ontkoppeling dus essentieel. Er zijn allerlei mogelijkheden om klemtonen in productie en consumptie te verleggen, de beschikbare techniek beter aan te wenden en extreme verspilling aan te pakken. Ruim een 8 in collectief geluk is haalbaar en daarbij kan de milieubelasting die we veroorzaken aanzienlijk lager zijn dan nu het geval is. Technisch en fysiek staat er weinig in de weg om een gedegen invulling te kunnen geven aan welstendigheid. Het is een kwestie van de juiste wegen vinden, (politiek) de handen op elkaar krijgen en organiseren.

7.6.2 Wat kan de markt in dienst van welstendigheid betekenen?

De markt zou datgene moeten produceren, wat vanuit DCW-optiek gewenst is en waarvoor zij als basisinstitutie het meest geschikt is. Daarbij is ook de wijze waarop goederen en diensten tot stand komen relevant (denk bijvoorbeeld aan verdeling van arbeid, ook over de levensloop, baanzekerheid/inkomenszekerheid, arbeidsomstandigheden en milieuaspecten). De markt is niet automatisch de beste partij om te produceren. De overheid en civil society hebben ook belangrijke productieve functies en zijn daarvoor vaak meer geschikt. Bijvoorbeeld ten aanzien van collectieve goederen en zaken die vanuit DCW-optiek beter in de private sector gedijen. Een en ander impliceert dat de markt dient te zijn ingebed.

7.6.3 Hoe kan de markt in dienst van welstendigheid komen?

Hoe beïnvloedt een beleid, gericht op het milieu, de economische groei? Deze vraag is al langere tijd onderwerp van economisch onderzoek. Theoretische modellen en empirisch onderzoek laten een wisselend beeld zien. In het algemeen is de teneur, dat op de korte termijn milieumaatregelen tot een lichte vertraging van de groei leiden, voornamelijk doordat milieu-investeringen niet elders worden ingezet (bijvoorbeeld als een groei-investering die snel effect heeft). Op langere termijn zijn uitkomsten over het algemeen positief. Actief invulling geven aan de grote transities die er aan staan te komen, zoals de energietransitie, de mobiliteitstransitie en hervorming van de intensieve landbouw, is de beste garantie voor een economie die over 20 jaar ook nog floreert. Werken aan welzijn, leefbaarheid en duurzaamheid is werk. Aan werk is behoefte en dat geldt in hogere mate voor werk dat er toe doet.

In de welstendigheidseconomie is het zaak om:

- Actief te zoeken naar wegen om het welzijn te verhogen en de ecologische voetafdruk van westerse landen meer in lijn te krijgen met de beschikbare bronnen (zo wordt bijvoorbeeld naar wegen gezocht om voedsel- en energiekringlopen te sluiten en te verduurzamen en bestaande techniek breder toe te passen). Denken in reële termen kan daarbij verhelderend uitwerken (Bijlage 10).
- Afhankelijkheid te verminderen van bijvoorbeeld Braziliaanse soja, Arabische olie, Russisch gas, Afrikaanse grondstoffen en Chinese productiecapaciteit. Het draagt bij aan onze hoge ecologische voetafdruk en is

niet bevorderlijk voor zekerheid, zelfredzaamheid, autonomie, kracht en trots. De toegenomen schaarste, concurrentie van nieuwe economieën en weinig innovatie als gevolg van het oude denken brengen zelfs de toekomstige welvaart in gevaar. Circulair in plaats van lineair denken is het devies.

- Gebruik te maken van comparatief voordeel als dat er werkelijk is en bijdraagt aan welstendige ontwikkeling.
- Ongewenste machtsposities te doorbreken: zij staan een positieve verandering in de weg.
- De strategische positie te bewaken en streven naar een evenwichtig opgebouwde economie met sleutelindustrieën, ondersteunende industrie, dienstverlening, overheidsfinanciën en een zeker evenwicht tussen de primaire, secundaire, tertiaire en quartaire sector. Binnen een verzorgingsgebied als West-Europa (stel 200 miljoen inwoners) zijn alle wetenschappelijke en industriële disciplines en diensten op topniveau.
- Uitvoerend en technisch werk te waarderen en te rehabiliteren. Zo ontstaat er een complete economie waarin iedereen zich kan herkennen.
- Exorbitante beloning en topbonussen te weren. Zij staan een beter (maatschappelijk) presteren in de weg en werken demotiverend voor de meerderheid.
- Zelfstandig ondernemerschap zoveel mogelijk te stimuleren en te faciliteren.
- Innovatieve bedrijven binnen het MKB op een solide wijze te steunen.
- Dynamiek op gang te houden door het inrichten van voorwaarden voor economische dynamiek. Wanneer deze gekend, gekoesterd en verder versterkt wordt, dan is inperking van de markt geen enkel probleem.[XXVIII]
- Het overheidsbeleid aan criteria van degelijkheid te laten voldoen. Het takenpakket, efficiëntie en goed presteren worden continu bewaakt.

Een dergelijke economie is vitaal en staat in dienst van welstendige ontwikkeling. Economieën die als eerste zo'n transitieslag maken, zijn in staat om daadwerkelijke groei te genereren. Ze hebben de expertise die andere landen ontberen en waar behoefte aan is.

[XXVIII] Integendeel, regels lokken niet alleen gedragsverandering uit, maar ook innovatie. Als regels kundig zijn opgesteld, dan leiden die niet alleen tot welstendigheid, maar ook tot nieuwe dynamiek, een voorsprong in techniek, een vitale economie en voorspoed.

8. Overheid en politiek in dienst van welstendigheid

8.1 Inleiding

De grote problemen van deze tijd zijn collectieve problemen. Het oplossen daarvan is de kerntaak van de overheid en de politiek. Het vermoeden is dat overheid en politiek hier worden overvraagd (zie Hoofdstuk 1.2). Dat is te ondervangen door het beter laten functioneren van de overheid, het herstellen van de machtsbalans tussen overheid en bedrijfsleven, institutionele hervormingen en internationale samenwerking. Deze onderwerpen worden verder uitgewerkt waarbij achtereenvolgens de overheid en de politiek centraal staan.

8.2 De overheid

Optimaal functioneren van de overheid is mogelijk door adequaat samen te werken met de andere maatschappelijk instituties, slimmer te werken en welstendigheid als expliciete notie te gebruiken.

8.2.1 Samenwerking tussen maatschappelijk instituties

Om resultaten te bereiken in termen van welstendigheid, zijn wederzijds respect en elkaar ter wille zijn voorwaarden. Burgers die zich louter opstellen als consumenten en bedrijven die hun deskundigheid alleen voor zichzelf behouden, frustreren het werk van de overheid. Een overheid die door haar eigengereidheid burgers en bedrijven niet ziet staan en zich louter beroept op haar machtsmonopolie verliest haar legitimiteit.

Samenwerking tussen maatschappelijke instituties bestaat al in de vorm van corporatisme, co-management en cocreatie[XXIX]. In Nederland is bijvoorbeeld de Sociaal Economische Raad (SER) een vorm van corporatisme. Hierin vindt overleg plaats tussen overheid, werkgevers en werknemers en wordt op het gebied van allerlei sociaal-economische vraagstukken getracht om tot overeenstemming te komen. Bij comanagement werken bedrijven en de overheid (in grote projecten) met elkaar samen. Vergeleken met corporatisme heeft het minder aandacht voor het formaliseren van structuren[XXX] en heeft het een andere klemtoon. De focus ligt meer op concrete projectresultaten en duurzaamheid.

[XXIX] *"Cocreatie is wat er gebeurt wanneer individuen, groepen of organisaties, die betrokken zijn op een als complex ervaren uitdaging, samen oplossingen creëren die tegemoet komen aan een algemeen belang".* http://www.cocreatie.net/index.php?option=com_content&view=article&id=3&Itemid=3.

[XXX] Het gevaar van dejuridisering mag niet worden onderschat.

Samenwerken tussen instituties met oog op welstendigheid is nodig en zinvol. Maar realiteitszin is vereist om de grenzen te zien. Een te hechte samenwerking tussen de maatschappelijke instituties kent valkuilen. *"Contacten tussen de basisinstituties moeten zodanig zijn dat de eigenheid van elke basisinstitutie niet wordt aangetast ... Differentiatie stimuleert en bestendigt de pluraliteit ... Door 'duidelijke grenzen' blijven de macht van de marktpartijen en de macht van het openbaar bestuur gescheiden. Dit is vanuit liberaal-democratisch oogpunt belangrijk. Het liberaal-democratische schrikbeeld van een samenleving waarin het individu naakt en onbeschut tegenover één bolwerk van macht komt te staan, blijft zo ver weg. Daarnaast is het plurale karakter van de macht van belang voor de dynamiek en de rationaliteit van alle basisinstituties. Pluraliteit impliceert (een zekere mate van) onafhankelijkheid en deze stimuleert de mogelijkheid van kritiek en discussie."*[117]

Intensieve samenwerking tussen de overheid en het bedrijfsleven verhoogt de prudentie oftewel oordeelkundigheid. Dit leidt tot betere beslissingen. Maar al te innige contacten werken complicerend[XXXI] en zijn potentieel corrumperend (vriendjespolitiek). Het sluit andere partijen uit en werkt marktverstorend. Ook kan het een rem zijn op innovatie. Het zijn meestal de gevestigde belangen die om tafel zitten en dit zijn in het algemeen niet de partijen die belang hebben bij veel vernieuwing.

Het bedrijfsleven is van nature beter in zaken doen dan de overheid. Maar het is gericht op de relatief korte termijn en moet rekening houden met de marktucht. Dit is een heel andere positie dan die van de overheid. De mogelijkheden van de markt worden snel overschat. Hoewel met hulp van het bedrijfsleven de financiering van grote projecten theoretisch makkelijker kan zijn, is de rekening voor falen vaak voor de overheid en strijken de deelnemende bedrijven de opbrengsten op. Ook laten transparantie en controleerbaarheid van resultaten te wensen over. Een overheid die met ondernemers op één stoel gaat zitten dwaalt gemakkelijk af van haar kerntaak. Een managerscultuur met een eenzijdige gerichtheid op beheersing en prestige kan het gevolg zijn.

Co-management sluit aan bij het haalbare en niet bij het wenselijke. De ideologische component van besturen wordt in het defensief gedrongen. Door co-management loopt de onafhankelijke positie van de overheid gevaar en die is essentieel met oog op een goede uitvoering van haar kerntaak. Er is een reëel gevaar dat 'checks and balances' zich ongunstig ontwikkelen.

[XXXI] Zo moet de overheid ondermeer projecten initiëren, stimuleren, coördineren en er op toe zien dat gemaakte afspraken worden vastgelegd. Daarvoor moeten nieuwe institutionele structuren worden opgezet (zie bijvoorbeeld de ingewikkelde projectconstructies rond het Zuidas-project in Amsterdam of de herontwikkeling van het centrumhavengebied in Rotterdam). Hoge projectkosten kunnen het gevolg zijn.

Samenwerking tussen overheid en het bedrijfsleven is in het algemeen zinvol maar de grenzen komen al snel in zicht. De publieke zaak laat zich vanuit zijn aard vrijwel niet privatiseren.

8.2.2 De slimme overheid

Slim beleid kan op eigen kracht tot stand komen. Imitatie van succesvol beleid in andere landen is een andere strategie. Het is zaak deze twee strategieën te combineren.

Landen als Duitsland en Finland laten zien dat met weldoordachte afspraken bedrijven aangemoedigd kunnen worden tot gewenst gedrag, en hoe een en ander te combineren met innovatie en het opbouwen van een voorsprong in techniek. Standvastigheid van beleid is belangrijk en sociaal beleid is mogelijk, ook in een situatie van geglobaliseerde markten.

Het vastleggen van goede arbeidsvoorwaarden en milieumaatregelen lokt investeringen en innovatie uit. Het ligt aan de basis van leefbaarheid, productiviteit en nationaal product. Slim overheidsbeleid weet bedrijvigheid te behouden en zelfs te vergroten.

Slim beleid treft de portemonnee, in positieve zin bij gewenst gedrag en in negatieve zin bij ongewenst gedrag. Zowel consumenten als bedrijven zijn uiterst gevoelig als het om de eigen financiën gaat. Een flinke accijns op kerosine brengt de consumptie van vliegreizen met zekerheid naar beneden. Voor twee jaar garantie op duurzame consumentenproducten of voor een vergoedingsregeling voor reizigers die door wanprestaties van vervoerders worden getroffen, is gemakkelijk draagkracht te krijgen. De EU heeft dat begrepen: de maatregelen zijn probleemloos ingevoerd. Zo wordt indirect de kwaliteit van producten verbeterd en de prijs van milieubelastende producten verhoogd.

Slim beleid is ook een kwestie van doseren. De overheid kan geen 100% zekerheid bieden. Probeert de overheid dat toch, zoals bijvoorbeeld bij het terrorismebeleid[XXXII], dan lopen de kosten exponentieel op. Ondertussen worden allerlei evenwichtigheden uit het oog verloren, zoals privacy van burgers en het onnodig creëren van angst. Dat leidt tot suboptimale resultaten. Een juiste risicoperceptie, een doordacht risicobeleid en goede communicatie voorkomen dat.

Beperking tot kernactiviteiten

De meeste overheidstaken zijn redelijkerwijze niet te privatiseren. Dat is niet vreemd, wanneer je bedenkt wat het bestaansrecht van het openbaar bestuur is. Zij heeft een voorwaardenscheppende taak (voorwaarden creëren

[XXXII] De kans te worden getroffen door een terroristische aanval, is praktisch nihil (vele malen kleiner dan de kans op een verkeersongeval).

waaronder de maatschappelijke orde goed kan functioneren), een producerende taak (voorzien in goederen en diensten, die door het publiek van belang worden gevonden, en niet door de andere basisinstituties worden geleverd) en een correctieve taak (optreden waar maatschappelijk ontwikkelingen uit de pas dreigen te lopen).

De collectieve zaak laat zich vanuit zijn aard vrijwel niet afstoten. Voor zover dit wel lukt, is er meestal een uitgebreide regelgeving nodig en een omslachtig systeem van toezicht, waarbij de eigen dynamiek van de verzelfstandigde instellingen nog voor extra complicaties zorgt. De privatisering van de afgelopen decennia ontbeert een overkoepelende visie en aanpak en gaat gebukt onder departementen die gebrekkig samenwerken en die te weinig deskundig zijn. Per saldo wordt nauwelijks enige winst geboekt. In plaats van een kleinere rijksdienst, kostenreductie, betere dienstverlening voor de burger en innovatie neemt de bestuurlijke complexiteit toe.[118]

Soms heeft het openbaar bestuur taken op zich genomen, die bij nader inzien niet tot haar kerntaak behoren. Het afstoten daarvan geeft dan relatief weinig problemen. Moeilijker wordt het wanneer zaken weliswaar theoretisch goed zijn af te stoten, maar praktisch voor problemen zorgen. Railvervoer, nutsvoorzieningen en de gezondheidszorg zijn hier voorbeelden van. Bij de eerste twee moeten oplossingen worden gevonden voor onder andere planning en onderhoud van infrastructuur en dreigende monopolievorming. De gezondheidszorg is uitermate divers en complex van karakter. Zonder omvangrijke regelgeving, zal de markt hier essentiële taken laten liggen en dat is niet wenselijk.

Het is belangrijk dat de overheid efficiënt en doelmatig werkt. De middelen voor het overheidshandelen moeten worden opgebracht door burgers en bedrijven. Die blijven alleen enthousiast als zij er vertrouwen in hebben dat hun bijdragen goed worden besteed. Waar marktprikkels grotendeels ontbreken of kunstmatig zijn, vragen klantgerichtheid en prestatieniveau van ambtenaren continu de aandacht. Het creëren van beleidsconcurrentie, het vergelijken van prestaties met soortgelijke instellingen (benchmarking), functieroulering, budgetteringsdiscipline en controle zijn methoden die worden ingezet.

Vakbekwaamheid

Een integer, professioneel ambtenarenapparaat is de kern van het overheidsbedrijf en een stabiliserende factor voor de soms wispelturige politiek. Binnen de overheid is grote behoefte aan detailkennis en historisch besef. Daarin wordt voorzien door specialisten en generalisten, die samenwerken met het oog op welstendigheid. Dat vormt de uitdaging.

Welstendigheid vraagt om een lange termijnfocus en om integraal denken en doen. Door het leren zien van de mogelijkheden en het zich eigen maken van methoden, is hier invulling aan te geven. De kennis van welstendigheid is vooralsnog schaars. Om hier verandering in te brengen, zijn er onderzoekprogramma's en educatieprogramma's nodig. Het gaat dan over inhoudelijke kennis en kennis ten aanzien van managementstijlen die passen bij het nieuwe denken. Zo dient er een balans te zijn tussen beheersactiviteiten en verbeteractiviteiten, managementdominant denken en leiderschap dominant denken, traditionele governance en nieuwe governance. Tabel 8.1 somt een aantal trefwoorden op.

Ambtenaren worden geacht loyaal te zijn aan de politiek. Die is kort cyclisch, vaak gericht op het 'hier en nu'. Ambtenaren worden ook geacht om te staan voor de publieke zaak. Het grote plaatje, 'daar en later' zijn dan een nadrukkelijk onderwerp. Overheidsdienaren en -organisaties zijn in een goede positie om hier het juiste evenwicht te vinden. Dat is mede het gevolg van de grote professionaliteit van het apparaat, die vanuit het welstendigheidsdenken nog verder is te vergroten. Goede arbeidsvoorwaarden en ontslagbescherming geven daarbij theoretisch ruimte voor doortastend handelen.

Integriteit

Een integere overheid heeft weinig te verbergen. Toch zijn er soms redenen voor geheimhouding (zie Bijlage 11). Door openheid wordt het mogelijk het functioneren van de overheid te volgen. Zo wordt het voor journalisten, wetenschappers en controleurs van het overheidsbeleid makkelijker om goed werk af te leveren. De kwaliteit van de liberaal-democratie wordt bewaakt en wanbeleid voorkomen. De Wet openbaarheid van bestuur (WOB) is opgesteld vanuit dit idee.

Wordt de werking van de Nederlandse WOB vergeleken met de tradities in de best presterende landen op dit terrein, dan is er nog veel ruimte voor ambitie, zeker nu de WOB recentelijk is ingeperkt. Data dienen in beginsel kosteloos, makkelijk en snel beschikbaar te zijn. Voor geheimhouding mag een gedegen motivatie worden verlangd, die ook getoetst kan worden. Termijnen voor geheimhouding zijn niet langer dan strikt noodzakelijk en ook is het zaak, dat er goede procedures zijn met betrekking tot geheime informatie zodat op een adequate wijze controlerende taken zijn uit te voeren. Denk daarbij bijvoorbeeld aan de activiteiten van bepaalde onderzoekscommissies of het aanstellen van onafhankelijke functionarissen, die nadrukkelijk oog hebben voor het burgerperspectief en die de beschikking hebben over alle informatie.

Tabel 8.1. Het vinden van balans.[119]

Balans tussen:

Operationele efficiëntie: beheer	**Strategische flexibiliteit: verbeteren**
Precisie	Veerkracht
Blikvernauwing	Horizonverbreding
Risico's verminderen	Waarde creëren
Routine / standaardisatie	Vernieuwing / experiment
(Schijn) zekerheid creëren	Vertrouwen / onzekerheid accepteren
Meten is weten	Doen is weten
Fouten voorkomen	Leren van fouten
Managementdominant	**Leiderschapdominant**
Cijfers	Verhalen vertellen
Formele autoriteit	Morele autoriteit
Normen / regels	Waarden / zingeving
Keurslijf	Ruggengraat
Procedures / planning	Motiveren / inspireren
Managen risico's	Creëren oplossingen
Inhoud	Context en onderwerp
Traditionele governance	**Nieuwe governance**
Formeel	Informeel
Star	Flexibel
Hiërarchisch	Plat
Centralistisch	Gericht op empowerment
Trage besluitvorming	Snelle besluitvorming
Veel bureaucratische regels	Niet-bureaucratisch; minder regels
Risicomijdend	Risiconemend
Consensus gericht	Oplossingsgericht
Uniformiteit	Diversiteit
Controle	Ondersteuning
Fouten uitsluiten	Leren van fouten

De overheid moet integer zijn, maar dit staat soms op gespannen voet met de realiteit. Een voorbeeld is het buitenlandbeleid. Goede betrekkingen onderhouden met China vraagt enige terughoudendheid als het over mensenrechten gaat. Een goede relatie is wenselijk vanuit diplomatieke overwegingen en om bijvoorbeeld handelsbelangen veilig te stellen. Te veel hypocrisie tast daarentegen de geloofwaardigheid van de overheid aan. Ruimte voor ambitie lijkt aanwezig, bijvoorbeeld met betrekking tot het prediken van duurzame ontwikkeling terwijl de praktijk meer wijst op een koers naar belastende economische expansie.

Alle mogelijkheden benutten
De Raad van State wijst er in de jaarverslagen van 2003 en 2006 op, dat het functioneren van de publieke sector teveel wordt belemmerd door een tussenlaag van rekenmeesters, toezichthouders, adviseurs en managers. Evaluatie van dergelijke rapportages vormt de basis voor verbeteringen.

De neiging bestaat om processen top-down vorm te geven. Maar dat is lang niet altijd nodig, vaak zelfs ongewenst. Top-down, op beheer georiënteerd management denken is een dominant concept. Het leidt enerzijds tot eenduidigheid, overzicht, theoretisch uitstekende resultaten en is gemakkelijk uit te leggen. Anderzijds maakt het geen gebruik van de vakkennis op de 'werkvloer' en de ideeën over hoe processen goed zijn in te richten. Door hiervoor ruimte te geven worden verantwoordingszin en motivatie van de betrokkenen aangesproken. Dat kan leiden tot meer arbeidsvreugde en betere resultaten.

Inmiddels staan meer aandacht voor de praktijk, meer vertrouwen in de vakbekwaamheid van eerste-lijnwerkers, hun oordeelsvermogen en verantwoordelijkheidsbesef, samen met minder bureaucratie en management, weer op de agenda.[120]

8.2.3 Welstendige ontwikkeling als expliciete notie van vooruitgang

De overheid werkt nog binnen het dogma van de economische groei. Maar geleidelijk aan wordt opgeschoven naar andere ideeën over groei: duurzame economische ontwikkeling, duurzame ontwikkeling en impliciet ook naar welstendige ontwikkeling. Deze laatste notie is onder de naam 'duurzame kwaliteit van leven' in academische kringen al langere tijd onderwerp van onderzoek. Ook planbureaus en overheidsinstellingen die dicht bij de academische praktijk staan, hebben het onderwerp sinds een aantal jaren op de agenda staan. Inzichten beginnen langzaam door te sijpelen naar de beleidspraktijk. Ook daar worden de eerste stappen gezet.[121]

Echter, zo lang het dogma van de economische groei nog dominant is, wordt er gewerkt aan verouderde doelen. Daardoor zijn ook de oplossingen achterhaald. Gehanteerde vooronderstellingen blijven impliciet, het overzicht en het bredere kader ontbreken en de verkeerde vragen worden gesteld. Te vaak worden vraagstukken geïsoleerd en wordt langs elkaar heen gewerkt. Onderwerpen, die op de agenda zouden moeten komen, halen het niet.

Door expliciet te focussen op welstendigheid, kan het beleid beter worden gericht en vorm krijgen. Zo ontstaat er overzicht in de diversiteit aan overheidsdoelen (zie Hoofdstuk 1.2.5). Het werkt reducerend ten aanzien van de complexiteit van vraagstukken. Werken aan duidelijke doelen, die breed worden gedragen, vergroot de legitimiteit van het overheidsoptreden. Hiermee wordt de sturingscapaciteit van het openbaar bestuur vergroot. De overheid gaat beter presteren: wordt zowel efficiënter als effectiever.

Een nieuwe kijk op groei leidt tot andere prioriteiten. Dat komt tot uiting in informatiesystemen, werkroutines, procedures en personeelsbeleid. De totale organisatie van de werkzaamheden staat feitelijk ter discussie. *"Nieuwe interpretaties van de werkelijkheid leiden tot een anders geïnterpreteerde werkelijkheid."*[122]

Welstendigheid in informatiesystemen, de beleidscyclus en routines

Welstendigheid dient een integraal onderdeel te worden van meetsystemen, informatiesystemen en rapportages (zie Bijlagen 5 en 6). Ook in de werkroutines en diverse rollen waarin de overheid actief is dient het thema centraal te staan. Werken aan duurzaam collectief welzijn is namelijk niet één van de onderwerpen, maar het centrale thema van het overheidsbeleid. Op ieder niveau, in iedere routine en bij elke beslissing wordt de link naar welstendigheid gelegd.

De beleidscyclus

Het idee van welstendige ontwikkeling is een overkoepelend en integrerend kader voor de coherente uitwerking van beleidsaspecten. Dat wordt regelmatig expliciet gemaakt. In iedere stap van de beleidscyclus is invulling te geven aan welstendige ontwikkeling (zie Figuur 8.1). In de eerste stap gaat het om het vormen van een expliciet en overkoepelend idee van wat nastrevenswaardig is en hoe dit in zijn algemeenheid bereikbaar is. Het gaat om welzijn, duurzaamheid en welvaart en de relaties hiertussen. Het gaat om een consistent idee over hoe er vanuit micro- en macroperspectief gewerkt kan worden aan welstendige ontwikkeling. Zo ontstaat er visie, worden misverstanden opgemerkt en komen kansen op welstendige ontwikkeling in beeld. Door het inrichten van onder andere een meet- en rapporteringsysteem worden de feiten gepresenteerd en ideeën hierover al dan niet bevestigd. Er ontstaat focus.

Bij de ontwikkeling van beleidsvoorstellen (stap 2) worden sleuteldoelen en afgeleide doelen opgesteld. Doelgroepen worden benoemd, beleidsvelden op hoofdlijn uitgewerkt en prioriteiten vastgesteld. Spanningsvelden worden zichtbaar. Ook wordt vastgesteld op welke niveaus oplossingen geïnitieerd moeten worden en hoe dit tot stand komt. Veranderingen op systeemniveau zijn vaak gewenst, maar deze zijn op korte termijn meestal niet haalbaar. Dat kan leiden tot een agenda op de korte termijn en een agenda voor de lange

Figuur 8.1. Welstendige ontwikkeling en de beleidscyclus.[123]

termijn. Steeds is het zaak om profijt te blijven zien, dwars door verschillende beleidsvelden en niveaus heen. Zodra beleidsvoorstellen op hoofdlijn zijn uitgewerkt, worden vervolgactiviteiten geïnitieerd.

Bij het uitwerken en implementeren van beleid (stap 3) worden kaders en onderbouwde principes voor het detailontwerp gecreëerd. Een heuristische methode (waarbij deelnemers zelf de ruimte wordt gegeven om oplossingen te genereren) binnen een officiële structuur heeft vaak de voorkeur. Om op koers te blijven is het zaak om geregeld voor terugkoppeling te zorgen en het overzicht te behouden.

Op het eind van de beleidscyclus (stap 4) worden effecten van beleidsresultaten op welzijn en duurzaamheid ingeschat. De impact van verschillende beleidstoepassingen worden vergeleken en beoordeeld en het ontwerp wordt eventueel herijkt.

Rollen

Door goed beleid en voorbeeldgedrag werkt de overheid aan doelstellingen op het gebied van welzijn en duurzaamheid. Dat gebeurt in verschillende rollen/routines.[124]

De overheid heeft als marktpartij een inkoopbudget van tientallen miljarden euro's op jaarbasis. Een enorm divers pakket aan goederen en diensten vindt zijn weg naar de overheid. Door bij de inkopen en investeringen nadrukkelijk rekening te houden met criteria op gebied van welstendigheid, wordt niet alleen het goede voorbeeld gegeven en milieubelasting daadwerkelijk verminderd, maar ook een enorme stimulans gegeven voor kwalitatief hoogwaardige en innovatieve producten.

De overheid is ook eindgebruiker. Een belangrijk deel van de ingekochte goederen en diensten wordt ingezet om de eigen productieprocessen van de overheid vorm te geven. Bij de inrichting van deze processen is het ook zaak criteria voor welstendigheid een belangrijke rol te laten spelen en open te staan voor innovatie. Zo is het papiergebruik enorm geslonken door dubbelzijdig kopiëren in te voeren en zijn er de afgelopen jaren vele 'duurzame gebouwen' in gebruik genomen.

De overheid is de grootste werkgever in westerse landen. Bij het invulling geven aan goede arbeidvoorwaarden en human resource management is het zaak leidend te zijn. Het verschil tussen vaste en tijdelijke medewerkers en tussen ambtenaren en werknemers in het bedrijfsleven kan echter niet te groot zijn. Dat botst met ideeën over rechtvaardigheid en gezonde marktwerking. Waar de arbeidsvoorwaarden al te riant zijn, is correctie gewenst. Toch moeten oplossingen vanuit welstendigheidsoptiek bij voorkeur gezocht worden in het verbeteren en bestendigen van arbeidsvoorwaarden en in het gelijktrekken van achterblijvers. Dat is zeker in tijden van crisis een ambitie waar niet zo eenvoudig invulling aan is te geven.

De overheid geeft uitvoering aan vastgesteld beleid. Met oog op welstendigheid kan herziening van dat beleid nodig zijn of kunnen klemtonen hierin anders komen te liggen. Zo liggen de plantsoenen in 'Holland Bloemenland' er behoorlijk minimalistisch bij wanneer dit bijvoorbeeld vergeleken wordt met Frankrijk. Is het niet vreemd dat logistieke ambitie en een rijke traditie op het gebied van waterbouw nog niet heeft geleid tot een luchthaven op zee, dit terwijl minder rijke landen elders op de wereld al lang hebben laten zien wat er mogelijk is.

De overheid is ook beleidsmaker. Nieuwe ontwikkelingen vragen om nieuw beleid en dat mondt uit in regelgeving. Er is een tendens naar toenemende regeldruk: de samenleving wordt complexer, er wordt meer van de overheid verlangd. In het algemeen ontbreekt een verjaringstermijn op regels, waardoor verouderde wetgeving niet zomaar verdwijnt of wordt aangepast.

Overbodige, inefficiënte regels geven ergernis en verstikken de economische dynamiek. Door minder regels, meer afstemming en vereenvoudiging van wetten en procedures, wordt regelgeving beter hanteerbaar en minder belastend. Dat geldt zowel voor de overheid als handhaver, maar ook voor burgers en bedrijfsleven, die geacht worden de regels na te leven. Deregulering, stroomlijning en vereenvoudiging vragen continu aandacht.

De overheid is ook actief in rollen als klimaatschepper, bruggenbouwer, facilitator, partner en gids. Ook vanuit die rollen is nadrukkelijk invulling te geven aan een nieuwe kijk op groei. Dat kan tot uiting komen in intern overleg, overleg met de andere basisinstituties of het aansturen van onderzoek en ontwikkeling in het kader van welstendige ontwikkeling. Hoewel de overheid als zelfstandige entiteit tal van mogelijkheden heeft om welstendigheid dichterbij te brengen, is er vaak een politiek mandaat nodig en politieke sturing gewenst.

8.3 De overheid in internationaal perspectief: de machtsbalans

Het instituut overheid moet er voor zorgen dat de publieke zaak goed wordt behartigd. Maar landen zijn steeds minder in staat om een zelfstandig beleid te voeren omdat ze meer en meer met elkaar zijn verbonden.[125] Mede door de globalisering en de eenwording van de EU zijn de laatste decennia instrumenten buiten het bereik van de overheid gekomen of moeilijker inzetbaar. Dat werkt complicerend, aangezien maar gedeeltelijk een onafhankelijke koers kan worden gevaren. De macht van de staat wordt uitgehold door de toenemende macht van niet-gouvernementele organisaties en het aangaan van internationale verplichtingen, denk daarbij aan de EU, de WTO en de VN. Hiermee zijn instrumenten van monetair beleid, landbouwbeleid en mededingingsaangelegenheden uit handen gegeven.

De verschoven machtsbalans wordt versterkt door het toenemende gewicht van de markt. Grote bedrijven zijn getransformeerd tot multinationals of transnationale ondernemingen en machtige mondiale spelers. Als een land beleid opstelt dat onvoldoende rekening houdt met de belangen van het grootbedrijf, dan dreigen er al snel activiteiten uit het land te verdwijnen. Dat trekt een zware wissel op de economie van een land. Om redenen van werkgelegenheid en gezonde overheidsfinanciën wordt het bedrijfsleven ruimte gegeven.

Op hun beurt zijn multinationals onderworpen aan de mondiale markttucht. Regels werken kostprijsverhogend en dat leidt tot concurrentienadelen. Om winstgevendheid te blijven moeten bedrijven zorgen voor innovatie, verhoging van de productiviteit en verlaging van de kostprijs bijvoorbeeld door verplaatsing van de productie of het afstoten van activiteiten. De dreiging van multinationals om activiteiten te staken is echter ook opportunistisch: door hun machtspositie kunnen zij de zaken naar hun hand zetten.

Om het grootbedrijf te paaien zijn landen onderling verwikkeld in een concurrentiestrijd. In deze context is het niet eenvoudig om tot internationale afspraken te komen. De afzonderlijke landen geven een goed vestigingsklimaat immers niet graag op. Continu dreigt een 'race to the bottom' naar minder belastende regelgeving en lagere belastingtarieven. Nederland wordt wel eens een belastingparadijs genoemd, omdat het buitenlandse ondernemingen, die zich hier op papier vestigen, zeer aantrekkelijke belastingtarieven aanbiedt. Door deze constructie ontvangt Nederland een bescheiden belastingopbrengst, terwijl de landen waar de bedrijven werkelijk gevestigd zijn, enorme sommen mislopen. Multinationals hebben krachtige lobby's. Ze weten de weg naar subsidies te vinden en betalen aantoonbaar minder belasting dan kleinere, nationaal opererende bedrijven. [126]

8.3.1 Meer gewicht voor de overheid?

In het kader van welstendigheid is het van belang, dat het openbaar bestuur meer afstand kan nemen van de markt. In internationale context zijn er in beginsel twee mogelijkheden: jezelf als land isoleren of nog intensiever samenwerken met andere landen. Isoleren en strikte regels aan bedrijven stellen, is geen reële optie (vergelijk de situatie in Noord-Korea, met minder bedrijvigheid, een gebrek aan innovatie en dynamiek). Tussen de westerse landen onderling of op Europese schaal bestaan al veel samenwerkingsverbanden (hier is veel meer mogelijk dan op het mondiale niveau). Toch stuit samenwerken ook hier op beperkingen en niet alleen door beleidsconcurrentie.

Hoewel de EU zich kan beroepen op veel successen, is het door de gestage uitbreiding naar inmiddels 27 landen steeds moeilijker één krachtige lijn voort te zetten. Het grote aantal partijen en het gegeven dat de landen flink van elkaar verschillen, maken het complex.

8.3.2 De macht van het grootbedrijf beperken

Mondiaal werkende bedrijven zetten de toon. Ze kopen beter presterende maar minder kapitaalkrachtige bedrijven op of werken tijdelijk onder de prijs waardoor deze worden weggeconcurreerd. Om excessen te voorkomen is er een krachtige mededingingspolitiek en worden ongeoorloofde machtsposities niet getolereerd. De wens voor een effectief overheidsbeleid kan een extra reden zijn om het grootbedrijf in te tomen.

Als multinationale bedrijven beleid frustreren, is er een goede reden om tegen ze op te treden. Ook de innige banden tussen het grootbedrijf en de politiek moeten kritisch worden gevolgd. Monsanto, Goldman Sachs of Shell zijn bedrijven met enorm veel invloed. Transparantie over de relatie tussen deze bedrijven en het openbaar bestuur is gewenst.

Om de impasse te doorbreken, zijn verschillende oplossingen denkbaar. Beperk bijvoorbeeld de omvang van ondernemingen, hun werkgebied of hun activiteiten.[XXXIII] Banken die zo groot zijn, dat ze een natie aan de bedelstaf kunnen brengen, zijn volstrekt ongewenst. Dat geldt ook voor banken die een zo omvangrijk werkpakket hebben, dat er geen behoorlijke controle meer mogelijk is.

Stel bijvoorbeeld aan multinationale bedrijven de eis, dat zij voor productielocaties in ontwikkelingslanden Europese normen hanteren. Daarbij kan de standaard van een leidende natie als Duitsland worden gevolgd. Overnames die nationale en/of Europese belangen schaden zijn ongewenst. Het zal niet eenvoudig zijn dergelijke voorstellen praktisch uit te werken, maar het begint bij een grondhouding. Naarmate de machtsbalans tussen overheid en markt wordt hersteld, kan de overheid weer een meer onafhankelijke koers gaan varen en zich werkelijk toeleggen op haar kerntaak: de behartiging van het publieke belang. Dit verstevigt niet alleen haar legitimiteit, maar ook de democratie.

8.4 De politiek

Werken aan welstendigheid heeft een collectief karakter, hetgeen van de politiek en overheid een extra inspanning vraagt bij het vinden van oplossingen. De ruimte die de overheid hiervoor krijgt, is voor een belangrijk deel afhankelijk van hetgeen de politiek biedt. De ruimte die de politiek hiervoor krijgt is deels afhankelijk van de stemgerechtigde burger. Een vitale civil society is dus belangrijk. Op lange termijn wordt een goede democratie niet zo zeer bereikt door institutionele veranderingen of door keuzes van de elite, maar vooral door de waarden en overtuigingen van individuele burgers.[127]

Overheid, politiek, wetenschap, civil society en economie zijn communicerende vaten. Het maatschappelijk contract vraagt van de verschillende partijen een welwillende houding bij het oplossen van collectieve problemen. De instituties buiten de overheid en politiek werken waar mogelijk ondersteunend, bijvoorbeeld door het aanreiken van inzichten, ideeën en het geven van steun. Maar ze zijn niet leidend. Door de overheid en de politiek moeten dergelijke inzichten worden uitgewerkt in aantrekkelijke vergezichten en richtinggevende ideeën die burgers weten te verleiden. Het zijn ideeën die ook borg staan voor een gezonde economische ontwikkeling.

[XXXIII] Als naties of de EU de maximale grootheid is, waar effectief beleid kan worden gemaakt, dan kunnen partijen die opereren op hoger niveau, dit in beginsel frustreren. Inperking is een optie.

De politiek (en in haar kielzog de overheid) vertoont hier vooralsnog onvoldoende initiatief, visie en daadkracht, laat staan standvastigheid. Er zijn verschillende mogelijkheden om de politieke slagkracht te vergroten.

8.4.1 Bestaande initiatieven

Voorstellen

Te veel bestuurders, bestuurslagen en instanties maken een land onbestuurbaar. In Nederland zijn er stadsdeelraden, burgemeesters en wethouders, waterschappen, een wirwar aan regionale bestuursorganen, Gedeputeerde Staten en een regering. Met minder bestuurders, minder bestuurslagen (en minder beleidsambtenaren) en meer bundeling van verantwoordelijkheden wordt het besturen van een land effectiever en efficiënter. Politiek slagkracht is te verhogen door meer transparantie, coherentie en verantwoording. Een gekozen minister-president is een stimulans voor de democratie en kan leiden tot meer stabiliteit en daadkracht. Het laatste is ook bereikbaar met een kernkabinet. Door regeerakkoorden op hoofdlijnen te schrijven, komt er meer ruimte voor beleidsvorming tijdens een kabinetsperiode.

Ook worden de media opgeroepen om meer verantwoording te nemen ten aanzien van het eigen functioneren. Als de media kritisch, onafhankelijk en inhoudelijk blijven, maar minder gericht op effectbejag, dan wordt de politiek minder incident georiënteerd. Hier ligt ook een rol voor de Tweede Kamer. Denk daarbij aan minder spoeddebatten, kritisch omgaan met het stellen van Kamervragen en de ministeriële verantwoordelijkheid, inhoudelijk debatteren en meer discussie op hoofdlijnen. De oppositie kan constructiever worden door minder moties van wantrouwen en een meer positieve benadering, waarbij alternatieven worden aangedragen.

Resultaten

Er is dualisme gekomen in de gemeentepolitiek, in Amsterdam zijn stadsdeelraden samengevoegd en ook worden de werkprocedures in de Tweede Kamer aangepast. Op internationaal niveau is binnen de EU het verdrag van Lissabon in werking getreden.

Maar iedere verandering heeft voor- en nadelen. Als gevolg van het dualisme is functie van een wethouder onzeker, met gevolgen voor continuïteit en daadkracht. De Tweede Kamer weet mogelijk het aantal spoeddebatten te verminderen, maar dringt nog niet door tot de dieperliggende oorzaak met betrekking tot het functioneren. Voor aansprekende visionaire politiek is nog steeds nauwelijks plaats. Samenvoegen van ministeries heeft voordelen, maar kan ook de gewenste balans verstoren. Met het oprichten van het Ministerie van Veiligheid en Justitie zijn de uitvoerende macht en de gerechtelijke macht gebundeld, hetgeen de trias politica in gevaar brengt. Onder het dogma van de economische groei kan de bundeling van het Milieuministerie met Verkeer en Waterstaat, tot het Ministerie van Infrastructuur en Milieu, gemakkelijk leiden tot het ondergeschikt maken van milieubelangen aan korte termijn economische belangen. Door het verdrag van Lissabon (2006) is Europa een beetje democratischer geworden, maar ook complexer. Het maken van vorderingen verloopt gestaag. Wat is er nog meer mogelijk?

8.4.2 Welstendigheid incorporeren in (partij)beginselen

Is welstendigheid te rijmen met de bestaande politiek? Politieke ideologieën hebben hun eigen gerichtheid. Socialisten hechten sterk aan rechtvaardigheid, solidariteit en een belangrijke rol voor de staat. Christendemocraten en conservatieven zijn behoudend ingesteld en gericht op gemeenschappen. Liberalen en libertijnen zetten het individu of de vrijheid van het individu voorop. Nationalisten hebben hart voor de natie en de dominante cultuur.

In de politieke praktijk worden ideologieën niet zo rigide gevolgd. Hoewel politici soms moeten polariseren om de eigen positie te benadrukken en onderling verschil van mening hebben, is er op veel hoofdpunten een stilzwijgende overeenstemming. Het gaat dan over gemeenschappelijke waarden, beginselen van de liberaal-democratie en karakteristieken van de westerse samenleving. Dit geldt ook voor de politieke agenda. Het bewaren van 'de vrede' en een gezonde economie zijn voor alle partijen belangrijk. Alle reguliere politieke stromingen werken met een zeker idee over 'het goede leven'.

De meeste politieke partijen hebben moeite om het 'daar en later' op evenwichtige wijze een plaats te geven. De grote problemen van deze tijd vragen echter aandacht voor de effecten van ons handelen elders op de wereld en voor de lange termijn.

In de omvangrijke literatuur op het gebied van duurzame ontwikkeling wordt aangetoond, dat er vanuit alle gangbare ideologieën uitstekend invulling is te geven aan duurzaamheid. Dit geldt ook voor welstendigheid. Moderne, economisch onderbouwde inzichten laten zien, dat er met het omarmen van welstendigheid geen sprake is van een bedreiging voor groei en ontwikkeling, maar dat het uitdrukkelijk gaat om een kans.

Welstendigheid is een overkoepelend idee waarmee iedere politieke partij aan de slag kan. Door het idee expliciet op te nemen in de partijbeginselen en de dagelijkse praktijk, wordt aansprekend richting gevonden. Het zal de duidelijkheid, herkenbaarheid en focus van de politiek ten goede komen. Het geanimeerde politieke bedrijf zal er niet door verdwijnen. Er zullen altijd verschillen in belangen, verschillende inzichten en ideeën blijven bestaan.

Regeerakkoorden zijn op te zetten vanuit dit idee. Ministers staan voor hun ministerie, maar moeten primair staan voor een gedeelde visie. Ook kunnen er hogere eisen gesteld worden aan politici op sleutelposities. Dat punt wordt in Bijlage 12 verder uitgewerkt.

8.4.3 Revitalisering van de democratie 2.0

De westerse landen lezen de niet-westerse landen geregeld de les over hun gebrek aan democratie. Maar hoe democratisch zijn wij? Door internationalisatie worden bevoegdheden overgedragen en wordt de nationale democratie uitgehold. Dat is geen probleem, mits de bevoegdheden door een ander democratisch instituut worden overgenomen.

De EU is nauwelijks democratisch te noemen. Hoe besluiten precies tot stand komen, is slechts bij enkelen bekend. Ambtelijke commissies, de Europese commissie, overleg tussen regeringsleiders, de vaste voorzitter (de 'Europese president') en buitenlandvertegenwoordiger, raden van ministers, het Europees Parlement, nationale parlementen en lobbygroepen, hebben allen een rol. Maar hoe de interactie precies loopt, is haast een mysterie. Het meest democratische instituut, het Europees Parlement, is niet representatief voor de Europese burger.[XXXIV] Dat leidt tot lage opkomstcijfers voor de Europese verkiezingen en weinig media-aandacht voor het Europese Parlement.

De EU heeft ontegenzeggelijk het nodige bereikt. Het heeft de vrede tussen deelnemende landen kunnen bewaren, speelt een belangrijke rol bij de economische ontwikkeling en heeft ook op gebied van natuur en milieu het nodige bereikt. Op het gebied van democratie is er echter veel ruimte voor ambitie. Dat geldt ook voor de nationale democratie.

Hoe zit het met de democratie in Nederland? Het systeem van de evenredige vertegenwoordiging heeft het moeilijk. We mogen onze volksvertegenwoordigers kiezen (actief kiesrecht). Die zijn gebonden en loyaal aan een partij. Die partijen zijn echter grotendeels het contact met hun achterban (en niet zelden hun ideologie) kwijtgeraakt.

Waar er geen minister-president mag worden gekozen, is het in coalitieland steeds weer een verassing wat er uit de verkiezingen gaat komen. Ook de Eerste Kamer wordt indirect gekozen. Het ingezette beleid is een mengelmoes van politieke onderonsjes, een stevige lobby van het grootbedrijf en de SER. Een scala aan belangorganisaties en adviescommissies mogen hun zegje doen. Soms weten de VS of een ander buitenland nog invloed uit te oefenen. De vierde macht bereidt alles gedegen voor, werkt het uit en voert het uit.

[XXXIV] Het Duitse Constitutionele Hof kwam bijvoorbeeld op 30 juni 2009 tot de conclusie dat de zetelverdeling tussen landen nogal scheef ligt. Zo heeft een Duits parlementslid, net als een Maltees lid, één stem in het parlement. De eerste vertegenwoordigt daarbij 857.000 Duitsers en de tweede 67.000 Maltezers.

Zo wordt het beleid bepaald door een bonte verzameling van machten en machtjes. Veel van de betrokken partijen hebben, naast hun officiële doelstellingen, een eigen agenda en werken impliciet op basis van verouderde ideeën over groei.

Kiezers maken er steeds meer een gewoonte van de regeringspartijen af te straffen door uit te wijken naar een protestpartij of de oppositie. Nadat de oppositie heeft mogen regeren, begint het weer opnieuw. De burger en de politiek frustreren elkaar. Het verhaal van de westerse democratie is een verkooppraatje waar we zelf ook niet meer in geloven.

De directe democratie?

De crisis in de politiek heeft een inhoudelijk en een systematisch aspect. Bij het eerste punt gaat het over het vinden van aansprekende wegen om richting te geven aan maatschappelijke ontwikkelingen. Bij het systematische aspect gaat het over een systeemopbouw die past bij de moderne tijd. Hoe kan de democratie in deze context omgaan met goed opgeleide, geïnformeerde, welvarende, assertieve en eigenzinnige burgers?

Democratie is een staatsvorm waarin het volk zichzelf regeert. Democratie wordt ook wel gedefinieerd als een staatsvorm om geweldloos conflict op te lossen.

Er zijn verschillende vormen van democratie. In Duitsland is er een gemengd kiesstelsel. In Nederland kennen we het systeem van evenredige vertegenwoordiging. Groot-Brittannië en Frankrijk hebben ieder hun eigen vorm van een districtenstelsel. In deze systemen worden politici gekozen die voor een aantal jaren een mandaat krijgen. Dat wil niet zeggen dat burgers het altijd eens zijn met de beslissingen van de door hen gekozen politici. Dat leidt tot een onvrede die algemeen waarneembaar is in de westerse landen.

Geen enkel systeem is perfect. De beste variant lijkt toch wel een vorm van directe democratie, voorzien van de nodige stabilisatiemechanismen. In de regering hebben alle partijen zitting (dus er is geen sprake van een meerderheidscoalitie). Zwitserland heeft zo'n systeem.

De directe democratie is in Zwitserland een aantoonbaar succes. Het land weet zich zelfstandig te handhaven, kent een hoge welvaart, een hoog collectief welzijn en scoort op het gebied van duurzaamheid bovengemiddeld.

Burgers kunnen daadwerkelijk meedoen aan het politieke proces. Dat geeft hen invloed, verhoogt hun gevoel van vrijheid en het idee dat ze er toe doen.[128] De mening van burgers wordt in het systeem serieus genomen. Ze worden aangesproken op hun verantwoordingszin en dat wordt dan ook getoond. De werkwijze leidt tot een hoge mate van acceptatie van genomen besluiten. Voorafgaand aan een stemming worden onderwerpen actief onderdeel van discussie. In veel gevallen is die discussie divers en kwalitatief hoogwaardig. Zo raakt het publiek geïnformeerd en wordt geleidelijk aan een mening gevormd.

De directe democratie is het meest democratische systeem in de betekenis, dat het volk zichzelf daadwerkelijk bestuurt. Het systeem kan gevestigde belangen overstijgen en werkt welzijnsverhogend.

Het is bekend dat onder de juiste omstandigheden veel kleine actoren tot een uitstekend resultaat kunnen komen. De evolutie bewijst het. Bijen- en mierenkolonies zijn evolutionair uitermate succesvol. Ook mensen kunnen voor een enorme dynamiek zorgen: het is het geheim van de markteconomie.[129] Onder de juiste omstandigheden is de intelligentie hoger en het resultaat rationeler als collectief tot een standpunt wordt gekomen. Gezamenlijk weten we meer. Net zoals de woede van het volk tot grootse vernietiging kan leiden, kan een beroep op de wijsheid van het volk tot grootse dingen leiden. Een goede directe democratie dempt de woede en stimuleert de wijsheid.[130]

Een goed opgezette directe democratie kent een systeem van 'checks and balances'. Zo is er bijvoorbeeld een parlement, een ambtelijk apparaat en een gekozen (minister)president met regering (alternatief is er een regering waarin alle partijen naar rato zitting hebben).[XXXV] Zij moeten besluiten effectueren en hebben ruimte om eigen beleid op te stellen of een onderwerp op een specifieke wijze in te vullen. Hiermee wordt nuance aangebracht. Een goed democratisch systeem houdt altijd rekening met minderheden. Als een regering echt niet kan leven met een genomen besluit, dan treedt zij af en kunnen onderwerpen in herstemming worden gebracht. Hiermee is de rationaliteit gegarandeerd, terwijl het systeem de legitimiteit heeft die kenmerkend is voor de directe democratie. Met gebruikmaking van de moderne informatietechnologie kan de directe democratie nog overtuigender worden opgetuigd dan in Zwitserland. Ook de interne partijpolitiek kan met dergelijke inzichten haar voordeel doen.

Een goed opgezette directe democratie kan aan de politieke crisis een eind maken. Burgers zijn te ver buiten bestuurlijke processen komen te staan. Door ze weer bij het openbaar bestuur te betrekken, wordt de betrokkenheid verhoogd. Met behulp van een goede informatieverstrekking, timing en het stellen van goed geformuleerde vragen, kan welstendigheid een 'boost' krijgen.

[XXXV] Denk ook aan andere instituties, zoals de grondwet, internationale overeenkomsten en instituties zoals genoemd in Hoofdstuk 3.

8.5 De westerse landen samen sterk

Afzonderlijke landen zijn over het algemeen te zwak om een effectief beleid te voeren ten aanzien van supranationale vraagstukken. Door samenwerking binnen de EU en tussen westerse landen zijn de geopolitieke verhoudingen te beïnvloeden. Zo kan tegenkracht worden geboden aan mondiale markten en het grootbedrijf. Het kan bijdragen aan de oplossing van de (in Hoofdstuk 1 beschreven) megaproblemen en aan welstendige ontwikkeling.

Samenwerking krijgt extra relevantie als gevolg van een aantal ontwikkelingen. Zo neemt het aandeel van de westerse bevolking op de wereldbevolking snel af, en als gevolg de machtspositie van de westerse wereld. Ook is Europa een grondstofarme regio en zij verbruikt veel grondstoffen, terwijl de vraag naar grondstoffen mondiaal snel stijgt. De verzadigde westerse economieën hebben daarbij moeite om te concurreren met de snel opkomende nieuwe economieën. Deze worden in hoog tempo economisch, politiek en militair sterker.

Samenwerking is het beste mogelijk als er een gemeenschappelijk belang is, de noodzaak wordt ingezien en er een hoge mate van zekerheid is over de te nemen maatregelen. Naarmate de baten hoger zijn en de kosten lager wordt het makkelijker hier vorm aan te geven. Een voorbeeld hiervan is de succesvolle verbanning door de VN van schadelijke (drijf)gassen die de ozonlaag in de atmosfeer aantasten. Men had een grote mate van zekerheid over de oorzaak van de gemeten aantasting van de ozonlaag en ook over de remedie. Iedereen had belang bij de beschermende ozonlaag (hoge baten) en er kon met relatief weinig inspanning (lage kosten) aan voldaan worden.

Gemeenschappelijke kenmerken maken het makkelijker om tot een effectieve samenwerking te komen. Denk daarbij aan een gedeelde geschiedenis, cultuur, religie, taal, regio, kennisniveau, welvaart en systeemkenmerken. Met de gestage uitbreiding van de EU worden onderlinge verschillen steeds groter en als gevolg daarvan wordt het steeds moeilijker om tot overeenstemming te komen. Met de omarming van het Europa van meerdere snelheden, een proces dat al aan de gang is, is dit te ondervangen. Om tot verdragen te komen hoeven niet alle landen zich meer aan te sluiten en verdragen zijn ook mogelijk tussen EU landen en niet-EU landen.

De effectiviteit van samenwerkingsverbanden binnen de EU houdt te wensen over. Zo is de EU is op aspecten doorgeschoten, met de verkeerde onderwerpen bezig en laat ze onderwerpen liggen. Dat wordt toegelicht in de Bijlage 13.

De samenwerking stokt door te weinig realiteitszin, gebrek aan visie en een daarop gebaseerde 'drive'. Om uit de impasse te komen is het soms nodig om maatregelen terug te draaien. Dat getuigt niet van zwakte maar van realiteitszin en vitaliteit. Ook terughoudend bij het geforceerd doordrukken van integratie, het werken aan vereenvoudiging van structuren en echte democratisering zijn van belang.

De bereidheid tot samenwerken wordt verhoogd door het uitdragen van successen en de mondiale uitdagingen waar we voor staan, en hoe daar vanuit een westers perspectief aan gewerkt kan worden. Er is behoefte aan een consistent, realistisch en overtuigend verhaal met doelen, mogelijkheden en wegen. Een integrale visie op welstendige ontwikkeling is zo'n verhaal.

Deel IV:

Het dynamisch perspectief

9. De transitie

9.1 Inleiding

Werken aan welstendige ontwikkeling is een proces zonder eind. Er zijn immers altijd mogelijkheden voor verbetering. Om de bestaande, binnen het dogma van de economische groei, manier van werken om te vormen is een complex proces. Een verandering van paradigma heeft tijd nodig (dit heeft 25 jaar werken aan duurzame ontwikkeling wel duidelijk gemaakt). Ook welstendige ontwikkeling is een zaak van de lange adem. Talloze kleine stapjes zijn nodig op alle niveaus en binnen alle maatschappelijke geledingen. Hoe gaat dat in zijn werk?

9.2 Het grote plaatje

Het geloof, dat het huidige aardse bestaan beter is in te richten, berust niet op naïviteit, maar is geworteld in een lange westerse traditie met aantoonbaar resultaat.[131] Ambitie voor welstendigheid is aan te wakkeren door het opstellen van aantrekkelijke streefbeelden en scenario's. De wijze waarop in de ruimtelijke ordening gebruik wordt gemaakt van dergelijke instrumenten kan als voorbeeld dienen en kunnen in bredere context ingezet worden. Het gaat dan om beelden en beschrijvingen die een mooie leefbare omgeving schetsen, waarin de kwaliteit van leven aanzienlijk hoger ligt dan nu, er een betere balans is tussen het materiële en immateriële (Figuur 9.1). Er is een brede werkgelegenheid, het werk is er niet leidend maar dienend en er is een duurzame circulaire economie, die in evenwicht is met natuur en milieu.

Figuur 9.1. Mr. Spock weet hoe mooi het kan zijn: aantrekkelijke 'Leitbilder' verhogen de ambitie.[132]

De kennis en techniek om de belofte te realiseren zijn aanwezig.[XXXVI] Mooie toekomstbeelden en een overtuigende visie kunnen in de plaats komen van de huidige stuurloosheid. Op de visie wordt een strategie geënt, die weer de basis is voor het genereren van concrete ideeën en het nemen van maatregelen. Zo ontstaat een positieve toekomstgerichtheid en is met vernieuwd elan te werken aan een vorm van groei die er toe doet. Het is een kwestie van de mogelijkheden leren zien, 'drive' vinden en daar invulling aan weten te geven.

Een essentieel onderdeel van de welstendige ontwikkeling is het streven naar een economie toe die tegemoet komt aan de werkelijke behoeften van de mens en die de natuur respecteert. Om dat te bereiken is het nodig om het lineaire model om te vormen tot een cyclische economie.[XXXVII] Het gaat niet alleen om producten, maar ook om diensten en processen, waarbij het zaak is om hele ketens en interactie van ketens te doorzien. Het vergt een enorme verandering om een vitale, zakelijke en industriële structuur te ontwerpen, die rekening houdt met de onderlinge verbondenheid van systemen en de integrale behoeften van het milieu, de samenleving en individuen. Maar het is wel mogelijk. *"The Blue Economy"* besteedt bijvoorbeeld aandacht aan deze paradigmaverandering.[133] Deze 'stroming' heeft de volgende belangrijkste beginselen:

- Wees kritisch over productie: wellicht zijn we beter af zonder productie van bepaalde goederen.
- Werk in eerste instantie aan fundamentele maatschappelijke behoeften. Evolueer van zelfvoorziening naar overvloed.
- Laat je inspireren door de natuur. Probeer processen zo in te richten dat afval niet bestaat (circulair in plaats van lineair), met oog voor efficiëntie en met respect voor maatschappelijk verantwoord ondernemen; produceer lokaal.
- Rijkdom betekent diversiteit (dit staat tegenover industriële standaardisatie).
- Maak gebruik van de bronnen die lokaal beschikbaar zijn (energie, grondstoffen).
- Maak gebruik van natuurkundige principes (werk met de natuur mee in plaats van er tegen in te gaan).

[XXXVI] Bijvoorbeeld: volgens een rapport van de European Climate Foundation (april 2010), is het mogelijk om de gehele elektriciteitsproductie van de EU in 2050 duurzaam op te wekken. Grootschalige installaties door heel Europa voor windkracht, waterkracht, zonne-energie, biomassa en kernenergie zijn daarvoor nodig, die door een slim en krachtig elektriciteitsnet met elkaar gekoppeld zijn. Een nieuwe energiehuishouding betekent een breuk met het oude. Afstand wordt genomen van het huidige centralistische systeem, waarbij vertrouwd wordt op een beperkt aantal conventionele technieken.

[XXXVII] In het lineaire model worden uit basisgrondstoffen materialen gemaakt, die vervolgens tot producten worden verwerkt, die uiteindelijk als afval worden gedumpt. Dat model is op termijn niet te handhaven.

- Gebruik primair water als oplosmiddel (geen complexe, chemische, giftige katalysatoren).
- Zoek actief naar win-winsituaties en symbiose. Maak waarde van hetgeen geen waarde heeft.
- Spreid risico's en zie in elk risico een bron voor innovatie. Benader problemen niet negatief, maar zie ze als potentiële mogelijkheden.

Dergelijke uitgangspunten zijn behulpzaam bij het vinden van creatieve oplossingen. Daarmee worden bijvoorbeeld de mogelijkheden gevonden om afvalstoffen uit het bierbrouwproces om te zetten in waardevolle producten; verschillende industrieën worden op onverwachte wijze met elkaar verbonden, bijvoorbeeld de schelpdiervisserij en de cosmetica-industrie.[134]

Effectief werken aan een nieuwe kijk op groei betekent oog voor het hele plaatje. De neiging bestaat om slechts naar de formele economie, het produceren en consumeren, te kijken. Alle menselijke activiteiten hebben echter relevantie.

9.3 Vermijden van valkuilen

Verandering is een onzeker proces; de route kent vele obstakels en valkuilen.

9.3.1 Wie neemt het initiatief?

Wie moet het voortouw nemen bij de beoogde transitie naar welstendigheid? De overheid en de politiek hebben een centrale rol bij het oplossen van collectieve problemen. Toch kan van hen geen proactieve houding worden verwacht als zij van het publiek geen opdracht krijgt om te handelen. De overheid stelt zich in de liberaal-democratie immers terughoudend op, zeker als het gaat om maatregelen met een dwingend karakter. Het publiek is in zijn rol als consument hoofdzakelijk gericht op het korte termijn eigenbelang en zijn naaste omgeving. In haar rol als werknemer ziet het hoe arbeidsvoorwaarden en pensioenen onder druk staan en de bestaanszekerheid op het spel staat. Chagrijn en een kritische houding tegenover de politiek en de overheid zijn het gevolg. Publieke instellingen lijken niet bij machte om verandering te brengen. Bedrijven kunnen vanuit hun maatschappelijke taak en vanwege marktucht maar in beperkte mate een bijdrage leveren. Burgerinitiatieven en initiatieven van maatschappelijke organisaties kunnen op beperkte schaal van onderaf voor verandering zorgen maar de maatschappelijke structuren geven al spoedig beperkingen.

Beleidmakers met visie en leiderschap, te samen met effectieve politieke hervormingen, kunnen voor een doorbraak zorgen. Door (maatschappelijke) misstanden te repareren krijgt de burger meer vertrouwen in het systeem. Wanneer de politiek de burger en zijn noden weer serieus neemt, de burger daadwerkelijk om raad vraagt en deze betrekt in de finale besluitvorming dan zal die daarnaar gaan handelen. Dan krijgen overheid en politiek de opdracht om werk te maken van welstendige ontwikkeling. De overheid zal dan, met respect voor het individu, duidelijke kaders stellen waarmee de gemeenschap is gediend. Bedrijven zal dit niet ontgaan; zij zullen een deel van hun expertise ter beschikking stellen en met nieuwe creatieve producten komen. Dynamiek leidt tot nieuwe dynamiek.

9.3.2 Theorie en praktijk

Aan goede argumenten voor verandering is geen gebrek. Maar de praktijk is weerbarstig. Bij duurzame ontwikkeling wordt bijvoorbeeld vaak in termen van rechtvaardigheid geredeneerd: mensen zijn fundamenteel gelijkwaardig en hebben in beginsel dezelfde rechten. Vervolgens wordt gesteld dat het enorme (milieu)beslag van de westerse landen niet te verdedigen is. Van de rijke westerse landen mag dan in redelijkheid verlangd worden dat zij de majeure problemen, die zij grotendeels zelf direct en indirect veroorzaken, ook zelf oplossen. Hoe krachtig deze redenering ook is, in de praktijk heeft bijna niemand er een boodschap aan. Rechtvaardigheidsbeginselen zijn slechts leidend als er zonder al te veel zelfopoffering aan voldaan kan worden, als duidelijk een collectief belang wordt ingezien of als de omstandigheden ertoe dwingen. Het inzetten op moralistische argumenten en doemscenario's is weinig effectief.[XXXVIII]

Het niet oplossen van de megaproblemen zet ons westerse 'goede leven' onder druk en dat is de belangrijkste reden er werk van te maken. Wanneer we zelf in goede doen zijn, dan is er maximaal ruimte om anderen te helpen. Een dergelijke pragmatische aanpak kan goed aansluiten bij fundamentele eigenschappen van de mens. Het menselijke streven naar welzijn vormt dus bij uitstek het vehikel om invulling te geven aan duurzaamheid en het omgekeerde geldt in de typisch westerse situatie eveneens. Werken aan welstendigheid gaat meestal gepaard met positieve strategieën.

9.3.3 Omgaan met macht

Effectieve maatregelen kenmerken zich vaak door een zekere eenvoud en voorspelbaarheid op de lange termijn. Daarmee haalt bijvoorbeeld Duitsland zijn doelstellingen op gebied van duurzame energie veel eerder dan verwacht.

[XXXVIII] Natuurlijk kunnen moralistische argumenten soms de doorslag geven en dan is het zaak ze te gebruiken.

Het doel van de regering voor 2010 was dat 12,5% van alle opgewekte elektriciteit uit hernieuwbare bronnen moest komen.[135] Door een eenvoudig en effectief beleid was in 2009 de 18% al gepasseerd. In de Duitse nationale wetgeving is bepaald, dat duurzame energie gegarandeerd tot het elektriciteitsnet wordt toegelaten, ongeacht hoe groot het aanbod is. De elektriciteit wordt afgenomen tegen een gegarandeerde minimumprijs gedurende 20 jaar. Zo ontstaat het benodigde vertrouwen bij bedrijven en particulieren om te investeren. Het Duitse systeem wordt op een stabiele wijze gefinancierd via een opslag op het elektriciteitsverbruik. Door het doorbreken van de gevestigde orde in de traditionele energiesector, is in korte tijd een nieuwe industrie ontstaan. De posities van machtige partijen in kaart brengen inclusief hun geheime agenda's, kan verhelderend uitwerken bij het zoeken naar een veranderingsstrategie.

Met politieke wil en visie bewijst Duitsland dat een transitie naar duurzame energie snel kan gaan en dat daar grote voordelen mee gemoeid zijn. Duitsland is toonaangevend op het gebied van zonnepanelen, biodiesel, biogasinstallaties en windturbines. In de duurzame energiesector zijn een kwart miljoen nieuwe banen geschapen. Die voorsprong is verder uit te bouwen. Ook voor andere westerse landen is het zaak om met betrekking tot duurzame energie tot regelingen te komen. Zo niet, dan blijven fossiele energiebronnen dominant en moet er een keer gedwongen, wegens toenemende leveringsonzekerheid en oplopende prijzen, overgeschakeld worden[XXXIX]. De kennis en werkgelegenheid die duurzame energie genereert zijn dan elders gerealiseerd. Dan zijn we dus te laat.

9.3.4 Tackelen van misverstanden

Veel beleidsmakers willen het duurzaamheidsprobleem oplossen door het genereren van traditionele economische groei en het inzetten op technologische ontwikkeling. Economische groei is in zijn algemeenheid wenselijk want hiermee wordt stagnatie en werkloosheid voorkomen. De gedachte is ook dat daarmee de middelen vrij komen waarmee de milieuproblemen zijn op te lossen. Dat laatste is (deels) een misvatting. Economische groei op zich geeft geen garantie op duurzame en welstendige ontwikkeling (zie Hoofdstuk 2, Figuur 2.3). Daarvoor zijn extra beleidsafwegingen nodig. Definities van economische groei moeten aangepast worden zodat economische groei en 'echte' groei, in termen van welzijn en duurzaamheid, beter in lijn met elkaar komen. Minder focus op economische groei en meer focus op welstendige ontwikkeling is gewenst.

[XXXIX] Alternatief genoegen nemen met minder hoogwaardige bronnen zoals kolen, olie uit teerzanden etc. is een mogelijkheid met weinig overtuigingskracht.

Het idee dat duurzaamheid bereikt kan worden door in te zetten op technologische ontwikkeling is ook een misverstand. Als we met de techniek en kennis van vandaag de problemen van nu niet kunnen oplossen, dan is het riskant er van uit te gaan dat we met de techniek en kennis van morgen de toekomstige problemen kunnen oplossen. Nieuwe technologie zal oplossingen bieden, maar welke dat zijn en wanneer die er zijn is op voorhand niet te zeggen. Rekenen op techniek die er nog niet is, getuigt van weinig realiteits- en verantwoordelijkheidszin. Inboeken van winst die nog niet gerealiseerd is, is voor accountants een doodzonde.

9.4 Systeeminnovatie

Welstendige ontwikkeling vraagt om systeeminnovatie. Bij het inzetten op systeeminnovatie ontbreekt het vaak aan direct belanghebbenden of krachtige partijen die de ontwikkeling aanzwengelen. Dit blijkt onder andere uit de mobiliteitscase (Bijlage 14). Daaruit blijkt dat de beschikbare techniek, bijvoorbeeld het rijden op elektriciteit, vergaand in staat is om grote sprongen te maken in het proces naar welstendige ontwikkeling, maar dat het systeem de optimale toepassing in de weg staat. Soortgelijke cases zijn er ook op het gebied van het wonen en de voedselketen.

Systeemverandering is een proces dat actief ondersteund kan worden. 'Out of the box' denken is daarbij essentieel. Denk aan het scheppen van een klimaat dat actief is gericht op verbetering, bijvoorbeeld door het aanmoedigen van visionaire politici en ambtenaren met vernieuwingszin, het inrichten van innovatiepotjes waarmee studenten, wetenschappers, burgers en bedrijven worden aangemoedigd en een overheid die systeemverandering actiever faciliteert en ondersteunt.

9.4.1 Methoden

In de literatuur staan veel methoden om invulling te geven aan economische- en duurzame ontwikkeling. Dergelijke methoden zijn om te zetten met oog op welstendige ontwikkeling. Zo wordt er bijvoorbeeld aan duurzame ontwikkeling gewerkt door middel van transitiemanagement. De techniek voor onder meer duurzaam bouwen, mobiliteit en voeding is grotendeels voorhanden en die wordt binnen bepaalde niches al gebruikt (Figuur 9.2). Deze onderstroom van gebruikers moet aanzwellen. Dat gebeurt door projecten op te zetten waarin nieuwe partijen worden geactiveerd om de potentiële mogelijkheden te gaan gebruiken. Succesvolle projecten krijgen media-aandacht en worden gekopieerd. Zo zwelt een onderstroom steeds verder tot een draaggolf.

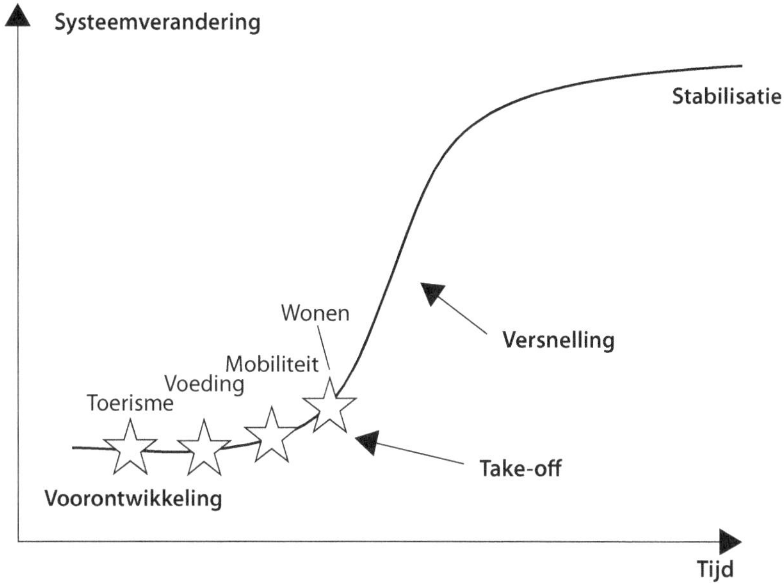

Figuur 9.2. Op weg naar welstendige ontwikkeling. Belangrijke deeltransities staan op het punt van take-off.[136]

Er ontstaan nieuwe gedragspraktijken. Deze verdrukken de bestaande onduurzame regimes en geleidelijk aan ontstaat er een nieuw 'normaal'. Dat heeft ook invloed op het wereldbeeld als geheel en op trendmatige ontwikkeling. Geleidelijk verandert het gehele landschap, in letterlijke en figuurlijke zin. Ideeën over welzijn voegen zich hier gemakkelijk in. Een bestaande techniek wordt eenvoudig aangepast en nog effectiever (zie Bijlage 15).

9.5 Onderzoek en ontwikkeling in dienst van welstendigheid

9.5.1 Het belang van onderzoek en ontwikkeling

De inspanningen om een meetopstelling te bouwen, zoals de deeltjesversneller van CERN, kosten bergen met geld. Of dergelijk fundamenteel onderzoek in de toekomst winst oplevert is nog maar de vraag. Waarom dan toch zoveel geld steken in zo een onzeker project? Bij een dergelijk natuurkundig onderzoek gaat het om het zoeken naar de essentie van ons bestaan (waar komen we vandaan en waar gaat het naartoe?). Onderzoek en ontwikkeling is een menselijke activiteit die tegemoet komt aan essentiële behoeften: een honger naar kennis, die begint bij een aangeboren nieuwsgierigheid, de bestudering van hoe dingen werken en onderling interacteren. Onderzoek is voor veel mensen een uiterst prettige bezigheid en draagt direct bij aan welstendigheid. Soms leidt het werk (bij toeval) tot een zogenaamde 'spin off'. Zo is internet voor een belangrijk deel bij CERN tot ontwikkeling gekomen. Veel vindingen weten het leven te veraangenamen. In de mondiale competitie om schaarse bronnen dient wetenschappelijk en technisch kunnen op niveau te blijven. Het ligt immers aan de basis van een gezonde economische, militaire en politiek macht. En dat geeft een goede basis voor welstendige ontwikkeling.

9.5.2 Innovatie

Bij innovatie[XL] draait het om fundamentele kennis, integratie van kennis en het toepassen van kennis en techniek in de breedste zin van het woord. Ook de sociale wetenschappen en de vraag hoe deze op coherente wijze welstendige ontwikkeling kunnen ondersteunen, zijn van belang. Door vanuit een expliciete notie op welzijn en duurzaamheid te werken kan innovatie worden geduid. Op basis daarvan kunnen ontwikkelingen worden gestimuleerd of juist worden afgeremd.

Het inzicht dat niet alle innovaties bijdragen bij aan welstendigheid bestaat al langere tijd, getuige een citaat uit 1967[137]: "*We moeten een keer het feit onder ogen zien dat we niet onder alle omstandigheden door kunnen gaan met het gebruik van technologie. We moeten het gebruik ervan begrenzen tot die bepaalde gevallen die een werkelijke verbetering van de levensstandaard inhouden, en dat houdt in, dat ook de cultuur en leefomgeving van de mens beschermd moeten worden.*" Of: "*Wanneer de vraag naar het goede leven weer expliciet zou worden gesteld, kunnen er alternatieven voor het technologisch consumentisme worden gevonden ... Om deze hervormingen van technologie mogelijk te maken zou er ... een ... discours moeten ontstaan, waarin niet alleen in termen van onze 'levensstandaard' wordt gesproken maar vooral over de 'kwaliteit van het bestaan'. Politieke debatten zouden niet beperkt moeten blijven tot het verdelen van 'commodities' maar over de kwaliteit van ons leven moeten gaan.*"[138]

Het streven naar technische vooruitgang leidt niet zelden tot rationaliteit in detail en een irrationeel totaalkarakter. Typisch irrationeel is de wanverhouding tussen de afgeleverde goederenstroom uit de industriële processen en de menselijke behoeften, bijvoorbeeld niet programmeerbare televisies en computers. Er is vaak een afnemend grensnut, dat negatieve vormen aanneemt, bijvoorbeeld een auto van 2000 kg om één persoon mee te

[XL] Onderzoek heeft een meer fundamenteel karakter en ontwikkeling een meer toegepast karakter. Als gezamenlijke noemer wordt innovatie gebruikt.

vervoeren. De wederzijdse bewapening is steeds beter ontwikkeld, met een steeds grotere vernietiging tot gevolg. Ook worden we in hoge mate afhankelijk van de techniek. Geleidelijk aan kan deze afhankelijkheid zo groot worden, dat deze contraproductief uitwerkt op het welzijn. Koppeling van netwerken levert mooie technologische hoogstandjes op, maar ook onzekerheid, mogelijke onveiligheid, 'treinverkeerinfarcten' en aantasting van de levenssfeer. Te grote afhankelijkheid van moderne communicatietechniek, eindige fossiele energie en mondiaal verstrengelde voedselketens vragen om bezinning. Zeker nu het collectieve geluk nauwelijks nog toeneemt en duurzaamheid zo ver weg blijft, is het zaak om extra kritisch te staan ten opzichte van de rol die onderzoek en ontwikkeling kunnen aannemen.

9.5.3 Het innovatieproces

Bij innovatie wordt beperkt rationeel gewerkt: het proces heeft een eigen dynamiek, en uitkomsten zijn weinig te voorspellen. Veel veranderingstrajecten verlopen stroef of mislukken.[139] Zeker het fundamentele onderzoek is gebaat bij een grote mate van onafhankelijkheid. Al onze (technische) toepassingen zijn ooit onderdeel geweest van fundamenteel onderzoek, experiment, toevallige ontdekking, etc. Het belang van fundamenteel onderzoek mag alleen daarom al niet worden onderschat. Fundamentele onderzoeken zijn processen die hooguit geïnitieerd en gefaciliteerd kunnen worden, maar die nauwelijks zijn te plannen. Controle op resultaten is vanzelfsprekend altijd mogelijk, maar verontwaardiging dat die anders zijn dan verwacht, is, nalatigheid daargelaten, ongepast. Het is inherent aan fundamenteel onderzoek. Vindingen worden vaak gedaan op de grensgebieden van de aanwezige kennis of door het toevallig verbinden van verschillende disciplines en inzichten. Door een niche te creëren, los van het dominante denken, kan soms tot doorbraken worden gekomen.

Naarmate toepassingen concreter worden, verdwijnt geleidelijk het fundamentele karakter. Het gaat steeds meer toe naar uitwerken en opschalen. Het proces wordt steeds beter te sturen en er ontstaat een steeds duidelijker zicht op eindresultaten. Dan kan ook eenduidiger worden vastgesteld welke initiatieven afgeremd dan wel gestimuleerd moeten worden. Een illustratie:

Nederland heeft zijn leidende positie ten aanzien van de windturbinebouw verspeeld aan de Denen. Juist op de overgangen of tussenperioden om een nieuw product tot commerciële wasdom te brengen, is dikwijls ondersteuning gewenst en daar zijn in Nederland fouten gemaakt. In de jaren zeventig en tachtig heerste het idee: *"we ontwikkelen eerst de wetenschap, dan volgt de technologie vanzelf wel."*[140] De Denen lieten juist wetenschap en bedrijfsleven tegelijk optreden in netwerken. Bedrijven konden met hun vragen terecht bij een onderzoeksinstituut. Door wetenschap en technologie te combineren ontstonden er steeds beter werkende turbines en konden productievolumes omhoog. Aangezien turbines in de beginperiode nog niet de concurrentie aan kunnen met bestaande methoden voor energieopwekking, is ook hier ondersteuning gewenst. Zaak is het daarbij een zekere continuïteit te waarborgen, waarop investeerders kunnen vertrouwen. Ook dat laatst genoemde aspect ontbreekt vaak bij het innovatiebeleid.

9.5.4 Sturing

Wetenschappelijke doorbraken en technologische vernieuwingen zijn vrijwel niet top-down te plannen. De eigen dynamiek van het innovatieproces en de daarbij horende onzekerheden zijn daarvoor te groot. Innovatie komt vaak uit onverwachte hoek. Door creatie van de juiste omstandigheden kan een klimaat worden geschapen waar wetenschap en techniek kunnen gedijen.[141] Zo moet Nederland concurrerend blijven op het gebied van onderwijs, wetenschap en ontwikkeling. Afhankelijk van het onderwerp wordt dan voorop gelopen of worden de besten op korte afstand gevolgd. Landen die voorop lopen met het niveau van onderwijs, onderzoek en ontwikkeling, besteden hier in het algemeen ook veel geld aan. Het is een investering die zich zal terugverdienen.

De overheid kan enige invloed uitoefenen door een goed klimaat te scheppen voor (wetenschappelijk) onderwijs en het scheppen van faciliteiten, zoals kenniscentra en wetenschapsparken. Silicon Valley laat zien wat een goede mix van publieke en private initiatieven kan opleveren: een absolute toppositie in de informatietechnologie. Trefwoorden zijn: ambitie, ondernemerschap, internationale oriëntatie, uitdaging bieden voor de allerbeste mensen, een flexibele inzet van deze 'workforce', clusters van kennis en uitvoerders, het goed regelen van intellectueel eigendom, beschikbaarheid van durfkapitaal en begeleiding van kansrijke initiatieven bij onder meer opschaling en marketing, topuniversiteiten in de buurt, de beschikbaarheid over krachtige netwerken, een prettig klimaat, een goede sfeer en goed wonen. Innovatie is gegarandeerd, ook al is het vaak niet duidelijk welke kant het precies opgaat.

Terug naar ons land. Natuurlijk is het zaak dat er voldoende 'bèta's' en technici worden opgeleid en dat hen goede carrièreperspectieven worden geboden om een tekort te voorkomen. Ook interdisciplinair onderzoek, waarbij de sociale wetenschappen worden betrokken, is van belang. Door individuen voldoende ruimte te geven wordt de kans op succes vergroot.

Indirecte beïnvloeding is mogelijk door krachtigere randvoorwaarden te stellen aan de economie. Dat is ook nodig met oog op welstendigheid. Met het temmen van de markt wordt innovatie anders benaderd. Wanneer met andere activiteiten geld is te verdienen dan zal ook de innovatie zich hierop richten. Directe beïnvloeding door de overheid is mogelijk via het aanbieden van faciliteiten, financieringsprogramma's, participatie en als de overheid de rol van afnemer op zich neemt. Ook het intellectuele eigendom vraagt aandacht (Bijlage 16).

9.6 Grondhouding

Door het idee van welstendigheid te verinnerlijken, ontstaat overzicht en verschuiven waardepatronen Dat draagt op een subtiele wijze bij aan verandering omdat alles door een nieuwe bril wordt gezien en anders wordt beoordeeld. Toch is er meer nodig. Werken aan welstendige ontwikkeling vraagt om gerichte activiteit en een positieve grondhouding.

9.6.1 Gedrag en standpunten

Persoonlijke voorspoed nastreven en proberen het beter te doen dan de rest, is voor veel mensen en alle commerciële bedrijven een strategie die kan leiden naar succes. Het levert een goede basis voor welbevinden. Mits gewerkt wordt binnen de maatschappelijk heersende normen en waarden, is dit zowel legaal als legitiem. Tegelijkertijd mag van bedrijven en individuen redelijkerwijze worden verwacht dat zij de collectieve zaak steunen.

Confrontatie met de discrepantie tussen microgedrag en macrostandpunten kan onder bepaalde omstandigheden leiden tot gedragsverandering. Vaak zal dit echter uitblijven. Het is in zekere mate consistent en menselijk om op macroniveau een ander standpunt in te nemen dan zich er feitelijk naar te gedragen. Echter, goed geïnformeerd en op de juiste wijze aangesproken, zijn er meer verantwoorde burgers met hart voor de collectieve zaak dan zelfs een optimistisch politicus durft te geloven. Deze democratische meerderheden liggen aan de basis van potentiële verandering.

9.6.2 Positief denken

Positief denken en geluk kunnen samengaan. Negatief denken en geluk sluiten elkaar vrijwel uit. Op macroniveau gaat dit ook op. Krijgen negatieve sentimenten de overhand en wordt de toekomst somber ingezien, dan draagt dit in het algemeen niet bij aan het welzijn van de natie. Dergelijke sentimenten leiden makkelijk tot stagnatie. Ambitieuze plannen kunnen juist het omgekeerde bewerkstelligen.

Kritisch zijn en op de persoon spelen kan op korte termijn eigen (politiek) gewin opleveren. Bij DCW-optimalisatie is het zaak dit niveau zoveel mogelijk te overstijgen. Positief denken is geen plicht, maar een grondhouding die leidt tot het benutten van mogelijkheden. Het is geen verbod op het toelaten van negatieve sentimenten of op het verwerken van tegenslagen. Positief denken is ook kritisch zijn en zwakke punten en bedreigingen zien. Realiteitszin is belangrijk, maar daar mag het denken niet stoppen. Het is zaak de mogelijkheden actief op te sporen en de meest kansrijke te benutten. Zo komen innovatieve oplossingen tot stand.

9.6.3 Groot denken

Onze westerse welvaart hebben we voor een belangrijk deel te danken aan samenwerking (dit ongeacht het belang dat ook aan competitie kan worden gegeven). Er is een tendens naar grotere coalities, bijvoorbeeld tussen de vakbonden (aanvankelijk alleen voor de belangen van de arbeiders), werkgevers en de overheid. Dit gebeurt onder het motto 'niet alleen de cake verdelen en opeten, maar deze ook groter maken'.

Overheden hebben bestaansrecht door te voorzien in collectieve belangen: het inzicht dat het voordelen geeft om bepaalde zaken door een gezamenlijke inspanning aan te pakken. De EU is een voorbeeld van een succesvolle samenwerking. Op mondiaal niveau zijn er na de Tweede Wereldoorlog allerlei samenwerkingsvormen tot stand gekomen die zorgden voor machtsevenwicht, wederzijds respect, begrip voor elkaars standpunten en zienswijzen en 'containment' (een strategie tot het indammen van agressors). Missie, visie en een evenwichtige inzet van middelen lagen daarbij aan de basis.

Samenwerken moet steeds de intentie zijn, met als voorwaarde voldoende realiteitszin. Daarvoor is het belangrijk om kennis te hebben van hoe mensen in het algemeen reageren en hoe systemen werken en interacteren. Ook weten waartoe de samenwerking moet leiden, oog hebben voor belangen, posities en daadwerkelijke mogelijkheden zijn van belang. De liberaal-democratische principes ter discussie durven stellen en desnoods aanpassen wanneer argumentaties kunnen overtuigen, is wat anders dan ze op te geven omwille van de lieve vrede of als reactie op internationale ontwikkelingen. Voor zover westerse zienswijzen strijdig zijn met die van andere landen, is respect voor de zienswijze van die andere landen een voorwaarde. Dat volgt uit het idee van soevereine landen en bovendien accepteren westerse landen omgekeerd ook geen inmenging (een kwestie dus van wederkerigheid en respect).

Een agenda die al te eenzijdig is gericht op het eigen economische gewin, krijgt direct of via allerlei omwegen de rekening gepresenteerd. Dat is niet bezwaarlijk zolang de economische groei nog bijdraagt aan het welzijn. Dan kan er sprake zijn van een politieke keuze, die het eigen welzijn in het heden verkiest boven dat van anderen elders en in de toekomst. In het westen zijn we dit punt voorbij en is een herbezinning op zijn plaats. Het belang van samenwerken krijgt opnieuw betekenis. 'Groot denken' is het parool.

Groot denken betekent zo evenwichtig mogelijk aandacht geven aan alle partijen. Met name ook aan degenen die niet meepraten of (ogenschijnlijk) machteloos zijn. Steeds is het zaak om voldoende oog te hebben voor de lange termijn en te komen tot een overtuigende strategie die zorgt voor een geleidelijke groei en een lange termijn groei.

9.6.4 Omgaan met pluralisme

Er is een enorme diversiteit aan menselijke leefvormen en opvattingen. Bij het denken over de inrichting van de samenleving, met oog op welstendigheid, moet dit pluralisme als een gegeven worden beschouwd. Collectieve problemen moeten gezamenlijk worden opgelost. Deze 'pragmatische' benadering gaat uit van het samen met relevante partijen ontdekken van de oplossing voor een concreet probleem. Voor het proces zijn gereedschappen ontwikkeld, waarvan er in Bijlage 17 een aantal wordt besproken.

9.6.5 Een pleidooi voor wijsgerigheid

Wijsgerigheid is *"een rationele, coherente visie op de werkelijkheid die zich met argumenten verantwoordt en gemeenschappelijkheid hoog in het vaandel voert."*[142] Het gaat om de *"combinatie van wijsheid, wetenschap en bestaanskunst."* Het is een kwestie van balans vinden tussen overzicht en inzicht, intentie en daadkracht, inhoud en vorm, het materiële en immateriële, samenwerken en competitie, algemeen belang en eigen belang (ook internationaal gezien), efficiëntie en effectiviteit, idealisme en realisme.

Idealisme zonder realisme leidt tot niets, maar realisme zonder idealisme leidt tot iets wat we niet willen. Zich verschuilen achter het oordeel van specialisten, rekenmodellen en bureaucratische procedures heeft zo zijn voordelen, maar leidt gemakkelijk tot zelfbedrog en suboptimalisatie. Sloterdijk[143] stelt dat *"zonder positief geformuleerde regulatieve ideeën en richtinggevende idealen komt er van beschaving niets terecht."* Daarvoor is een wijsgerige grondhouding een vereiste: het is het maximale dat in stelling kan worden gebracht.

Wijsheid/wijsgerigheid is nastrevenswaardig, zelfs al is het niet voor iedereen bereikbaar. *"Certainly, there are many competencies that people can bring to bear when dealing with life's challenges and problems – but no other human capacity will be as integrative as is wisdom."*[144] Het nastreven van wijsheid kan de vorm krijgen van een 'levenskunst', die leidt tot een hoog persoonlijk welbevinden in combinatie met oog voor DCW-optimalisatie. De houding die het meeste effect heeft, is het altruïsme zonder het eigenbelang te kort te doen. Door de altruïstische houding krijgen andere entiteiten de maximale aandacht; door voldoende oog te hebben voor het eigenbelang wordt (ook het toekomstige) evenwicht gevonden (beginselen die kunnen getuigen van wijsgerigheid worden in Bijlage 18 beschreven).

9.7 Epiloog: op weg naar welstendigheid

Hoofdstuk 1 eindigde met de volgende constatering: politieke gemeenschappen hebben een geloofwaardig verhaal nodig, waarin ze kunnen geloven. Dat is precies wat vandaag de dag ontbreekt. Het dogma van de economische groei is niet meer in staat om voor verdere vooruitgang te zorgen en dat leidt tot een collectief onbehagen.

Hoe kan ons collectieve welzijn worden verhoogd, verbreed en op lange termijn worden bestendigd, waarbij ook nog rekening wordt gehouden met de draagkracht van de aarde? Dat is de kernvraag. Het antwoord wordt gezocht in de uitwerking van het begrip 'welstendige ontwikkeling'. Door het economisch gedicteerde denken geleidelijk aan te vervangen door het idee van welstendige ontwikkeling, komt groei in termen van welzijn, duurzaamheid en, mits goed gemeten, ook in termen van welvaart weer binnen bereik. Het concept welstendigheid reikt een wereldbeeld aan dat beter past bij onze tijd. Het idee is overkoepelend (geschikt voor alle gangbare politieke gezindten), het levert begrip over waar we staan, waar we naartoe willen en hoe dat is te bereiken. Door erop in te zetten, kunnen maatschappelijke processen beter worden gericht en vorm krijgen. Zo zijn de menselijke aspiraties te vangen en kunnen deze op een evenwichtige wijze een plaats krijgen. Er worden mogelijkheden gevonden die leiden tot maatschappelijke vooruitgang; realisme wordt samengesmeed met idealisme en leidt tot een positieve blik op de toekomst

Het ontbreekt niet aan kennis en techniek maar wel aan integrerende ideeën voor maatschappelijke ontwikkeling. Het concept van welstendige ontwikkeling is in staat zo'n integrerend kader te bieden. Daarom moet het meer bekendheid krijgen, doorontwikkeld worden en toegepast. Met het omarmen van deze nieuwe kijk op groei is er alle reden voor vertrouwen in de toekomst. Het leidt tot een nieuw elan. De westerse wereld kan ook in de 21^{e} eeuw leidend blijven en een voorbeeld zijn voor andere landen.

Alles hangt met elkaar samen. Van vooraanstaande beleids- en opiniemakers mag verwacht worden dat zij hun standpunten op een consistente wijze kunnen plaatsen in een alomvattend kader. Het concept welstendige ontwikkeling biedt zo'n kader.

Bijlagen

Bijlage 1. Overige uitgangspunten

Het uitgangspunt dat de problemen die in Hoofdstuk 1 zijn beschreven, moeten worden opgelost is normatief. Het berusten in evolutionair of een door God bepaald determinisme is immers ook een optie. Gewerkt wordt vanuit een westerse context. Deze is niet waardevrij.

De studie beperkt zich tot de aardse (fysische) werkelijkheid zoals wij deze kennen. Metafysische beschouwingen zijn geen onderwerp van studie. In het onderzoek wordt (partij) politiek zoveel mogelijk gemeden. In de praktijk zijn de grenzen tussen wetenschap en politiek echter niet altijd scherp af te bakenen. De studie heeft niet tot doel een nieuw soort -isme of ideologie te ontwikkelen. Daarmee wordt immers het boven omschreven uitgangspunt geschonden, maar ook de wens dat gegenereerde inzichten zoveel mogelijk overkoepelend van aard zijn, opdat er een breed draagvlak voor kan ontstaan. De studie is te classificeren als antropocentrisch en modern utilistisch. Modern utilisme is geen ideologie, zoals socialisme, conservatisme, liberalisme en (traditioneel) utilisme dat zijn. Modern utilisme is een stilzwijgende achtergrond, waartegen de diverse theorieën zich moeten laten gelden en verdedigen: een toetsingskader voor de effectiviteit van ideologieën, plannen en implementatie.[145]

Redeneringen die steunen op ideeën over rechtvaardigheid en solidariteit, worden met de nodige terughoudendheid gebruikt. Het is de politiek die moet bepalen wat van dergelijke intenties terechtkomt.

Bij de huidige stand van de techniek is de bron voor het floreren van de mens gelegen in hetgeen de aarde kan bieden. De draagkracht van de aarde heeft grenzen. Als gevolg hiervan hebben materiële groei en consumptie grenzen. De bewering, dat het milieu het hoogste aardse ordeningsbeginsel is, krijgt zo het karakter van een feit. Het milieu stelt grenzen aan de samenleving en de samenleving stelt grenzen aan de menselijke systemen die haar ten dienste staan.[146] Aangezien iedere mens een zekere milieugebruiksruimte in neemt en de aarde beperkt is, kan de bevolking niet eeuwig blijven groeien.[XLI]

Een povere staat van natuur en milieu geeft in beginsel minder mogelijkheden om invulling te geven aan de menselijke aspiraties dan een rijke staat. In een situatie van milieu schaarste hebben welzijn en duurzaamheid een relatie die sterker wordt naarmate de schaarste toeneemt. Die relatie wordt ook sterker naarmate de toppen van het maximaal bereikbare welzijn in zicht komen. De convergentiehypothese van Norton stelt dat beleid dat de

[XLI] Het zoeken naar humane mogelijkheden om de bevolkingsdruk op de (zeer) lange termijn te verminderen is een belangrijk onderwerp. Om de scope van dit boek enigszins beperkt te houden wordt er verder niet op ingegaan.

belangen van de gehele mensheid op lange termijn dient, ook de 'belangen' van natuur en milieu dient, en omgekeerd.[147]

Er wordt zoveel mogelijk aangesloten bij breed geaccepteerde wetenschappelijke inzichten met betrekking tot het zijn van de mens (mensbeeld).

De verwachting is, dat er de komende tientallen jaren geen enorme (technische) doorbraken zullen plaatsvinden, die ook massaal geëxploiteerd kunnen worden. De megaproblemen worden zo dus niet opgelost.

Bij uitwerkingen in dit boek wordt in het algemeen de voorkeur gegeven aan het denken in grijstinten in plaats van zwart-witverhoudingen. Steeds gaat het om het vinden van een juiste balans. In deze context kan geen enkele denkrichting (religieus, filosofisch, politiek, etc.) morele superioriteit claimen. Medestanders kunnen uitsluitend gewonnen worden door overtuiging.

Bijlage 2. De menselijke aard en het mensbeeld

De menselijke aard

In de economische wetenschappen werd traditioneel het uitgangspunt gehanteerd dat de mens een rationeel wezen is. Vandaag de dag is dit uitgangspunt zo goed als verlaten. De sociale wetenschappen hebben duidelijk gemaakt dat de mens slechts in beperkte mate rationeel is.[148]

Beperkte rationaliteit

Irrationele eigenschappen komen onder andere tot uitdrukking in een slecht inzicht in toekomstige gevoelens. Bekend is dat gewenning aan een nieuwe situatie veel sneller optreedt dan van te voren wordt ingeschat (gewenningseffect). Een nieuwe auto of een nieuw huis wordt na een betrekkelijk korte tijd als normaal gezien. De euforie van het nieuwe duurt minder lang dan vooraf verondersteld. Ook worden toekomstige voornemens slecht ingeschat. Hoe vaak hoor je niet iemand zeggen dat hij stopt met roken, maar het uiteindelijk toch niet doet?

De impact van zeer ernstige gebeurtenissen wordt onderschat, bijvoorbeeld de impact van een grote dijkdoorbraak. Regeringsleiders willen graag winnen, zeker als prestige in het spel is. De neiging bestaat om een kleine kans op winst te pakken, terwijl de kans op een groot verlies wordt gebagatelliseerd: de kosten van het verlies worden onderschat. Wanneer bijvoorbeeld tot oorlog wordt besloten, dan wordt nauwelijks beseft hoe lang de gevolgen van de strijd (oorlogstrauma's, etc.) door kunnen werken op het collectieve welzijn.

We kunnen slecht fouten toegeven en argumenten van de leider worden gemakkelijk gesteund. We hebben zelfs de neiging om een foute overtuiging steeds krachtiger te verdedigen naarmate er meer bewijzen opduiken dat we het mis hebben. De belegger baseert zich vaak op vooroordelen. Het verkopen van een aandeel onder de prijs wordt gezien als een ontoelaatbaar bewijs van ongelijk.[149]

Groepsrisico's worden stelselmatig overschat, zeker na een incident. Het risico om getroffen te worden door epidemieën, een terroristische aanslag of neerstortende vliegtuigen is in werkelijkheid vaak kleiner dan wordt ervaren. Wanneer er duidelijk sprake is van een riskante situatie, dan is niet zelden roekeloos optreden te zien.

Veel mensen hebben weinig idee van getallen en verhoudingen. Regelmatig verspreekt een politicus zich door een miljoen euro te zeggen, terwijl hij een miljard euro bedoeld. Terwijl er bespaard wordt op 50 eurocent bij de collecte, wordt er in de autoshowroom in 'no time' een paar duizend euro extra besteed voor een duurder model met extra accessoires.

We zien snel causale verbanden, terwijl die er vaak niet zijn (er is dan gewoon sprake van toeval) en we zijn geneigd in tweedelingen te denken (bijvoorbeeld goed en fout), terwijl dat feitelijk onhoudbaar is.

Aversie tegen verlies
Een verlies doet ongeveer twee keer zoveel pijn als het genot van een even grote winst. Met andere woorden: een euro verliezen voelt twee maal zo erg dan het plezier bij het winnen van die euro.

Gewoonte
De westerse mens wordt bestempeld als 'dynamisch'. Dat mag niet worden overdreven. Gewoonte en routine zijn belangrijk kenmerken van de mens. Onzekerheid werkt in het algemeen welzijn verstorend. Voorzichtigheid is dus geboden bij het implementeren van politieke programma's die uitgaan van flexibiliteit en inzetten op snelle verandering.

Statusgevoeligheid
Mensen hebben de neiging zichzelf met anderen te vergelijken. In eerste instantie wordt hierbij in de nabije omgeving gekeken. Een collega, die in ongeveer dezelfde omstandigheden verkeert en meer verdient, kan al snel afgunst opwekken. De vaak impliciete hang naar status zorgt onder meer voor de neiging (te) veel tijd aan werken te besteden. De status van de één gaat vaak ten koste van de status van de ander. Collectief gezien levert dat niets op.

Mensbeeld

Politieke stellingname is deels terug te voeren op het aangehangen mensbeeld. Zo zal in geval van een negatief mensbeeld eerder naar normering worden gegrepen, opdat negatieve impulsen worden bedwongen. Bij een (gematigd) positief mensbeeld wordt meer in termen van stimulering gedacht: zorg voor een goede opvoeding en juiste omstandigheden en geef het volwassen individu voldoende ruimte. Hoge uitkomsten in persoonlijk welbevinden en in termen van welstendigheid zullen het gevolg zijn. Bij een overmatig positief mensbeeld bestaat het gevaar van naïviteit. Dan worden bijvoorbeeld de sociale voorzieningen zo riant ingericht, dat misbruik het gevolg is.

Drie verschillende posities in mensbeeld zijn te onderscheiden:[150]

1. Mensen zijn in hun natuur zondig en gedreven door primitieve instincten. De maatschappij moet zo worden ingericht dat deze negatieve impulsen

worden bedwongen (de Freudiaanse zienswijze oftewel een negatief mensbeeld).

2. De menselijke natuur is tegelijkertijd essentieel 'goed' en essentieel 'slecht, zondig of destructief'. De maatschappij moet zo worden ingericht dat de 'goede' zijde van de menselijke natuur prevaleert boven de slechte zijde.
3. Inherent aan de menselijke natuur zijn evolutionair gezien, bepaalde constructieve krachten, die mensen ertoe drijven hun mogelijkheden (potenties) te realiseren. Daarmee is niet gezegd dat mensen inherent goed zouden zijn, maar dat zij zaken die aansluiten bij het kunnen realiseren van de eigen potenties waardevol vinden. Om de eigen potenties te kunnen ontwikkelen, is het belangrijk dat de samenleving constructief en sociaal is. Deze waarden zouden als 'goed' beschouwd kunnen worden. De maatschappij moet zo worden ingericht dat de condities worden geschapen, die de zelfrealisatie ondersteunen.

Er zit een 'constructieve ontwikkelingstendens' in de menselijke natuur. Vele wetenschappers weten dat te onderbouwen, onder meer op basis van empirische waarneming. Wanneer aan de constructieve ontwikkelingstendens voldoende expressie wordt gegeven, dan leidt dat tot een relatief hoog welbevinden. Wanneer het contact verloren is met deze 'innerlijke richtinggevende kracht' dan ontstaan (geestes) ziekten en heerst er ongenoegen. Ook de positieve psychologie hanteert impliciet deze vooronderstelling. Het uitgangspunt is dat 'psychisch normale mensen' een potentie voor 'het goede' hebben en dat zij gemotiveerd zijn het 'goede leven' na te jagen. Het zelfbeeld, omstandigheden en verwachtingen beïnvloeden daarbij het gedrag.[151] De mens heeft een potentieel voor een positief karakter of deugdzaamheid, dat gecultiveerd kan worden met oog op welstendige ontwikkeling. Het individu is een sociaal en moreel gemotiveerd wezen.[152]

Er zijn dus krachtige argumenten voor een gematigd positief mensbeeld, een combinatie van de posities twee en drie. Het gaat er in de praktijk vooral om de juiste voorwaarden te definiëren die leiden tot een hoog persoonlijk welbevinden en DCW-optimalisatie.

Bijlage 3. Individualisering, vrijheid en keuzevrijheid

De positieve correlatie tussen individualisering en geluk

Individualisme is het tegenovergestelde van collectivisme. Het is een emotionele gereserveerdheid ten opzichte van de zienswijze van anderen, minder bezorgd zijn over familie en meer ingesteld zijn op competitie. Individualisme leidt tot het tegemoet komen aan de persoonlijke verlangens, zoals de behoefte aan privacy, het jezelf kunnen zijn, de mogelijkheid een eigen leven te kunnen leiden en het kunnen ontsnappen uit situaties die niet bevallen.[153] De 'van Dale' beschrijft individualisme als: *"het voor alles bewaren van de persoonlijke onafhankelijkheid, levenshouding die de mens naar zijn wezen isoleerbaar acht van de gemeenschap."* Grip op het eigen leven hebben is belangrijk voor welzijn.[154] De beweging naar meer persoonlijke onafhankelijkheid kan worden gezien als een trend: 'individualisering'.

Handelen in het algemeen dient met oog op welzijn aan te sluiten bij hetgeen belangrijk wordt gevonden en daarom mag de maatschappij niet al te dwingend worden ingericht. In een geïndividualiseerde maatschappij hanteren mensen een eigen set van normen, waarden en doelen en is het mogelijk op basis hiervan te handelen. Er is dan sprake van een intrinsieke motivatie, die in het meest extreme geval volledig autonoom is. Handelen op basis van extrinsieke motivatie komt voort uit de overtuiging dat de maatschappij of de omgeving bepaalde zaken belangrijk vindt. In het meest extreme geval is dit niet autonoom: de persoon handelt dan (al dan niet vrijwillig) zonder enige vorm van intrinsieke motivatie of overtuiging. Dergelijk handelen is niet welzijn bevorderend.[155] Waar intrinsieke en extrinsiek motivatie samenkomen, is het ideaal bereikt. Er is dan sprake van overeenstemming tussen de persoonlijke drijfveren en hetgeen de maatschappij vraagt, een zogenaamd harmonisch perspectief. Dan is het geen enkel probleem om goed te doen voor jezelf en de omgeving.

De individualisering heeft niet alleen positieve gevolgen. Soms is vanuit het perspectief van welstendigheid 'correctie' gewenst. Zo leidt de grote stijging van eenpersoonshuishoudens lang niet altijd tot een hoger individueel welzijn. Tijdens de levensfase 'spitsuur' is er vaak sprake van overbelasting van het individu. Meer huishoudens betekent meer woningen, ruimtebeslag en energie. Het ruimtebeslag verdubbelt per generatie.[156] De behoefte aan persoonlijk transport, met grote voorkeur voor de auto, neemt toe. De grenzen aan voortgaande individualisering komen in zicht. Een hoge criminaliteit kan de keerzijde zijn van vrijheid[157], gemeenschapszin raakt in de verdrukking en dat wordt nog versterkt door de massale niet-westerse immigratie. Het leidt tot de roep om een Europese 'Leitkultur', de opkomst van rechts populisme, de roep voor meer expliciete normen en waarden en een verplichtender idee over burgerschap.[158] Een gevoel van zinloosheid kan het gevolg zijn van doorgeschoten individualisme.[159]

Ondanks deze kanttekeningen is er in het algemeen toch een positieve correlatie tussen individualisme en geluk.[160]

Mogelijkheden om de vrijheid te vergroten

Bij mogelijkheden om de vrijheid te vergroten moeten we een onderscheid maken tussen vrijheid in de economische-, politieke- en de privésfeer. Bij economie is dat bijvoorbeeld de vrijheid om te produceren en te consumeren, evenals het zelfstandig kunnen beschikken over (financiële) middelen. Bij politiek gaat het om onder andere om het respecteren van burgerrechten en een goede werking van de democratie. Vrijheid in de privésfeer heeft betrekking op mogelijkheden om het leven als geheel in te richten: studie, trouwen, scheiding, voortplanting, seksuele voorkeur, levensbeëindiging, godsdienstbeoefening, etc. (het gaat hier zowel om de formele als de informele kant). De westerse samenleving wordt gekenmerkt door de hoge mate waarin tegemoet wordt gekomen aan genoemde aspecten. Allemaal hebben ze een duidelijke positieve correlatie met geluk.

Burgers hebben desgewenst zelf de mogelijkheid hun vrijheid te vergroten, maar zijn zich hier niet altijd van bewust. Minder consumeren en minder hard werken is niet alleen goed voor het milieu maar levert ook vrije tijd. Agenda's worden overvol gezet met afspraken. Deels wordt hiermee in behoeftes voorzien. Bijvoorbeeld voldoen aan de culturele norm om efficiënt te werken of de behoefte aan regelmaat, het gevoel van belang te zijn, er bij te horen of simpelweg bezig te blijven. In hoeverre maatschappelijke conventies worden gevolgd, is deels een individuele keuze.

Hoewel burgers van westerse landen in hoge mate politieke, economische en private vrijheid (positieve vrijheid) hebben kan het nog veel beter. De privacy wordt aangetast door nieuwe regels, nieuwe technologische mogelijkheden en bijvoorbeeld maatregelen op het gebied van terrorismebestrijding. De algemene identificatieplicht verdient zonder meer nuance. Evaluatie van genomen maatregelen en deze soms terugdraaien, is met het oog op welzijn gewenst.

Politieke keuzevrijheid is te verhogen door een op Zwitserse leest geschoeid referendumstelsel in te stellen. Onderzoek toont aan dat de directe democratie welzijn verhogend uitwerkt, onder meer omdat het de burger serieus neemt en hem invloed geeft.[161]

Economische vrijheid kan vergroot worden door minder krampachtig om te gaan met faillissementen. Private vrijheid is bijvoorbeeld te vergroten door het afschaffen van leeftijdsdiscriminatie (deze leidt bijvoorbeeld tot verplichte pensionering) of door de invoering van een zwerfrecht, zoals dit in Scandinavische landen en in Engeland gebruikelijk is. Het is dan toegestaan om zich, met respect voor de privacy, over privégronden te verplaatsen.

Het is ondenkbaar dat de complexe westerse samenleving kan zonder regels. Deze regels kunnen echter wel wat minder opdringerig worden gepresenteerd. Typisch Nederlands is bijvoorbeeld het groeiend aantal borden met geboden en verboden. Afgezien van esthetische overwegingen, tasten deze ongemerkt een subjectief (maar niet minder belangrijk) gevoel van vrijheid aan.

Natuurlijk moeten er in een milieubewuste samenleving soms grenzen worden gesteld. Veel verspillende gebruiken, zoals massavervoer door de lucht, zijn te reguleren zonder dat ze verboden hoeven te worden. Alleen al de prijs flink verhogen (en/of die van milieuvriendelijke alternatieven te verlagen) heeft al het gewenste effect. Terwijl de overlast als geheel afneemt kan degene die gaat voor de status van het gebruik van dure producten, zich blijven profileren.

Keuzevrijheid onder voorwaarden belangrijk

In de commerciële markteconomie, en in het hiermee verwante politieke denken, wordt het begrip vrijheid vaak verengd tot keuzevrijheid. Keuzevrijheid in het kiezen van producten is van belang om invulling te kunnen geven aan de, uit welzijnsoogpunt, gewenste autonomie en individualiteit. Een al te eenzijdige gerichtheid op de vergroting van deze keuzevrijheid leidt tot kritiek. Steeds meer moeten kiezen vermoeit en het teveel aan prikkels kan leiden tot stress.[162] Kiezen kost tijd en moeite en dwingt na te denken over onderwerpen waarvoor mogelijk weinig interesse is of waarbij negatieve gevoelens worden opgewekt.

Er is een grens waarbij meer keuze niet langer meer vreugde oplevert, maar meer stress en teleurstelling. Dit leidt tot spanning en onrust, brengt twijfel met zich mee en mogelijk teleurstelling, spijt of zelfverwijt. Bijvoorbeeld wanneer een gekocht product tegenvalt of een verkeerde keuze is gemaakt. De mens is door zijn beperkte ratio en kennis van zaken niet in staat om in ingewikkelde situaties tot de beste beslissing te komen. Alleen dit gegeven is al een potentiële bron voor frustratie.

Kiezen brengt aanzienlijke kosten met zich mee. Bij weinig keuzemogelijkheden zijn de kosten relatief klein, maar ze stijgen snel bij het toenemen van de mogelijkheden. Daar staan de opbrengsten van keuzevrijheid tegenover. Een extra keuzemogelijkheid wordt in een situatie waar geen keus is, sterk gewaardeerd. Maar met het toenemen van het aantal mogelijkheden, neemt ook de extra opbrengst snel af (afnemende meeropbrengsten).

Ergens wordt een punt gepasseerd, waarbij een extra keuzemogelijkheid een juist negatieve bijdrage levert aan geluk. Mede gebaseerd op de stagnatie in het collectieve gelukspeil, is dit punt in het westen op tal van terreinen al gepasseerd.[163] Extra keuzevrijheid is uit oogpunt van geluk optimalisatie niet altijd te prefereren. Juist op terreinen waar we zwak zijn in kiezen moet dan positie worden ingenomen. Bijvoorbeeld studiekeuze, ziektekostenverzekeringen en levensloopregelingen worden gekenmerkt door een enorme hoeveelheid mogelijkheden, een hoge mate van complexiteit, lange looptijden en grote onzekerheden.

Vrijheid als instrumentele waarde

Vrijheid in absolute zin is onmogelijk. Mensen leven in een sociale context. De vrijheid van de één is vaak de onvrijheid van de ander. Waar Berlin[164] vrijheid als een intrinsieke waarde ziet, daar komt Kymlicka[165] tot de conclusie dat een instrumentele kijk meer op zijn plaats is. Kymlicka stelt dat we verschillende soorten vrijheid waarderen om verschillende redenen. Het idee dat we vrijheid als zodanig moeten maximaliseren, is niet wenselijk noch verduidelijkend.

Het beschouwen van vrijheid als intrinsieke waarde en vervolgens kiezen voor maximale vrijheid, kan aanleiding geven tot bizarre conclusies. De consequentie zou kunnen zijn, dat de vrijheid van een enkeling moet worden getolereerd, ook al zouden zijn voornemens desastreus uitpakken voor het collectieve welbevinden of DCW-optimalisatie.

Het beschouwen van vrijheid als een intrinsieke waarde en vervolgens stellen dat mensen het recht hebben op de meest uitgebreide vrijheid, die compatibel is met een soortgelijke vrijheid voor iedereen, komt feitelijk neer op het kiezen van 'gelijkheid' als intrinsieke waarde. Kymlicka pleit ervoor, dat het begrip vrijheid niet als een doel op zich moet worden gezien, maar uitsluitend instrumenteel: vrijheid is een middel dat ingezet moet worden om aan andere doelstellingen te werken. Deze kijk op vrijheid is goed te rijmen met DCW-optimalisatie. Het idee van Berlin om vrijheid te zien als een intrinsieke waarde, werkt onnodig complicerend.

Bijlage 4. Zingeving

Er zijn drie fundamentele beweegredenen voor menselijk gedrag: de cognitieve, de manipulatieve en de zingevende interesses.[166] Deze interesses kunnen zowel op het zelf gericht zijn als op de omgeving. Mensen zijn niet alleen geïnteresseerd in kennis, of in het beheersen en manipuleren van de werkelijkheid. Zij verlangen er ook naar dat hun leven zin of betekenis heeft. Het moet op de één of andere manier opgenomen zijn in een ruimer geheel en daarom van belang zijn. *"People wish to belong to a whole that is larger than themselves, and for the most of human history up until the modern age, nature provided just such a stable permanent order."*[167] Bij zingeving gaat het om opvattingen en waarden, die het letterlijk waard maken het leven te leven of aan het handelen een diepere betekenis kunnen geven.

Het mysterie van het leven brengt ons met enige regelmaat tot (metafysische) bespiegelingen. Het gegeven van de menselijke sterfelijkheid, zonder dat het leven zinvol is, is voor velen niet te verdragen. Zin geeft motivatie en werkt stimulerend. Aspecten van zingeving zijn:

- Het geloof: een geloof geeft voor veel mensen houvast, troost en vertrouwen.
- Natuurlijk bepaalde betekenisgehelen: in de natuur kan ondermeer schoonheid, rust, oneindigheid, verbondenheid en het goddelijke worden ervaren.
- Het op een gerespecteerde wijze deel uitmaken van een gemeenschap en cultuur. Binnen sterke sociale en culturele netwerken zijn zingevingvragen vergaand beantwoord. Enerzijds geeft dit een zekere vertrouwdheid en rust voor degene die de normen en waarden van de groep deelt. Anderzijds is het een ongewenste inperking van de autonomie voor degene die zich niet met de antwoorden kan verenigen.
- Menselijke ondernemingen, bijvoorbeeld werken aan: technologische en/of wetenschappelijke ontwikkelingen, de carrière, het eigen bedrijf, de kunsten of het helpen van anderen.
- Biologisch bepaalde betekenisgehelen, bijvoorbeeld aandacht voor de familiestamboom en het vormen van een eigen gezin.

Niet alle aspecten zijn voor iedereen relevant. Het SCP-rapport 2004[168] komt tot de conclusie dat voor de meeste mensen het eigen leven de belangrijkste bron van zingeving is geworden. Filosoof Nietzsche heeft een dergelijke vorm beschreven, waarbij hij de term 'Übermensch' wordt gebruikt. Deze leeft het leven ten volle en heeft de capaciteit ervan te genieten. Echter, de puur op het zelf gerichte zingeving zal, zeker in moeilijke tijden, niet kunnen overtuigen en vaak ook niet leiden tot welstendige ontwikkeling.

De vormen van zingeving die niet op het 'ik' betrekking hebben zijn algemeen herkenbaar. Ze zijn bij uitstek in staat om passie, bezieling, verwondering en een zekere (gewenste) binding te genereren.[169]

Bijlage 5. Nationaal inkomen

Binnen het dogma van de economische groei zijn het nationale inkomen en de groei hiervan de belangrijkste indicatoren voor het functioneren van een land. Maar het nationaal inkomen is nog geen welvaartsindicator, daar zijn ook economen het over eens. De samenleving wordt er gemakkelijk mee op een dwaalspoor gezet. "*Het conventionele nationaal inkomen kan alleen onder zeer restrictieve voorwaarden dienen als maatstaf voor welvaart; de waarde als maatstaf voor duurzaamheid is nog meer beperkt.*"[170] Welvaart omvat meer dan het conventionele nationaal inkomen.[171] Zo zijn ook de werkgelegenheid en de inkomensverdeling van belang. Welvaart betekent – zoals eerder betoogd – nog geen welzijn.

Voormalig senator Robert Kennedy verwoordde de problemen met het nationaal inkomen als volgt: "*Het bruto binnenlands product omvat luchtvervuiling en reclame voor sigaretten en de ambulances die op de snelwegen verkeersslachtoffers weghalen. Het rekent de speciale sloten voor onze deuren mee en ook de gevangenissen voor de mensen die ze stukmaken. Het bruto binnenlands product omvat de vernietiging van de cederwouden en de dood van Lake Superior ... de productie van napalm en raketten en kernkoppen. Het houdt geen rekening met de gezondheid van onze gezinnen, de kwaliteit van het onderwijs of het genoegen dat we aan spelen beleven. Het is net zo onverschillig voor de properheid van onze fabrieken als voor de veiligheid van onze straten. Het telt niet de schoonheid van onze poëzie mee of de kracht van onze huwelijken, noch de intelligentie van het publieke debat of de integriteit van ambtenaren ... het meet kortom alles, behalve dat wat het leven de moeite waard maakt.*" Dat is een nogal eenzijdig verhaal en deels ook ongenuanceerd. Aangezien het nationaal inkomen een indicator is van de productie van goederen en diensten, meet het per definitie de productie en dus geen andere zaken, zoals beleving van goederen en diensten. Het nationaal inkomen meet veel zaken die er wel degelijk toe doen. Wel is correctie van het getal gewenst.

Zo bestaan er de zogenaamde 'asymmetrische boekingen' waarvoor het nationaal inkomen gecorrigeerd zou moeten worden. "*Produceren is volgens de standaard definitie van de economische theorie het toevoegen van waarde. Het nationaal inkomen is de som van de toegevoegde waarden en meet dus de productie. Die waarden worden toegevoegd aan de niet door de mens gemaakte fysieke omgeving van de mens (het milieu). De voor menselijk leven (dus ook voor de productie) onmisbare gebruiksmogelijkheden hiervan, de milieufuncties, vallen dus buiten het nationaal inkomen ... Verlies hiervan wordt dus logischerwijs niet afgeboekt.*" Maar uitgaven voor het in stand houden van milieufuncties worden wel bijgeboekt en dat is niet in overeenstemming met de hierboven aangehaalde logica. Dit zijn de asymmetrische boekingen. Voorbeelden daarvan zijn de uitgaven aan CO_2-emissierechten, het opvoeren van de kosten van het opruimen van olieverontreiniging of de kosten van het helpen van Carapatiënten, die hun aandoening hebben opgelopen door de productie van fijnstof, of kosten van het aanleggen van een waterberging, inclusief de verhoging van dijken, om de gevolgen van het broeikaseffect het hoofd te bieden. Door het nationaal inkomen te corrigeren met de asymmetrische boekingen, ontstaat er een betere weergave: een 'verbeterd nationaal inkomen'.[172]

Alleen de door de mens geproduceerde goederen moeten worden geteld in de nationale rekening en niet de niet door de mens geproduceerde milieufuncties, waarvan het menselijk leven en de productie afhankelijk zijn ('natural made capital'). Hoe meer vis er wordt gevangen, des te meer er wordt verdiend, ongeacht of de vis zich kan reproduceren. Dat is een verkeerde voorstelling van zaken. Zelfs een 'verbeterd nationaal inkomen' geeft nog geen garantie dat het productieniveau duurzaam (tot in de eeuwigheid) in stand is te houden. Een zogenaamd 'duurzaam nationaal inkomen' houdt hier wel rekening mee. In de literatuur zijn verschillende getallen ontwikkeld, die ieder op hun eigen manier tot een duurzaam nationaal inkomen komen. Dat zijn onder andere het 'milieuduurzaam nationaal inkomen' (mDNI), de 'Index of Sustainable Economic Welfare' (ISEW) en het 'green national product'.

Een 'verbeterd nationaal inkomen (het NI ex asymmetrische boekingen)' en een getal voor een 'duurzaam nationaal inkomen' zouden bij voorkeur naast elkaar, en in een reeks van jaren gepubliceerd moeten worden. De getallen geven een meer accurate weergave van de economische groei. Op basis daarvan wordt een meer adequate maatschappelijke sturing mogelijk. Dan wordt ook duidelijk dat een duurzaam productieniveau, bij een steeds maar stijgende fysieke productie, niet of uiterst moeilijk bereikbaar is.

Op regeringsniveau worden de tekortkomingen van het begrip nationaal inkomen inmiddels als probleem gezien. Studies naar een beter systeem zijn opgestart op instigatie van ex-president Nicolas Sarkozy en eerste minister David Cameron. In Frankrijk heeft een commissie onder leiding van Nobelprijs winnaar Joseph Stiglitz (2009) zijn pijlen gericht op een verbeterd nationaal inkomen, dat beter in staat is om de vooruitgang te meten. In Engeland wordt gefocust op mogelijkheden om noties van welzijn een meer prominente plaats te geven (National Wellbeing Project 2010). Een en ander betekent nog niet dat er op basis van dergelijke inzichten wordt gehandeld.

Bijlage 6. Welstendigheid in informatiesystemen

Informatie moet juist, zo volledigheid mogelijk, goed getimed, gepresenteerd, gedoseerd, evenwichtig en toegesneden te zijn. Op al die punten is er nog een slag te winnen.

Voor het algemene overzicht kan de meest gebruikte uitwerking van 'duurzame ontwikkeling' als basis dienen. Deze meet 'de vooruitgang' in drie domeinen: People (welzijn), Planet (duurzaamheid) en Profit (economie). Dit zijn de 3P's. Door impliciet te werken binnen het dogma van de economische groei bestaat de neiging om profit eenzijdig te belichten, hetgeen onwenselijk is. People is uit te splitsen naar het individu en de omgeving (in brede zin) waarin het leeft. Het behandelde welzijnsmodel kan bij de invulling zijn dienst bewijzen.

Het gescheiden houden van de 3P's (domeinen) bij de informatieverzorging bevordert het overzicht en het inzicht. Voor ieder domein bestaat een helder begrip en is een grote set aan indicatoren beschikbaar. Het beeld is behoorlijk compleet. Zo publiceert op lokaal niveau Amsterdam uitgebreid over welzijn en duurzaamheid.[173] De regionale economie komt in andere publicaties aan bod. Landelijk is er voor iedere P een gespecialiseerd planbureau. Hun 'core business' is toegepast onderzoek, het meten en volgen van ontwikkelingen en het duiden en presenteren van relevante inzichten. Zij opereren tussen de ministeries en de wetenschap. Ook op de ministeries zelf en bij andere instellingen is veel kennis en informatie aanwezig. Multilateraal rapporteren de EU, OESO, WTO, VN en vele andere officiële organen over de economie, duurzaamheid en kwaliteit van leven.

De Nederlandse overheid is bezig met het invoeren van de Monitor Duurzaam Nederland. De opzet van dit meetinstrument vertoont overeenkomsten met de bovenomschreven opzet.[174] Hoewel er vorderingen worden gemaakt, is het idee nog niet geheel uitgekristalliseerd.

Samengestelde indicatoren

De maatschappelijke vooruitgang weergeven in één of enkele indicatoren geeft problemen. Indicatoren zijn behulpzaam bij een goede communicatie maar zijn altijd een simplificatie: een compromis tussen wetenschappelijke nauwkeurigheid en de vraag naar compacte informatie. Kengetallen produceren is een precaire aangelegenheid.

Op economisch gebied zijn de beperkingen van het dominante nationaal inkomen besproken (Bijlage 5). Op het gebied van duurzaamheid is de ecologische voetafdruk een veelgebruikte eenheid. Het getal zit doordacht in elkaar, maar de inzet van bijvoorbeeld kernenergie ontbreekt. Op sociaal terrein werkt de VN met de Human Development Index (HDI). De levensverwachting, het educatieniveau en de levensstandaard (welvaart) worden uitgedrukt in een getal en bij elkaar opgeteld, waarbij ieder aspect voor een derde deel meetelt. De reden waarom ieder aspect hetzelfde gewicht moet krijgen is niet objectief vast te stellen. Aspecten die voor welzijn zondermeer belangrijk zijn, zoals veiligheid, autonomie of cultureel klimaat, zijn afwezig in de HDI. Objectiviteit is gewenst maar slechts beperkt haalbaar, zelfs binnen één domein.

Een overkoepelende maatstaf voor welzijn is 'het gemiddeld aantal gelukkige levensjaren'. Ze wordt niet samengesteld op basis van levensvoorwaarden, 'veronderstelde leefbaarheid', maar op basis van levensuitkomsten, 'kennelijke leefbaarheid'. Het gemiddeld aantal gelukkige levensjaren oftewel Happy Life Years (HLY) werkt met de levenskwaliteit die individuen rapporteren[XLII], vermenigvuldigd met de gemiddelde levensverwachting. Landen waar het goed toeven is, presteren op beide grootheden goed, hetgeen leidt tot een hoog totaalcijfer. HLY geeft een goede totaalindruk op het gebied van welzijn. De indicator werkt uitstekend om de prestaties van landen met elkaar te vergelijken, maar is te algemeen om beleid mee te maken. De indicator reageert zeer traag en om hem te laten uitslaan moet er heel wat veranderen.[175]

Een overkoepelende maatstaf, die het niveau van welstendigheid in zijn algemeenheid meet, is de Happy Planet Index (HPI). Deze ontstaat door de HLY te delen door de ecologische voetafdruk: gemiddeld geluk × levensverwachting / ecologische voetafdruk. Worden alle landen in de wereld met elkaar vergeleken, dan staan westerse landen in de top van de HLY. Voor dit hoge welzijn wordt echter wel een flinke milieugebruiksruimte ingenomen. Op HPI scoren de westerse landen daarom slechts gemiddeld. Hoe dominant welzijn is boven duurzaamheid blijkt uit het feit dat vrijwel iedereen in de wereld de voorkeur geeft aan het wonen in een westers land in plaats van in een koploperland op het gebied van HPI.

[XLII] De gebruikte 10-puntsschaal wordt daarbij omgezet in een '0 tot 1-schaal'.

Bijlage 7. De argumentatie voor vrijhandel en globalisering

De argumentatie voor vrijhandel is gestoeld op de theorie van 'comparatief voordeel'.[176] Dit houdt in dat productie van een zeker artikel in een bepaald land voordelen kan hebben boven de productie van hetzelfde artikel in een ander land. Gesteld dat er waterstofgas uit zonne-energie moet worden gewonnen, dan kan (afgezien van eventuele vervoerskosten) de productielocatie beter in een land in de Sahara worden geplaatst dan in Europa. In de Sahara is veel ruimte en wordt meer zonne-energie ingestraald. Landen in de Sahara scoren goed op de productiefactor zon oftewel de factorbeschikbaarheid van zon. Appels daarentegen groeien beter in gematigde klimaatzones en daarin scoren landen in Europa beter. Als Nederland appels kweekt en Algerije waterstof produceert en deze producten onderling worden geruild, dan is iedereen beter af. Op basis van vraagkarakteristieken komt er een prijsvorming tot stand en als deze niet verstoord wordt (door niet in de prijs verdisconteerde externe effecten of bijvoorbeeld handelstarieven of monetaire belemmeringen, etc.), leidt deze tot een optimale allocatie. Maximalisatie van welvaart is het gevolg.

Het bovenomschreven voorbeeld beschrijft de handel tussen de geheel verschillende producten. Deze vindt voornamelijk plaats tussen ontwikkelingslanden of nieuw geïndustrialiseerde landen en westerse landen. In volumes gemeten gaat het om enorme handelsstromen, die in de milieucontext uiterst relevant zijn. In geldtermen gemeten vindt het merendeel van de handel plaats tussen de westerse landen onderling. Hier gaat het dikwijls om soortgelijke producten (bijvoorbeeld Frankrijk exporteert Citroën's en Duitsland BMW's). Dan spelen overwegingen als specialisatie, schaalvoordelen en productdiversificatie een belangrijke rol. Ook hier is vaak sprake van comparatief voordeel. Hoewel de theorie achter de vrijhandel oneindig is te compliceren door bijvoorbeeld meerdere landen, producten en monetaire complicaties te introduceren en uit te gaan van factormobiliteit[XLIII], zijn de basisprincipes steeds dezelfde.

De voor en nadelen van globalisering

Voordelen

Ontegenzeggelijk leidt handelsliberalisering tot welvaartwinst. De resultaten van samenwerking binnen de EU en NAFTA[XLIV] illustreren dit. Ook internationale handel tussen westerse landen en niet-westerse landen bevordert

---

[XLIII] De mogelijkheid om productiefactoren zoals arbeid en kapitaal in andere landen in te zetten.

[XLIV] De Noord-Amerikaanse equivalent van de EU.

de welvaart. Het overhevelen van productieactiviteiten naar niet-westerse landen bevordert daar de economische groei. De westerse landen krijgen hiervoor producten tegen lage kostprijzen en ruimte om nieuwe economische activiteiten te ontplooien voor terug. Met de verplaatsing van industriële activiteit is er sprake van kennisoverdracht.

Afgezien van welvaartsgroei, een grote productkeuze en werkgelegenheidsgroei, wordt door samenwerking de stabiliteit tussen landen gediend. Contact tussen volkeren kan leiden tot wederzijds begrip, wetenschappelijke samenwerking, innovatie en pacificatie. Landen die handel met elkaar drijven, vechten niet (na twee wereldoorlogen in de twintigste eeuw is dit geen onbelangrijk aspect).

Nadelen

Globalisering leidt weliswaar tot economische groei in grote delen van de wereld, maar de kloof tussen rijk en arm wordt groter. De welvaart in ontwikkelingslanden blijft sterk achter bij die in het Westen, hetgeen tot enorme migratiestromen en een 'brain drain' leidt. Vooral de ondernemende en goed opgeleide mensen zien kans te emigreren. De grote niet-westerse immigratie zorgt in westerse landen voor spanningen.[XLV] Migranten drukken zwaar op de sociale voorzieningen en overheidsfinanciën. Het arbeidsaanbod van migranten drukt in beginsel de lonen van laagbetaald werk in het Westen. Als arbeid goedkoop is, dan zijn ondernemers terughoudend met investeringen in kapitaalgoederen. Dergelijke investeringen zijn juist nodig om technologisch bij te blijven. Technologisch achterop raken wreekt zich op termijn in een achterblijvende productiviteit en concurrentiekracht.

Door de globalisering is veel arbeid verdwenen naar lage lonenlanden. Het groeipotentieel van de economie kan verhoogd worden door de arbeidsmarkt flexibeler te maken en de sociale voorzieningen minder aantrekkelijk, maar dat leidt tot verschraling en minder bestaanszekerheid. Dit leidt in de westerse landen tot een vorm van onbehagen en tot verminderd vertrouwen in de toekomst en dat is weer ongunstig voor economische dynamiek.

De globaliseringtrend uit zich onder meer door de uitbreiding van omvangrijke logistieke ketens die uitermate efficiënt zijn, maar die ook een enorme druk leggen op het milieu. Het kost veel energie en middelen om wereldomspannende computernetwerken aan te leggen, maar ook veel elektriciteit om ze te gebruiken. Ook de fysieke transportnetwerken zijn uitermate omvangrijk. Het materieel loopt op stookolie en kerosine, die uit internationale concurrentieoverweging vrij zijn van belastingen. Op brand-

[XLV] Dat geldt in het bijzonder voor Europa. Migratielanden als Australië, Canada en de VS kennen hun eigen geschiedenis en omstandigheden. Ook in die landen zijn er overigens veel problemen (geweest) tussen de autochtone bevolking en de nieuwkomers. Feitelijk is de oorspronkelijke bevolking daar gemarginaliseerd.

stoffen rusten lage milieueisen. Zo blijven ze goedkoop en is er nauwelijks een rem op de inzet. Te lage prijzen leiden tot te hoge transportdiensten.

Met de globalisering groeit de invloed van grote internationaal opererende ondernemingen en internationaal niet-gouvermentele organisaties. Deze netwerken zijn machtsfactoren van belang geworden, met eigen agenda's en doelstellingen. Ze zijn weinig transparant, moeilijk te controleren en bij te sturen. Dat kan leiden tot excessen, zoals de kredietcrisis heeft aangetoond. De internationale netwerken hebben een eigen dynamiek, waar (democratische) staten weinig greep op hebben.[177] Wanneer er iets fout gaat dan moeten regeringen zich verantwoorden voor iets dat grotendeels buiten hun eigen bereik ligt. Verantwoording wordt zo een farce. De democratie komt steeds meer met legen handen te staan. Er is minder ruimte een eigen beleid te maken. Het verlies aan reële soevereiniteit is temeer zorgelijk, omdat daadkrachtige overkoepelende instituties met oog voor milieu en welzijn uitzonderlijk zijn. Machtsblokken, zoals de EU, zijn hierop soms de gunstige uitzondering.

Ook het bedrijfsleven wordt door globalisering in een keurslijf gedwongen. Het internationale bedrijfsleven wordt door de markt verplicht producten die concurrerend zijn aan te bieden. Hierdoor moet steeds worden gezocht naar productielocaties waar de beste prijs/kwaliteitsratio kan worden gehaald. Niet toegeven aan het dictaat van de markt leidt tot een te dure productie, te hoge verkoopprijzen, verminderd concurrentievermogen en mogelijk zelfs tot liquidatie van bedrijven. Zo lopen ook de multinationals aan de leiband van de globalisering. Al zouden zij een meer ethische koers willen varen, dan nog zijn de mogelijkheden beperkt. Als het om milieuredenen gewenst is dit dictaat van de markt te doorbreken, kunnen alleen goede overheids- of internationale regels volstaan. Maar juist hier ondervinden staten beperkingen.[178]

Landen zijn onderling met elkaar in concurrentie. Om als land aantrekkelijk te blijven voor bedrijven, moet de belastingdruk niet te hoog worden. Strenge milieuwetgeving en riante arbeidsvoorwaarden werken kostprijsverhogend. Landen bieden tegen elkaar op, om voor bedrijven zo aantrekkelijk mogelijk te blijven. Zo dreigt een 'race to the bottom'. Arbeidsvoorwaarden, regelgeving ten behoeve van het milieu en de financiering van de collectieve zaak komen in gevaar.

Protectie is soms gewenst om strategische redenen. Ongecontroleerde vrijhandel kan leiden tot een te grote afhankelijkheid (denk aan olie, soja, etc.). Ook willen landen hun militaire kennis beschermen en dat geldt ook voor industriële kennis, wanneer deze onvoldoende door patenten is af te dekken. Soms is het nodig de eigen industrie te beschermen om zo een positie op de wereldmarkt op te bouwen of om sleutelindustrieën voor een land te behouden. Ook kan de ruilvoet waartegen een land zijn productie kan verhandelen op de wereldmarkt dusdanig slecht uitpakken dat er nauwelijks voordeel met handelsliberalisering is te bereiken.

Comparatief nadeel

Het idee van comparatief voordeel is gebaseerd op het uitgangspunt, dat het beter is om op bepaalde plaatsen zekere activiteiten uit te voeren. Aangestipt is het verplaatsen van de industrie naar lage lonenlanden. Daar kan geproduceerd worden tegen lagere kostprijzen. Als echter prijsvoordeel wordt behaald door afwezigheid van milieuwetgeving, een minimum loon en slechte arbeidsomstandigheden[XLVI] ter plaatse, dan worden kostenvoordelen niet behaald, omdat men ergens beter in is, maar juist slechter! De verkeerde prijsvorming (die wordt versterkt door te lage transportprijzen) leidt tot verstoring van de markt en tot milieuproblemen.

Zou de EU dit effect willen compenseren (bijvoorbeeld door middel van een heffing), dan mag dat geen protectie heten, maar correctie. Correctie kan er voor zorgen, dat mondiaal gezien, in termen van DCW-optimalisatie, hogere uitkomsten worden gehaald. Correctie is dus niet gelijk aan protectie. Oplettendheid is geboden: correctie van een verkeerde prijsvorming en milieubescherming kunnen gemakkelijk omslaan in protectionisme.[179]

Globalisering is in beginsel omkeerbaar en deels beheersbaar. Aangezien het globaliseringproces enorme implicaties heeft voor de mens en het milieu, vereist het sturing.[180] In westerse landen kan welvaartsgroei zondermeer niet meer bijdragen aan welstendigheidsgroei. In een dergelijke situatie is het zaak voorzichtig te zijn met het volgen van strategieën die welvaartsgroei maximaliseren. Meer en meer worden de nadelen van voortgaande globalisering ingezien. Op aspecten lijkt de trend over zijn top.

[XLVI] Denk daarbij aan de veiligheid, gezondheid en welzijn van werknemers en andere belanghebbenden.

Bijlage 8. Een pleidooi voor strategisch denken

De VS heeft haar sleutelindustrieën veronachtzaamd. Zo is bijvoorbeeld de auto-industrie op aandringen van de autolobby beschermd met niet al te restrictieve regels op gebied van milieu. Als gevolg is de concurrentiepositie verslechterd en is de industrie in de problemen gekomen.

China opereert heel anders. Het land stelt over de hele wereld de leverantie van schaarse grondstoffen op lange termijn veilig. Dat doet ze door bilaterale overeenkomsten af te sluiten. Ontwikkelingssamenwerking wordt hier gekoppeld aan garanties voor de leverantie van grondstoffen en energie. China gaat creatief om met imitatie en intellectueel eigendom. Alle processen die niet voldoende worden beheerst, kunnen op interesse rekenen van de Chinese strategen. Allround worden is het devies, ook op gebied van hoogtechnologische kennis.[XLVII] Het opleiden van Bèta's en het faciliteren van onderzoek en ontwikkeling worden serieus aangepakt (en niet zoals in een land als Nederland hoofdzakelijk met de mond beleden). China weet de overheidsfinanciën gezond te houden. Het land maakt gebruik van vrijhandel, maar verliest haar strategische positie en ambities op de lange termijn niet uit het oog. Zij weet de globalisering om te zetten in economisch overwicht en de voordelen van de vrije markteconomie te verenigen met de voordelen van een centraal geleide economie (bijvoorbeeld de koppeling van de eigen munteenheid aan de dollar).

In rappe schreden wordt het land net zo deskundig als de westerse landen. Duurzame technologie heeft de toekomst. Waar in Europa de helft van het politieke spectrum hiervan nog overtuigd moet worden is China al lang door de bocht. Ondertussen werken de Chinese arbeiders voor een fractie van het uurloon in vergelijking met dat in het Westen. Arbo- en milieuregels en andere vestigingsvoorwaarden drukken er minder zwaar op de bedrijven. Dat leidt tot zeer concurrerende producten.

Als China deze strategische superioriteit weet voort te zetten of het Westen daarop geen antwoord heeft, dan is het Westen in circa tien jaar niet meer de leider in de wereld, maar de volger. Dat gebeurt dan zo ongeveer op het moment dat de schaarste aan energie en grondstoffen bijna tastbaar is.

Kunnen de westerse landen een antwoord geven op zoveel machtsvertoon? Ja, dat kan. Door bijvoorbeeld te werken aan duurzaamheid, kwaliteit van leven, innovatie, kwaliteit, service, imago en diversiteit. Ze kunnen ook

---

[XLVII] Bekijkt u eens een speelgoedhelikoptertje of haal uw PC eens uit elkaar en vergelijk de producten 'Made in China' met een 30 jaar oude Philips 'Made in Holland'. Nu ziet u 30 jaar technische revolutie. Laatdunkendheid over Chinese makelij heeft geen plaats. Wij hebben ASML, de producent van de producent. Jazeker, maar voor hoe lang nog? Dat weet alleen Hoelang, de Chinese strateeg. Terwijl de collega van Hoelang, met een glimlach, een nieuwe container stuurt met daarin de moderne versie van 'spiegels en kralen', volgt zijn zoon een gedegen Bèta-opleiding. Volgend jaar komt hij voor een stage naar ASML.

van elkaar leren: bijvoorbeeld de kwaliteit (met service) van Duitse producten, Zwitserse diensten, Noorse degelijkheid, Italiaanse finesse, Franse grandeur, Spaans temperament, Portugese passie en Hollandse efficiëntie. Ook is het tijd om een nieuw denkkader te ontwikkelen en op basis hiervan de spelregels aan te passen: van economische ontwikkeling naar welstendige ontwikkeling, met oog voor een gezonde economie.

Strategisch denken ligt aan de basis van een gezonde economische ontwikkeling op de lange termijn.

Bijlage 9. Dynamiek leidt tot nieuwe dynamiek

Door de industrialisatie, die in de negentiende eeuw op gang kwam, ontstond er een grote behoefte aan arbeiders. Deze trokken naar de fabrieken en naar de stad. Hier leidde de toenemende bevolkingsdichtheid tot problemen op het gebied van hygiëne. Om deze het hoofd te bieden kwamen riolering, waterleiding, stadsplanning en grootschalige woningbouw tot ontwikkeling. Afvalwater werd geloosd op het oppervlaktewater, wat al snel tot overlast leidde in omliggende gemeenten. Dat noopte tot samenwerking en het bestrijden van de overlast door het bouwen van waterzuiveringsinstallaties. De ontwikkeling van een plattelandssamenleving naar een meer stedelijke samenleving bracht steeds weer nieuwe technische ontwikkelingen voort: techniek en sociale organisatie zijn nauw met elkaar zijn verstrengeld. Terwijl in de negentiende eeuw de techniek een concentratie teweeg bracht, is vandaag de dag ook een omgekeerde tendens waarneembaar.

Bijlage 10. Denken in reële termen

De moderne economie heeft bestaansrecht gekregen doordat de landbouw efficiënter werd.[XLVIII] Door stijgende productiviteit kwam er arbeidskracht vrij die elders kon worden ingezet. De economie draait niet alleen op input van arbeid maar ook op input van energie en materiaal. Die werden aanvankelijk en in een steeds hoger tempo uit de directe omgeving gehaald. De overvloedige natuur gaf aanvankelijk weinig noodzaak om zuinig aan te doen. De niet vernieuwbare grondstoffen werden in Europa al snel schaars, maar dat was geen probleem. Er was elders overvloed. Als gevolg daarvan waren de prijzen van energie en grondstoffen laag en tegelijkertijd waren de goederen van westerse industrie zeer gewild (weinig concurrentie en uniek). Een uitstekende ruilvoet was het gevolg (voor één westers product werd een relatief grote hoeveelheid grondstoffen geruild).

Door schaarste aan grondstof en snel toenemende concurrentie uit Azië is die ruilvoet snel aan het verslechteren. De bevolking in Aziatische landen wil harder werken en voor minder geld dan westerlingen. De kostenstructuur van hun producten is om vele andere redenen gunstiger. De concurrentie is daarom zwaar. Daar kan het Westen voorlopig nog meer kwaliteit en een beter imago tegenover zetten, maar ook hier wordt de inhaalslag gemaakt.

Het spel is al met al wezenlijk veranderd en dat vraagt om een strategisch antwoord. Ook de in Hoofdstuk 1 geschetste omstandigheden en de in Hoofdstuk 2 geschetste specifieke westerse situatie vragen daar om. Een duurzame economie, met oog voor het welzijn van de mens, is 'de economie van de toekomst' en bepaald geen onbetaalbare luxe. De kennis om tot de benodigde transitie te komen is voorhanden. De noodzaak voor zo'n transitie is echter nog onvoldoende doorgedrongen bij beleidsmakers en het grote publiek. Door een gebrekkige visie hebben ze daarbij onvoldoende zicht op de mogelijkheden.

Hoe eerder een land invulling geeft aan 'de economie van de toekomst', hoe beter het in staat is om de economie vitaal te houden. Zo is het vertrouwen in de toekomst en de welvaart veilig te stellen en daarmee de bestaanszekerheid.

Het is zaak om minder afhankelijkheid te worden van fossiele energie en grondstoffen uit verre landen en meer gebruik te maken van hernieuwbare bronnen en recycling. Werk leidt tot werk. Plantsoenarbeiders gebruiken bij hun werk weinig externe energie en grondstoffen, net als verplegend personeel, onderwijzers, cursusleiders en hondentrimmers. In plaats van dat de plantsoenarbeider gedemotiveerd werkeloos thuis zit met een karige uitkering, helpt hij mee aan het mooier maken van de omgeving, wordt hij

[XLVIII] Dat de Aziatische landen het zo goed doen is ook bij hen voor een belangrijk deel het gevolg van een succesvol agrarisch beleid.

gewaardeerd en krijgt daarvoor een redelijk inkomen. Dat wordt weer uitgegeven en zo blijven anderen aan het werk. Voor zover het inkomen wordt gespaard zijn daarmee investeringen te financieren. Ook dat leidt tot werk. 'Vestzak , broekzak' en 'geld moet rollen' zijn oude gezegden die niet aan actualiteit inboeten. Hoe lager de belasting op arbeid, hoe beter het systeem werkt.

Welvaart zonder groei?

In het boek *"Welvaart zonder groei"* (2010) wordt het volgende dilemma geschetst:

1. Economische groei is op de korte termijn nodig, onder meer om de concurrentie voor te blijven en om in de democratie spanningen te kunnen afkopen zonder dat iemand een stap terug gaat.
2. Absolute ontkoppeling tussen economische groei en milieubelasting is een illusie. Dat wordt goed onderbouwd op basis van de ontwikkelingen in de afgelopen decennia en is in deze context te presenteren als feit.
3. De economische groei leidt op lange termijn tot een milieucatastrofe.

Hoe is dit dilemma 'op te lossen'?

1. Reële groei is gewenst. Economische groei is in westerse landen geen goede indicator voor echte groei, het is daarom onverstandig om op deze indicator (in zijn huidige opzet) te veel te focussen.
   Reële vooruitgang is mogelijk als gevolg van technologische, sociale, maatschappelijke- en persoonlijke ontwikkeling. Op alle terreinen zijn er mogelijkheden. Deze verdienen het om versterkt te worden.
2. Om tot een (absolute) ontkoppeling te komen, zijn er aanzienlijk meer mogelijkheden, dan momenteel worden ingezet. Dat is een feit. Het is de uitdaging om de mogelijkheden (in hun samenhang) op te sporen en te activeren.
3. Door het aanwenden van de mogelijkheden zijn enorme stappen te zetten naar de gewenste duurzame collectieve welzijnsoptimalisatie. Zou nu blijken dat zelfs met de maximale inzet van alle beschikbare mogelijkheden de aangekondigde milieucatastrofe zich toch aandient, dan is er sprake van overmacht.

"Welvaart met groei" is een mogelijkheid.[XLIX]

[XLIX] Natuurlijk zijn er op een eindige aarde absolute grenzen aan de materiële groei, maar zoals gezegd is maatschappelijke groei een veel breder begrip.

Bijlage 11. Redenen voor geheimhouding

Niet alle informatie kan onmiddellijk aan de openbaarheid worden prijsgegeven. Wat is er bijvoorbeeld zo bijzonder aan de JSF straaljager dat we er niet alles van mogen weten?

Het is voor de overheid zaak om de onderhandelingspositie niet prijs te geven zolang onderhandelingen nog lopen. Dat heeft nadelige gevolgen voor de overeen te komen voorwaarden en inkoopprijs. Het geldt niet alleen voor de JSF, maar voor alle inkopen en investeringen. Daarnaast zijn de straaljagers bedoeld om de vijand af te schrikken. Geheimzinnig doen over de enorme prestaties van het toestel is in deze context een goede strategie. Andere legitieme redenen voor geheimhouding zijn de staatsveiligheid, de privacy van burgers en rechtspersonen of afspraken die zijn gemaakt met andere landen.

Minder verheven argumenten voor geheimhouding zijn er echter ook. De overheid begaat soms missers en wil daarmee niet te koop lopen. Door geheimhouding is er kennis en kennis is macht. Verborgen agenda's, gericht op eigenbelang, zijn mensen niet vreemd en dat geldt ook voor ambtenaren en diensten. Eilandjes worden, zoals overal, verdedigd. Zo bestaat er op het gebied van geheimhouding en transparantie soms een verkeerde reflex.

Bijlage 12. Functie eisen voor politici op sleutelposities

Om effectief aan welstendigheid te werken mogen aan politici op kernposities hoge eisen worden gesteld. De politicus heeft vanzelfsprekend retorische gaven, is maatschappelijk betrokken, sociaal intelligent, weet verhoudingen te duiden en aan te wenden, is eerlijk over zijn standpunten, inzet en de compromissen die hij heeft moeten sluiten en ook heeft die inhoudelijke kennis aangaande zijn dossiers. Voor het werken aan welstendigheid zijn ook van belang: een goede inschatting van de toestand van de wereld, de natie en hiermee samenhangende trends. Verder is het van belang dat er een coherent idee bestaat over waar het met de samenleving op lange termijn naar toe moet. Er is een visie nodig hoe hier vanuit de aangehangen ideologie invulling aan is te geven.

Daarnaast zijn ook volgende punten van belang.

Historisch besef

De wereldgeschiedenis laat een komen en gaan van wereldrijken zien. Oorzaken voor zowel opkomst als ondergang tonen onderling veel overeenkomsten. Zaken als bestuurlijke effectiviteit, technologisch kunnen, beschikbaarheid van hulpbronnen en economisch presteren staan aan de basis van de opkomst, expansie en groei van rijken. Onder meer oplopende schulden, 'empirial overstretch' en verwarring kenmerken het eind. Ook bij een analyse van 'oorlog en vrede' door de eeuwen heen zien we steeds dezelfde karakteristieken.

Vlak voordat er een economische crisis uitbreekt beginnen marktindicators vreemde pieken en dalen te vertonen. Deze vragen om een verklaring. Net voor de kredietcrisis waren er euforische verhalen over financiële innovatie en fundamenteel afgenomen risico's in de economie. Een stabiele groei werd voorzien. Voor snel stijgende huizenprijzen in de VS, Nederland, en Spanje werd gewaarschuwd, maar betrokken beleidsmakers kwamen snel met geruststellende woorden (de neiging bestaat om iedere crisis als een unieke gebeurtenis voor te stellen:'this time is different').

Een analyse van de praktijk van de majeure crises over de afgelopen eeuwen laat een steeds terugkerend patroon zien: oplopende huizenprijzen, oplopende leningen van burgers en overheden, tekorten op de betalingsbalans, fraude of speculatie en marktfalen door gebrek aan toezicht. Historisch besef kan voorkomen dat het wiel steeds weer opnieuw wordt uitgevonden.[181]

Professionaliteit

De politicus die welstendigheid serieus neemt, kan met een slechte onderbouwing niet wegkomen. Van de beleidsmakers mag professionaliteit worden verwacht. Standpunten innemen die indruisen tegen de beste kennis die beschikbaar is of het negeren daarvan, vraagt om verantwoording.

Het voorbij gaan aan de beste inzichten die beschikbaar zijn en een gebrekkige verantwoording is meer dan een theoretisch inzicht. Er zijn bijvoorbeeld veel aanwijzingen, dat het Irak-beleid van de voormalige president George Bush van de VS heeft gezondigd tegen de opgestelde criteria van professionaliteit. Dat geldt ook voor de politici die hem zijn gevolgd. Van politici op sleutelfuncties mag een zelfstandig oordeel worden verwacht op basis van de beste kennis die beschikbaar is. In het Irak-dossier is hier niet aan voldaan. Er is geen onderbouwd antwoord gegeven op de vraag waarom er voorbij is gegaan aan rapportages van diensten.[L]

[L] In de best beschikbare kennis die kon worden geleverd door (geheime) diensten, waren geen aanwijzingen van massavernietigingswapens te vinden. Juridisch was er geen volkenrechtelijk mandaat voor de inval. Het idee dat in het land een goed werkende democratie snel was in te voeren, was naïef. Vóór de inval was dat door wetenschappers al uitgebreid betoogd.

Bijlage 13. De EU en het gebrek aan richting

De Europese samenwerking is al ruim 60 jaar in staat de vrede te bewaren, heeft bijgedragen aan economische voorspoed en (op aspecten) aan duurzaamheid. De EU weet het beste uit (potentieel) toetredende landen naar boven te halen. Toch lijkt de Unie al geruime tijd de weg kwijt te zijn.

De EU is doorgeschoten.

Met het omdopen van de Europese Gemeenschap in de Europese Unie zijn maatregelen doorgevoerd die tot vandaag de dag veel problemen geven. Met de komst van de euro hebben landen instrumenten uit handen gegeven die wezenlijk zijn voor het financiële beleid. Denk daarbij aan de controle op wisselkoers en het rentebeleid. De eurozone is te divers voor een eenduidig financieel beleid. De euro vraagt een mate van solidariteit tussen landen die momenteel alleen nog maar binnen landen bestaat. De euro in zijn huidige vorm, zonder lokale valuta, geeft meer problemen dan die oplossingen.[LI] De munteenheid leidt tot enorme spanningen, inflexibiliteit, stagnatie en ondermijnt de verdere integratie. Het inzetten van de euro als breekijzer, om op ondemocratische wijze een politieke unie af te dwingen, faalt.

De douanecontrole is met het verdrag van Schengen opgeheven en daarmee zijn belangrijke controle mechanismen buiten bereik van nationale overheden gekomen. Grensoverschrijdende criminaliteit, asielproblematiek die het vermogen heeft internationale verdeeldheid te zaaien en verplichte identificatie zijn in ruil gekomen voor het zogenaamde vrije personen verkeer. Zo werkt het verdrag potentieel ontwrichtend. Het draagt niet bij aan vrijheid maar wel aan (een gevoel van) onveiligheid.

Met het verdrag van Lissabon (2007) heeft de Unie verder gestalte gekregen. De Europese instituties waaronder de grondwet, president en buitenlandvertegenwoordiger, hebben weinig steun bij de bevolking, die primair op de eigen natie is gefixeerd maar steeds vaker het onvermogen van hun eigen politici ziet. Die hebben steeds minder instrumenten voorhanden. Dit terwijl de Unie met inmiddels 27 lidstaten ook gebrek aan daadkracht heeft.[LII] De Unie wekt, onder meer met het landbouwbeleid en subsidies voor achtergestelde regio's, de indruk inefficiënt te werken. Ook is de EU

[LI] De euro kan in principe naast lokale valuta bestaan en met de ambitie om uit te groeien tot mondiale reservemunt. Uitwerking van dit idee vereist nadere studie.

[LII] Te betogen is dat de uitbreiding op aspecten te snel gegaan. Het op vrijwillige basis naar elkaar toegroeien heeft tijd nodig. De EU en haar voorlopers bestaan ruim 60 jaar. In 2013 is er nog steeds geen zicht op een echte unie: de Verenigde Staten van Europa. Wellicht is deze ambitie, gezien de diversiteit, gewoon te hoog gegrepen. Het is in ieder geval een kwestie van de zeer lange adem.

met allerlei futiliteiten bezig die de instelling soms lachwekkend maken. Met betrekking tot de kromming van bananen bijvoorbeeld is een dwingende richtlijn op het laatste moment ingetrokken.

Soms is de EU met de verkeerde onderwerpen bezig. Of met de goede onderwerpen verkeerd bezig. Denk bijvoorbeeld aan de steun aan de financiële sector met astronomische bedragen of het verplicht stellen van een aandeel biobrandstof in fossiele brandstoffen. Dit terwijl het zeer discutabel is of eerste generatie biobrandstoffen positieve milieueffecten geven.

De EU laat belangrijke onderwerpen liggen

De EU legt een klemtoon op traditioneel economisch groeidenken. De liberalisaties die dat moeten ondersteunen leiden tot onzekerheid bij de burgers. Zij hebben behoefte aan bestaanszekerheid en dat wordt meer relevant in tijden van globalisering en individualisering. Bestaanszekerheid is gelegen in veiligheid, financiële zekerheid op lange termijn en sociale voorzieningen in het geval zich persoonlijke catastrofes voordoen. Veel van deze onderwerpen hebben te maken met welzijn, duurzaamheid en economische strategie. De EU is bij uitstek in staat om een visie op welstendige ontwikkeling te ontwikkelen maar vertoont hier slechts in beperkte mate ambitie. De EU is een warm pleitbezorger van mensenrechten en democratie maar is zelf nauwelijks democratisch. Ook hier is meer ambitie mogelijk. Geforceerd integratie doordrukken, onderwerpen aanpakken op een wijze die weinig steun krijgt en onderwerpen laten liggen, leidt meer en meer tot sceptische burgers. Dat brengt de Unie in een legitimiteitscrisis. Zo wordt samenwerking (op termijn) niet geïntensiveerd maar juist om zeep geholpen.

Bijlage 14. De mobiliteitscase

Functioneel personenvervoer is snel, altijd beschikbaar, comfortabel (zonder overlast veroorzakende medereizigers), van deur tot deur, veilig, betaalbaar en zo duurzaam mogelijk. Figuur B1 laat zien dat er maar één vervoersmiddel is dat superieur scoort op alle functionele eisen. Dat is de fiets. Dit vervoersmiddel is onovertroffen, tenminste als er niet teveel bagage moet worden meegenomen, het weer niet tegenzit, het terrein niet al te geaccidenteerd is en de reisafstand beperkt blijft. Eén of meer van de genoemde bezwaren zijn helaas veelvuldig aanwezig en er staat niet altijd en overal een rijwiel voor ons paraat.[LIII]

Wat blijkt nog meer uit de figuur? Het presteren van het openbaar vervoer (OV) over spoor en weg zet op gebied van energie-efficiënte de standaard. De elektrische varianten hebben de voorkeur. Gesteld, dat het OV een prestatie kan leveren van 10 KWh voor het vervoeren van een persoon over een afstand van 100 kilometer (10 Kwh/100 p-km), dan is dat een realistische aanname. Treinen zitten niet altijd vol en in de praktijk wordt gebruik gemaakt van een mix van de openbare vervoersmodaliteiten.

Als een gemiddelde auto door één persoon wordt gebruikt, dan heeft die 8 keer zoveel nodig dan het OV (80 Kwh/100 p-km). De zuinigste auto's hebben 40 Kwh/100 p-km nodig (bijvoorbeeld VW Polo of Toyota Prius). Wanneer in deze Prius met vier personen wordt gereden, dan is deze ongeveer even efficiënt als het OV. Dat is het verhaal op basis van de bestaande techniek die nu massaal in gebruik is. Wat is mogelijk op basis van de techniek die vandaag de dag beschikbaar is? De techniek dus, die wel beschikbaar is, maar die om verschillende redenen niet in gebruik is.

Zouden we allemaal in plaats van de auto de scooter gebruiken om op het werk te komen, dan kan de wegcapaciteit in de spits verdubbelen. Scooters zijn smal, waardoor er in de file twee naast elkaar kunnen rijden, op één rijbaan. Daarbij rijden scooters (veel) zuiniger dan auto's en vragen aanzienlijk minder parkeerruimte. Zo kunnen steden leefbaar blijven en komen ook doelstellingen op het gebied van luchtverontreiniging dichterbij. Maar scooters zijn instabiel, zeker bij gladheid, en ze beschermen slecht tegen het weer of ongevallen. Met behoud van de voordelen van de scooter kunnen de nadelen worden geëlimineerd. Dat kan door een kleine auto te bouwen, waarin maximaal twee passagiers achter elkaar plaats kunnen nemen. Aan het begin van het millennium heeft Volkswagen met succes een

[LIII] Er bestaan driewielige overdekte fietsen, die voor een deel tegemoetkomen aan genoemde bezwaren (zie bijvoorbeeld http://www.Velomobiel.nl). Ze vragen net zo veel energie als een normale fiets, maar rijden bijna twee keer zo snel. Met elektrische ondersteuning zijn het de meest efficiënte vervoermiddelen denkbaar.

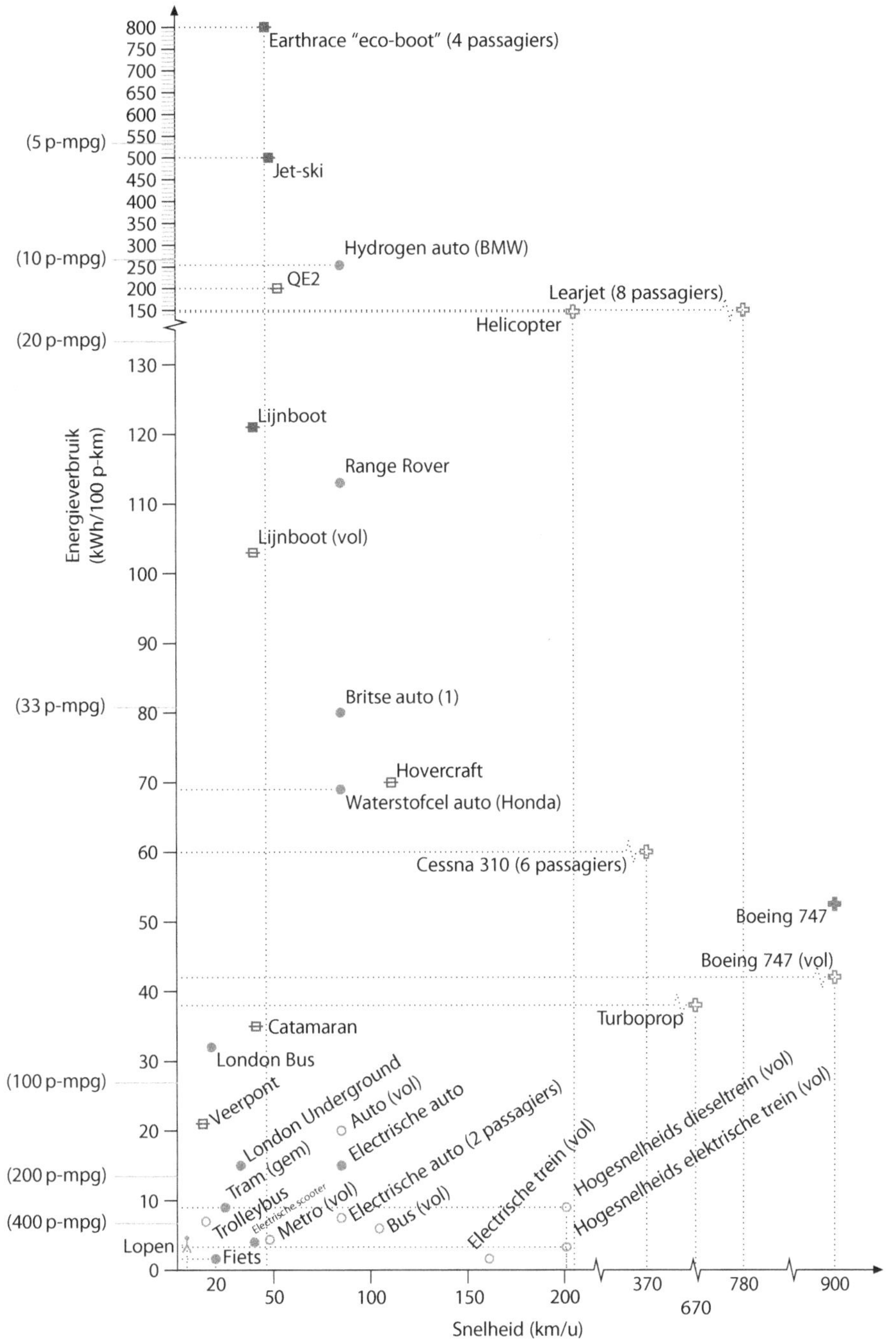

Figuur B1. Energieverbruik versus snelheid van verschillende voertuigen. Gemeten in benodigde hoeveelheid Kilowattuur, voor het vervoeren van één persoon over een afstand van 100 kilometer (Kwh/100 p-km).[182]

dergelijk prototype gedemonstreerd. Het karretje was aanzienlijk smaller dan een conventionele auto: het was comfortabel en het kon op de snelweg meekomen. Het reed 100 kilometer op een liter brandstof. Wordt dit voertuig door één persoon bestuurd, dan evenaart het wat betreft energie-efficiëntie het OV. Zitten er twee personen in dit voertuig, dan wordt het OV met vlag en wimpel overtroffen. Bij een elektrische uitvoering van de Volkswagen worden de verschillen nog groter. In massa geproduceerd is het product voor een aanzienlijk lagere prijs te fabriceren dan een normale auto.

Dat deze auto echter niet massaal in de spits wordt gezien, heeft allerlei redenen. Zo heeft een kleine auto weinig status (een niet onbelangrijk aspect). De regelgeving voor auto's staat niet toe deze op de flexibele wijze van een scooter te gebruiken: de wet eist dat we netjes aansluiten in de file en betaald parkeren op schaarse plekken, die daarvoor zijn aangewezen. Volkswagen verkoopt liever een grote auto dan een kleine en verwacht, mede vanwege het statuseffect, dat de verkoop tegen zal vallen. Een productieversie zal er zo dus niet komen.

Het OV

Het OV en de daarbij behorende kostbare infrastructuur zijn niet weg te denken in compacte stedelijke agglomeraties. Maar met gebruikmaking van bestaande middelen is een reductie te realiseren in voor- en natransport. De trein verzorgt geen deur-tot-deurtransport. Het voor- en natraject is desgewenst te overbruggen met zogenaamde Compacte Persoonlijke Transportmiddelen (CPT). CPT's zijn onder andere een compacte vouwfiets, forensenstep, elektrische step of een handzaam koffertje voor in de trein, dat in een handomdraai is te transformeren tot een scootmobiel (desnoods kan er nog een dakje op). CPT's hebben in theorie veel potentie. Met behulp van CPT's kan tot functioneel personenvervoer, verbeterde ketenmobiliteit en verhoogde leefbaarheid worden gekomen. Toch zijn er obstakels die het frequent gebruik van CPT's in de weg staan. In het algemeen gaat het om regelgeving en gebrekkige infrastructuur, maar (soms) ook om beperkingen van het specifieke vervoersmiddel. Bestaande CPT's zijn dikwijls ontworpen als hobbyartikel of kinderspeelgoed: het ontwerp is in beginsel niet afgestemd op verhoging van ketenmobiliteit en er is een imagoprobleem. Niet in de laatste plaats geldt het spreekwoord 'onbekend maakt onbemind'. Wetgeving, infrastructuur, gewoonten van individuen, cultuur en afwachtende fabrikanten staan oplossingen in de weg. De belemmeringen zijn talrijk, maar oplosbaar. De belofte is verbeterde mobiliteit en verhoogde leefbaarheid in combinatie met minder milieubelasting. De techniek is er, maar het systeem staat de toepasbaarheid in de weg.

Vergelijk dergelijke 'vrolijke' oplossingen eens met de bestaande praktijk. Rekeningrijden of andere 'Big Brother-varianten' zijn niet alleen uitermate kostbaar en riskant vanwege de techniek die nog moet worden ontwikkeld. Ze vergroten de afhankelijkheid van techniek, tasten de privacy aan en ze leiden tot wantrouwen van de burger in de overheid. Een tikkend metertje vergroot ook al niet het zogenaamde 'Spaß am Fahren'. Maar al te vaak wordt het traditionele OV als de oplossing voorgesteld, maar het zijn systemen van de 19e eeuw. Ondanks het alom aanwezige OV in een stad als Amsterdam, neemt het slechts 22% in van het personenvervoer voor haar rekening.[183] Nieuwe moderne vormen van openbaar vervoer zijn uitermate kostbaar, doen een aanvullend beroep op schaarse ruimte en geven veel onzekerheid ten aanzien van succes. Ook het openbaar vervoer belast de leefbaarheid en het milieu.[184] Hoe is het mogelijk dat er zoveel tijd aan de invoering van dergelijke systemen wordt besteed, terwijl de nadelen zo evident zijn en de alternatieven aanwezig?

Beleidsmakers denken te conventioneel. Ze denken in termen van kwantitatieve groei: geen creatieve oplossingen maar meer van hetzelfde. Ze blijven daarbij binnen de eigen kaders en zien te weinig mogelijkheden gevestigde belangen te overstijgen en creatieve oplossingen voor het voetlicht te krijgen. Dit terwijl partijen die zich met dergelijke oplossingen bezig houden te zwak zijn om doorbraken te forceren. Zo krijgen nieuwe modaliteiten als CPT's en kleine auto's die beter scoren dan het OV geen kans. Om de gewoonte te doorbreken zijn visie, ketendenken en systeeminnovatie nodig. Zou bij de uitvinding van de trein de flexibiliteit ten aanzien van nieuwe infrastructurele maatregelen, een nieuwe verkeersleidingsysteem en een spoorwegbedrijf hebben ontbroken, dan had het idee tot niets geleid.[185]

Bijlage 15. Methoden

Leren

"Ieder geplande, gestuurde verandering door individuen of collectieven is gebouwd op leren ... Leren is een proces van verwerven van kennis, vaardigheden, normen, waarden of begrip door ervaring, imitatie, observatie, modelleren, doen of studie; door onderwijs of als resultaat van samenwerking."[186] Door greep te krijgen op leren, is greep te krijgen op verandering. Bij het leren zijn er drie orden (of dimensies) te onderscheiden.

Het eerste orde leren: dit is de meest voorkomende soort van leren. Vragen zoals, 'doen we de dingen goed en kan het beter' staan centraal. Deze basisvorm van leren blijft binnen het sociaal paradigma. Eerste orde leren wordt ook wel onderhoudsleren genoemd, een vorm van leren om het systeem in stand te houden. Kennis en vaardigheden worden overgedragen en verder ontwikkeld. Het zorgt binnen de systeemkaders wel voor verandering, maar heeft geen effect op het dogma waarbinnen wordt gewerkt. Het zorgt zo voor stabiliteit. Zolang de menselijke systemen onderling en in relatie tot de natuurlijke systemen in een zeker evenwicht blijven, kan worden volstaan met eerste orde leren.

Het tweede orde leren: hierbij wordt het systeem zelf veranderd. Om dat te bereiken, moet buiten kaders worden getreden. Het is zaak om de dingen vanuit een metaperspectief te bezien. Vooronderstellingen worden tegen het licht gehouden en beoordeeld. Nieuwe wegen worden gezocht en zo nodig ingeslagen. Zo kan bijvoorbeeld een trend als globalisering kritisch tegen het licht worden gehouden, waarna vooronderstellingen, die hiertoe leiden, ter discussie worden gesteld. Vraagstukken op gebied van welstendigheid vereisen vaak tweede orde leren. Tweede orde leren kan leiden tot systeemverandering, maar heeft niet direct betrekking op het ter discussie stellen van de waarden (de ethos).

Het derde orde leren of epistemisch leren: dit richt zich op waarden. Dit type leren wordt ook wel 'transformative learning' genoemd en stelt de ethos ter discussie. Doen we nog wel de juiste dingen? *"Transformative learning involves experiencing: ... a deep structural shift in the basic premises of thought, feelings and actions. It is a shift of consciousness that dramatically and permanently alters our way of being in the world. Such a shift involves our understanding of ourselves and our self-location; our relationships with other humans and with the natural world."*[187] Dit type leren kan tot een ander wereldbeeld leiden.

De maatschappij heeft doeners nodig die zich beperken tot eerste orde leren; strategen en denkers die op niveau twee werken en mensen van wijsheid die op niveau drie actief zijn. Mensen die op niveau drie actief zijn, beïnvloeden degenen op niveau één en twee. Voor succesvolle cultuurinterventie is derde orde leren nodig. Werken aan welstendigheid vereist eerste, tweede en derde orde leren. Dat kan beginnen bij kennis opdoen over welzijn, duurzaamheid, het verinnerlijken van de welstendigheidsgedachte en het zich eigen maken van visie.

Bijlage 16. Intellectueel eigendom

De wetgeving op het gebied van het intellectueel eigendom heeft als doel een uitvinder of auteur te beschermen. Door de bescherming kunnen vindingen te gelde worden gemaakt en zo wordt dat recht een stimulans voor innovatie en vernieuwing. Maar het octrooirecht, auteursrecht, formatrecht en modelbescherming zijn lastige materie voor eenmanszaken en het midden- en kleinbedrijf. Procedures zijn ingewikkeld, zeker in de internationale context. Ze vereisen een lange adem, zijn kostbaar en risicovol. Concurrenten zien vaak mogelijkheden de procedures te ontduiken. Patenten zijn maximaal voor 20 jaar geldig. Het duurt jaren voor nieuwe producten op de markt zijn. Veel vindingen sneuvelen in hun groei naar volwassenheid of zelfs bij het opschalen van de productie of op de markt. De benodigde disciplines om van een vinding een succesvol product te maken zijn onvoldoende voorhanden en het vinden van risicokapitaal is een groot probleem. Oude technologie kent schaalvoordelen en grote bedrijven hebben strategieën voorhanden om deze lang in de markt te houden. Daarom is ondersteuning van het midden- en kleinbedrijf op het gebied van innovatie en intellectueel eigendom wenselijk. Grote vernieuwingen komen ook nog eens vaak van het midden en kleinbedrijf en spin-offs van onderzoekscentra.

Daarbij kunnen octrooien ook ontwikkeling tegenhouden. Dat gebeurt bijvoorbeeld doordat ontwikkelingslanden op een achterstand worden gehouden of wanneer een bedrijf een patent opkoopt en het vervolgens op de plank legt. Zo wordt de concurrentie op afstand gehouden en kan winst worden gemaakt met de 'core business'. Een bedrijf als Shell patenteert dan bijvoorbeeld vindingen op gebied van duurzame energie, maar doet daar niet zoveel mee. Ondertussen wordt de grote winst gemaakt met fossiele energie. Door op het vinkentouw te zitten, kan op korte termijn de aansluiting worden gevonden op het moment dat een bedrijf onverhoopt toch met een serieuze innovatie in de duurzame energiesector komt. Ook is het mogelijk om met vrij onbenullige patenten de eigen positie te beschermen (bijvoorbeeld een eigen modelletje voor een moer of ronde hoeken voor een tablet). Dat is slim, maar het is de vraag in hoeverre de geest van de wetgeving op gebied van intellectueel eigendom nog wordt gevolgd. Beschermingsconstructies in de biotechnologie stuiten niet zelden op serieuze ethische bezwaren. Met het oog op DCW-optimalisatie en in het kader van de veranderende tijden, vraagt het onderwerp intellectueel eigendom om een grondige evaluatie.

Bijlage 17. Omgaan met pluraliteit

Een traject wordt alleen succesvol doorlopen, als er kan worden omgegaan met conflict.

De praktijk

Bij ieder probleem zijn relevante actoren die bij het probleemoplossing proces bij voorkeur een volwaardige plaats krijgen. Belanghebbenden zijn zeer gevoelig voor het feit dat er al een 'plan' is op het moment dat ze voor het eerst samenkomen. Een plan, waar deelnemers niet in zijn gekend, loopt een groot gevaar te worden getorpedeerd, al is het nog zo goed. Het is belangrijk, dat er naast de aandacht voor inhoud, ook aandacht is voor emoties. Een goed plan heeft aandacht voor ratio en emotie, geeft zo duidelijk mogelijk de richting aan en volgt een begaanbare weg.[188]

Ook is het van belang dat er inzicht bestaat in de conflicterende waarden, uitgangspunten die partijen hanteren, normen, historie, specifieke belangen van deelnemers en onzekerheid. *"Leren veronderstelt de capaciteit tot reflecteren ... om uitgangspunten en achtergronden van projecten ter discussie te stellen en bij te sturen. Hierin vragen we ons niet alleen af of we ´de dingen goed doen of beter doen´ maar ook ´doen we nog de goede dingen´? De terugkoppeling gaat dan naar een tweede of derde niveau ... Het benutten en versterken van sociaal leren is vooral van belang bij het gezamenlijk zoeken naar betekenisvolle, gedragen en uitvoerbare oplossingen voor uitdagingen waarbij niemand de wijsheid in pacht heeft."*[189]

Interpretatie van sleutelbegrippen en probleemperceptie

Misverstanden en irritaties ontstaan vaak doordat woorden verschillend worden uitgelegd. Oplettendheid is daarom geboden bij het gebruik van sleutelbegrippen. Inspanningen, die bijvoorbeeld gericht zijn op 'duurzame ontwikkeling', leiden gemakkelijk tot spraakverwarringen omdat participanten mogelijk ieder een eigen definitie van het begrip duurzaamheid hanteren. Duurzaamheid is namelijk vanuit milieukundig, ecologisch, sociaal, economisch, ethisch en cultureel oogpunt anders te definiëren en te benaderen.

Betrokkenen bij een probleem kunnen het er over eens zijn dat er een relevant vraagstuk voorligt, maar het probleem verschillend bezien. Wateroverlast zal voor een stadsbewoner met waterschade andere emoties oproepen dan voor een boer met een nat weiland, of voor een natuurbeheerder. Niet alleen belangen verschillen, maar ook percepties.

Framereflectie

Het werkt verhelderend om gehanteerde uitgangspunten en veronderstellingen expliciet te maken. *"Elk gelijk hebben is gebaseerd op een aantal fundamentele waarden of regels."*[190] *"Slepende beleidscontroverse hebben maar al te vaak betrekking op conflicterende frames of denkkaders en kunnen dan ook meestal het beste worden opgelost door 'reframing', dat wil zeggen door een herstructurering of reconstructie van dergelijke kaders die een nieuwe probleemdefinitie mogelijk maakt... Voorwaarde voor frame reconstructie, dat wil zeggen voor een succesvolle herformulering van omstreden kwesties, is frame reflectie. Dit vereist... (een) 'dubbele visie'...: 'het vermogen om binnen een bepaald kader of frame te werken en tegelijkertijd ook bewustzijn te cultiveren dat er ook andere frames zijn. Zodra partijen beseffen dat ze verschillende frames hanteren, verliezen hun diagnoses en voorstellen veel van hun vanzelfsprekendheid."*[191] Door reconstructie van belangen en frames kan onderling begrip ontstaan. Wederzijds begrip ligt aan de basis voor oplossingen.

Gradualisering in plaats van grenzen

De westerse filosofische traditie kenmerkt zich door een dualistisch of dichotoom denkpatroon. *"Als gevolg van dit denkpatroon zijn er in wetenschap en filosofie een hele reeks tegenstellingen ontstaan die stuk voor stuk aanleiding hebben gegeven voor debatten, die allemaal uitzichtloos zijn gebleken omdat de mislukking ervan al was ingebouwd."*[192] De tegenstelling tussen het begrippenpaar, natuur en cultuur[LIV], leidt bijvoorbeeld gemakkelijk tot een dualistisch patroon van argumenteren tussen natuurbeschermers en andere belanghebbenden. Discussies verzanden al snel in een patstelling. Door gradualisering wordt het mogelijk met elkaar in gesprek te blijven en tot oplossingen te komen. Dan staat niet meer de zwart-witverhouding natuur versus cultuur voorop, maar worden er allerlei grijsvarianten gezocht. Zo kan het begrip natuur worden opgesplitst in allerlei beelden: wilde natuur, volgende natuur, gebruiksnatuur, productienatuur, regulerende natuur, bedreigende/hinderlijke natuur, heilzame natuur, decornatuur, intrigerende natuur, informatieve natuur, gemodificeerde natuur.[193] Er kunnen draagfuncties, productiefuncties, regulatiefuncties en informatiefuncties aan worden gekoppeld en de natuur kan worden benaderd vanuit het ecologische, ethische en esthetische perspectief. Afhankelijk van het probleem dat moet worden opgelost en de partijen die om tafel zitten, kan op basis van een

[LIV] Andere voorbeelden van begrippenparen zijn: objectiviteit – subjectiviteit, kwalitatief – kwantitatief, rationalistisch – empirisch, theorie – feit, theorie – praktijk, betrokkenheid – distantie, lichaam – geest, etc. Kloos, P. (1987), *Filosofie van de antropologie*. Leiden: Martinus Nijhoff.

meer genuanceerde terminologie over de problemen worden gesprokken. Het denken in grenzen (natuur of cultuur) verschuift zo naar een denken in graden.

Grenswerk

Bij grenswerk wordt gezocht naar raakvlakken, waar mensen en groepen van verschillend pluimage elkaar kunnen vinden. Hier kan de basis worden gevonden om tot elkaar te komen en oplossingen te vinden voor een gemeenschappelijk probleem. Grensobjecten (boundary objects) zijn: "*wetenschappelijke objecten die deel uitmaken van verschillende aangrenzende sociale werelden en die voldoen aan de informatie behoefte van elk van deze werelden ... Grensobjecten maken een gelijkberechtigde co-existentie van conflicterende overtuigingen mogelijk zonder de noodzaak van consensus of compromis.*"[194] De natuurbeschermer en de jager hebben bijvoorbeeld een fundamentele andere visie met betrekking tot de ontwikkeling van een gebied. Toch hebben ze beide behoefte aan natuur. In plaats van elkaar het leven zuur te maken, zouden zij elkaar in principe kunnen vinden in hun liefde voor de natuur. Wetenschappelijk gezien is de oorspronkelijke mens een jager/verzamelaar en omnivoor. Het laatste betekent dat er ook vlees op het menu staat. Om daarin te voorzien zou mogelijk zelfs de natuurbeschermer niet ontkennen, dat een hert, dat snel aan zijn eind wordt gebracht, te prefereren is boven het kistkalf. Overpopulatie van herten dreigt op plaatsen waar het ontbreekt aan natuurlijke vijanden (bijvoorbeeld wolven). Daar zijn allerlei nadelen, ook voor de natuur, mee gemoeid. De jacht is een beproefde methode om de populatie te reguleren. Hier raken de wereld van de natuurbeschermer en de jager elkaar. Op basis daarvan is mogelijk een modus te vinden en gezamenlijk op te trekken voor meer natuur.[LV]

[LV] Een idee met overeenkomsten is de 'Common Ground Dialogue'. In een dergelijke dialoog worden de meest basale overtuigingen buiten de discussie gelaten en gaat men op zoek naar gebieden waar overeenkomst mogelijk is. Waar fundamentele overeenstemming, op normatieve gronden, tussen groepen onmogelijk is, is vaak wel overeenstemming te krijgen op pragmatische gronden. Deze kunnen betrekking hebben op de methode die wordt gevolgd om tot oplossingen te komen. Inhoudelijk kan dat bijvoorbeeld leiden tot afspraken om af te zien van (fysiek) geweld, ideeën over de inrichting van de liberale democratie of het werken aan welstendigheid. Het positief oplossingsgericht werken en het vinden van een gemene deler die mensen bindt, zijn vertrekpunten die kunnen leiden tot succes.

Bijlage 18. Beginselen die kunnen getuigen van wijsgerigheid

Kies een *ruim oplossingskader*. De neiging bestaat om problemen op te lossen binnen een te smal kader. Gemeenten willen hun eigen problemen oplossen, ministeries komen niet graag op het terrein van andere ministeries. Dat leidt al snel tot dilemma's. Zoek naar oplossingen zonder meteen in beperkingen te denken. Zou bijvoorbeeld van te voren gesteld worden, dat oplossingen voor het bereiken van duurzaamheid alleen geaccepteerd worden voor zover deze gepaard gaan met een minimale economische groei van twee procent per jaar, dan zullen er in beginsel minder oplossingen mogelijk zijn dan wanneer de tweeprocent eis vervalt. Dit terwijl het niet ondenkbaar is dat een gevonden oplossing die zonder deze eis tot stand komt, als beste wordt beoordeeld. Dat ligt er aan hoe gescoord wordt op beoordelingscriteria, bijvoorbeeld de tijd waarin duurzaamheid wordt behaald of het verwachte effect op internationale spanningen en welvaart op lange termijn.

Het *voorzichtigheidsbeginsel* houdt in, dat er met een zekere terughoudendheid wordt omgegaan met verwachte toekomstige ontwikkelingen. Verwachte baten worden pas geboekt als ze optreden, terwijl er tijdig op verwachte kosten wordt geanticipeerd.

Het *preventie- of voorzorgsprincipe* is hieraan verwant en gaat uit van terughoudendheid ten aanzien van risico's. Zo worden bijvoorbeeld medicijnen uitgebreid getest voor ze op de markt komen en risico's van (chemische) stoffen in kaart gebracht voordat ze massaal worden gebruikt. Het voorzorgsbeginsel gaat er van uit dat het onverstandig is de huidige inspanningen ten aanzien van het milieu (te) laag te houden, omdat het onzeker is dat toekomstige (technologische) ontwikkelingen milieuproblemen zullen gaan oplossen. Hier wordt geen voorschot op genomen. De wetenschap hoeft echter ook geen absolute zekerheden te garanderen om toch tot maatregelen over te gaan (uit haar aard kan de wetenschap dat ook niet). Dan volstaan sterke aanwijzingen, zoals het door de mens veroorzaakte broeikaseffect.

Het *integriteitsbeginsel:* mensen, ecosystemen en natuur hebben naast instrumentele waarde ook een intrinsieke waarde. Deze laatste wordt erkend. Uitgaan van alleen instrumentele waarde kan betekenen dat de aandacht voor welzijn en duurzaamheid gebrekkig is.

Weldoordachte besluitvorming op grond van een zekere wijsheid, deskundigheid en behoedzaamheid.

Mits in redelijkheid toegepast, kan het principe van: *'de vervuiler betaalt'* tot praktische oplossingen leiden, waarbij ook aan criteria van rechtvaardigheid wordt voldaan.

Het *aansprakelijkheidsprincipe*: nadelige gevolgen, die redelijkerwijze voorzien hadden kunnen worden, vallen onder de verantwoordelijkheid van de veroorzaker. Gewaakt moet worden voor de zogenaamde 'claimcultuur'.

Het *nabijheidsprincipe*: in het algemeen wordt er de voorkeur aan gegeven om problemen zo dicht mogelijk bij de bron op te lossen.

Bij het komen tot oplossingen, kunnen het *subsidiariteitprincipe* en het *proportionaliteitsprincipe* worden ingezet. Bij het eerste gaat het om de vraag wat het juiste niveau is om een probleem aan te pakken. Bij het tweede principe gaat het om de vraag of het middel in redelijke verhouding staat tot het doel. De afweging of het juiste doel wordt nagestreefd en of een middel überhaupt geschikt is, gaat er nog aan vooraf.

Chronologie van het onderzoek en dankwoord

Dit boek kent een lange voorgeschiedenis. De interesse voor het onderwerp duurzame ontwikkeling is ontstaan tijdens mijn studie economie aan de Universiteit van Amsterdam. Tijdens de lessen milieumanagement in 1991 waren er veel discussies tussen studenten en docenten over duurzame ontwikkeling en hoe deze te bereiken. Genoemde discussies waren altijd geanimeerd, maar brachten me tot de conclusie dat noch wij studenten, noch onze docenten, enig idee hadden. In de lessen Micro-economie 2, werd een model opgesteld van de consumententheorie. Daar werd me duidelijk hoe de slag van welzijnsdenken naar welvaartsdenken tot stand komt. Met name het grote aantal dubieuze vooronderstellingen en condities, waaraan voldaan moest worden om een wiskundig model op te zetten, baarde me zorgen. Op de universiteit kreeg ik het idee dat het mogelijk moest zijn om een visie op te stellen over duurzame maatschappelijke ontwikkeling, die direct gebaseerd is op welzijn.

Na de studie economie werd het tijd om geld te verdienen. Ik richtte in 1992 een bedrijf op dat zich specialiseerde in het opzetten en implementeren van zorgsystemen in het midden en kleinbedrijf. De eerste klant wilde een veiligheidszorgsysteem (VCA), de volgende een kwaliteitszorgsysteem (ISO 9001) en een ander wilde de zaken op milieugebied geregeld hebben (ISO 14001). Weer anderen wilden een combinatie van systemen. Dat leidde tot de ontwikkeling van geïntegreerde zorgsystemen, die naar wens zijn in te vullen, te certificeren en uit te breiden. Rond de eeuwwisseling kon ik tevreden vaststellen dat Bedrijfskundig Bureau Tushuizen een groot succes was en dat er wel enkele weken konden worden vrijgemaakt om na te denken over het hierboven geponeerde idee en zo gebeurde dat ook in de daarop volgende jaren.

In 2003 kreeg het onderzoek concreet gestalte met het onderzoeksvoorstel "*Kijk op Groei. Een studie naar de transitie van een welvaartsgeoriënteerde groei naar een duurzame welzijnsgeoriënteerde groei.*" Het leidde in de jaren 2005 en 2006 tot gedetailleerde uitwerkingen en conclusies. Dit boek is een gepopulariseerde en bijgewerkte weergave hiervan.

Het boek is mede tot stand gekomen door de input van Jos Gadet, Koos van Zanen, Hubertine Peters, Marcel Wissenburg, Derk Hueting, Douwe Jan Joustra, Louis Meuleman, Roefie Hueting, Marius de Geus en Errik Buursink. Jos Gadet heeft zich gedurende lange tijd aan het onderzoek gecommitteerd en is veelvuldig opgetreden als klankbord. Hubertine Peters heeft de tekst geredigeerd. Al de genoemde personen ben ik erkentelijk voor hun inbreng. Bovenal wil ik mijn vrouw Sahar bedanken. Zonder haar continue inzet, inhoudelijke bijdragen en steun was deze uitgave nooit tot stand gekomen.

Ton Tushuizen,
Februari 2013

Eindnoten

[1] Wackernagel, M. en Rees, W. 1996. *Our ecological footprint: reducing human impact on the earth.* Philadelphia: New Society Publishers.
Wackernagel, M., Schulz, N.B., Deumling, D., Callejas Linares, A., Jenkins, M., Kapos, V., Monfreda, C., Loh, J., Myers, N., Norgaard, R. en Randers, J. 2002. *Tracking the ecological overshoot of the human economy.* Proceedings of the National Academy of Sciences of the USA, 99, 9266-9271.

[2] Stiglitz, J.E. 2012. *The Price of Inequality: How Today's Divided Society Endangers Our Future.* New York: Norton.

[3] Wereld Natuur Fonds (WNF) 2008. *Living Planet Report 2008.* http://wwf.panda.org/about_our_earth/all_publications/living_planet_report/.

[4] Noels, G. 2008. *Econoshock. Hoe zes economische schokken uw leven fundamenteel zullen veranderen.* Antwerpen: Houtekiet.

[5] De Geus, M. 2003. *The End of Over-consumption. Towards a lifestyle of Moderation and Self-restraint.* Utrecht: International Books, p. 25 e.v.

[6] Ash, T.G. 2004. *Free World: Why a Crises of the West Reveals the opportunity of Our Time.* London: Allen Lane.

[7] http://www.europa.eu.

[8] TPEdigitaal, Jaargang 2 nr. 3, September 2008, Thema: Brede Welvaart. http://www.tpedigitaal.nl. Bron afbeelding: World Values Surveys. De cijfers over inkomen hebben betrekking op 2006; de geluksscores op uiteenlopende jaren uit de periode 1995-2007. Ter wille van de betrouwbaarheid zijn voor elk land de gemiddelden van geluksscores over de laatste drie jaren waarin is gemeten, genomen. De regressielijn is apart ingetekend. Zie ook http://www2.eur.nl/fsw/research/veenhoven/Pub2010s/2011c-fulln.pdf.

[9] Perman, R. en Yua, M. en Mc Gilvray, J. 1996. *Natural Resource & Environmental Economics.* New York, NY: Longman, p. 253.

[10] Op basis van rapportages uit het WNF living planet rapport 2010 over de ecologische voetafdruk per persoon en de IMF lijst nationaal inkomen 2010 per persoon.

[11] Wetenschappelijke Raad voor het Regeringsbeleid (WRR) 2003. *Naar nieuwe wegen in het milieubeleid.* Den Haag: Sdu Uitgevers.

[12] Wereld Natuur Fonds (WNF) 2008. *Living Planet Report 2008.* http://www.panda.org. Figuur betreft een aangepaste versie, p. 27.

[13] Europees Milieuagentschap (EEA) 2003. *Het milieu in Europa: de derde balans.* Kopenhagen: EEA.

[14] Jackson, T. 2009. *Prosperity Without Growth: Economics for a Finite Planet.* Enfield: FiSH.

[15] Brundtland, G.H. 1987. *Our Common Future.* United Nations, report of the World Commission on Environment and Development.

[16] Rotmans, J. 2007. *Duurzaamheid: van onderstroom naar draaggolf. Op de rand van een doorbraak.* Utrecht: Jansen en van Driel, p. 14 en 37.

[17] Regeerakkoord VVD – PvdA 29 oktober 2012. *Bruggen slaan.* http://www.kabinetsformatie2012.nl/actueel/documenten/regeerakkoord.html.

[18] Rotmans, J. 2007. *Duurzaamheid: van onderstroom naar draaggolf. Op de rand van een doorbraak.* Utrecht: Jansen en van Driel, p. 23.

[19] Balkenende, J.P. en Merkel, A. NRC 18-3-2009.

[20] Van de Klundert, B. 2008. *Verlangen goed te leven. Duurzame ontwikkeling tussen maakbaarheid, mondialisering en moraal.* Utrecht: Jan van Arkel, p. 10.

[21] Naar idee van Popper, K.R. 1945. *The Open Society and Its Enemies.* London: Routledge.

[22] Bijvoorbeeld: Inglehart, R. 1985. *Aggregate stability and individual flux in mass belief systems: the level of analysis paradox.* American Political Science Review, 79, Vol. 79, 97-116.

[23] Goddijn, W., Smets, H. en van Tillo, G. 1979. *Opnieuw: God in Nederland.* Onderzoek naar godsdienst en kerkelijkheid, ingesteld in opdracht van de KRO en weekblad de Tijd. Amsterdam: De Tijd, p. 62.

[24] Aspinwall, L.G. 2002. *The Psychology of Happiness.* London: Methuen, 3th revised edition.

[25] Deze paragraaf volgt, tot het deel over welstendigheid, Veenhoven, R. 2002. *Het grootste geluk voor het grootste aantal. Geluk als richtsnoer voor beleid.* Sociale Wetenschappen 2002 nr. 4, p. 14-27.

[26] Er zijn auteurs die betogen dat er andere deugdelijke methoden zijn dan zelfrapportering, om individueel geluk als levensuitkomst te kunnen bepalen. Afgezien van diepte-interviews kan gedacht worden aan observatie / onderzoek of het bij bekenden informatie inwinnen over een persoon. Om deze laatste methode mee te kunnen nemen, zou het nodig zijn de definitie van geluk aan te passen. Een alternatieve methode van Kahneman werkt met momentopnamen, waarbij respondenten wordt gevraagd gedurende bijvoorbeeld een week hun geluksgevoellens te beoordelen. De klemtoon op het affectieve aspect en het moment maakt dat dergelijk onderzoek niet direct aansluit bij de gehanteerde definitie van geluk. Zie bijvoorbeeld: Sandvik, E., Diener, E. en Seidlitz, L. 1993. *Subjective Well-Being: The Convergence and Stability of Self-Report and Non-Self-Report Strategies.* Journal of Personality, 61, 317-342.

[27] Schyns, P. 2003. *Income and Life Satisfaction. A cross-national and longitudinal study.* Proefschrift. Delft: Eburon Publishers, p. 33 en conclusie p. 191.

[28] Bron: European Social Survey 2008. Sociaal en Cultureel Planbureau, 2012. *Sturen op geluk. Geluksbevordering door nationale overheden, gemeenten en publieke instellingen.* Redactie: van Campen, C., Bergsma A., Boelhouwer J., Boerefijn J., Bolier L. Den Haag. http://www.scp.nl/content.jsp?objectid=30049.

[29] Nederland staat in 2003 op de 12e plaats. Enkele jaren daarvoor was dit de tweede en in 2011 staat het weer op het erepodium. Cummins, R.A. 2002. *Maintaining Life Satisfaction: The Role of Positive Cognitive Bias.* Journal of Happiness Studies, 3, 37-69.

[30] Sociaal en Cultureel Planbureau, 2012. *Sturen op geluk. Geluksbevordering door nationale overheden, gemeenten en publieke instellingen.* Redactie: van Campen, C., Bergsma A., Boelhouwer J., Boerefijn J., Bolier L. Den Haag. http://www.scp.nl/content.

jsp?objectid=30049. In de VS is sinds de jaren 50 van de vorige eeuw sprake van een min of meer constant geluksniveau. Eckersley, R. 2000. *The Mixed Blessings of Material Progress: Diminishing Returns in the Pursuit of Happiness.* Journal of Happiness Studies, 1, 267-292.

[31] Bijl, R., Boelhouwer, J., Cloïn, M. en Pommer, E. (red.) (2011). *De sociale staat van Nederland 2011.* Continu Onderzoek Burgerperspectieven, diverse edities. Den Haag: Sociaal en Cultureel Planbureau.

[32] Bekende auteurs die op dit thema ingaan zijn ondermeer: Baumeister & Leary, Maslow, Masini, Galtung, Csikszentmihalyi, Lederer, Lykken, etc.

[33] Veenhoven, R. en Ehrhardt, J. 1995. *The Cross-National Pattern of Happiness: Test of Predictions Implied in Three Theories of Happiness.* Social Indicators Research, 43, 33-86.

[34] Het betreft een langlopend onderzoek in Duitsland. Erhardt, J.J., Saris, W.E. en Veenhoven, R. (2000), *Stability of life-satisfaction over time, Analyses of ranks in a national population.* Journal of Happiness Studies, 1, 177-205.

[35] Bekende auteurs die op dit thema ingaan zijn ondermeer: Festinger, Easterline, Helson, Diener, Michalos.

[36] Bekende auteurs die op dit thema ingaan zijn ondermeer: Tartakiewicz, Diener, Lykken & Tellegen, Diener & Lucas, Marks & Flemming.

[37] Sheldon, K.M. en Lyubomirsky, S. 2004. Achieving Sustainable New Happiness. Prospects, Practices, and Prescriptions. In: Linley, P.A. en Joseph, S. (eds.) *Positive Psychology in Practice.* Hoboken: Wiley, p. 131 e.v.

[38] Hodges, T.D. en Clifton, D.O. 2004. Strengths Based Development. In: Linley, P.A. en Joseph, S. (eds.) *Positive Psychology in Practice.* Hoboken, NY: Wiley, p. 256.

[39] Postma, D.W. 2004. *Because we are human. A philosophical inquiry into discours of environmental education from the perspective of sustainable development and man's caring responsibility.* Universiteit van Leuven en Radboud Universiteit Nijmegen.

[40] Rijksinstituut voor Volksgezondheid en Milieu (RIVM) 2006. *Volksgezondheid Toekomstverkenning (VTV).* Bilthoven.

[41] Rijksinstituut voor Volksgezondheid en Milieu (RIVM) 2002. *Volksgezondheid Toekomstverkenning (VTV).* Bilthoven.

[42] Rijksinstituut voor Volksgezondheid en Milieu (RIVM) 2002. *Volksgezondheid Toekomstverkenning (VTV).* Bilthoven.

[43] Frank, R.H. 1999. *Luxury Fever. Money and Happiness in an Era of Excess.* Princeton, NJ: University Press.

[44] Sloterdijk, P. 2003. *Sferen.* Amsterdam: Boom.

[45] Knoflacher, H. 1996. *Traffic Planning.* Videopresentatie.

[46] Lemaire, T. 2002. *Met open zinnen.* Amsterdam: Ambo.

[47] Zuidema, C. 2006. *Lokale milieukwaliteit gestimuleerd. Over de mechanismen van het lokale streven naar milieukwaliteit en de mogelijke beïnvloeding daarvan.* Groningen: Rijksuniversiteit Groningen.

[48] Metz, T. 2002. *Pret. Leisure en landschap.* Hoofddorp: NAi Uitgevers.

[49] Putnam , R.D. 2000. *Bowling Alone.* New York: Simone & Schuster. Putnam, R.D., Feldstein, L. en Cohen, D.J. 2003. *Better Together.* New York: Simone & Schuster. Wetenschappelijke Raad voor het Regeringsbeleid (WRR) 2003. *Waarden, normen en de last van het gedrag.* Den Haag: Sdu uitgevers.

[50] Sociaal Cultureel Planbureau (SCP) 2004. *Sociaal en Cultureel Rapport 2004.* http://www.scp.nl.

[51] Rijksinstituut voor Volksgezondheid (RIVM) en Milieu en Natuurplanbureau (MNP) 2005. *Ruimtelijke beelden. Visualisaties van een veranderend Nederland in 2030.* Bilthoven: RIVM.

[52] De Botton, A. 2004. *Statusangst.* Amsterdam: Atlas.

[53] De sectie rechtvaardigheid wordt toegelicht op basis van, Wissenburg, M. 1999. *Imperfection and Impartiality.* London: UCL Press Limited.

[54] Berlin, I. 1958. *Two concepts of liberty. An Inaugural Lecture delivered before the University of Oxford on 31 October 1958 by Isaiah Berlin.* Oxford: the Clarendon Press, p. 51 e.v.

[55] Achterberg, W. 1994. *Samenleving natuur en duurzaamheid. Een inleiding in de milieufilosofie.* Assen: Van Gorcum, p. 192 e.v.

[56] Sen, A. 2009. *The Idea of Justice.* London: Allen Lane.

[57] Van Heerden, J. 1999. *Geluk ontstaat terloops, onopgemerkt.* Amsterdam: Safe.

[58] Dalrymple, T. 2005. *Leven aan de onderkant. Het systeem dat de onderklasse instand houdt.* Vertaald en ingeleid door Chris Rutenfrans, Houten: Het Spectrum.

[59] Centraal Planbureau (CPB) 2010, *Hoge Bomen in de Polder.* http://www.cpb.nl.

[60] Veenhoven, R. 2000. *Wellbeing in the welfare state. Level not higher, distribution not more equitable.* Journal of Comparative Policy Analyses, 2000, Vol. 2, 91-125. http://www2.eur.nl/fsw/research/veenhoven/Pub2000s/2000b-full.pdf.

[61] Frey, B. 2003. *Geld maakt niet gelukkig. Of toch wel. Zwitser Bruno Frey onderzoekt invloed van economie op het geluksgevoel.* NRC 18 februari 2003, artikel geschreven door De Bruin, E.

[62] Van der Wielen, S. 2007. *Diversiteit en denken in systemen.* Utrecht: SenterNovem.

[63] Wikipedia, lemma 'societal collapse'.

[64] Tainter, J. 1990. *The Collapse of Complex Societies.* Cambridge: Cambridge University Press.

[65] Wikipedia, lemma 'Imperial overstretch'.

[66] Toynbee, A.J. 1934-1961. *A Study of History,* Volumes I-XII. Oxford: Oxford University Press.

[67] Homer-Dixon, T. 2006. *Ten onder te boven. Catastrofe, creativiteit en de vernieuwing van de beschaving,* vertaling G. Cobelens. Utrecht: Jan van Arkel.

[68] Van Gunsteren, H. 2004. *Gevaarlijk veilig: terreurbestrijding in de democratie.* Amsterdam: Van Gennep. Klip, A. 2004. *Uniestrafrecht.* Oratie aan de Universiteit van Maastricht. http://www.maastrichtuniversity.nl/web/Main1/Pers/OratiesEnRedes2012/OratiesEnRedes2004.htm.

[69] Rapport van de Commissie evaluatie antiterrorismebeleid 2009. *Naar een integrale evaluatie van antiterrorismemaatregelen.* Commissie Suyver, mei 2009. http://www.omgaanmetidealen.nl/index.php/download_file/view/26/113. Raad van Europa 2008, *Speaking of Terror.* http://www.coe.int/t/dghl/standardsetting/media/Doc/SpeakingOfTerror_en.pdf.

[70] Nijpels, E. en Wabeke, W. 2012. *De liberale rechtsstaat is aan het rafelen, door toedoen van de VVD.* NRC 24-01-2012.

[71] Diamond, J.M. 2005. *Collapse: How Societies Choose to Fail or Survive.* London: Allen Lane.

[72] Een dergelijke zienswijze ligt in de lijn met het denken van de filosofen Spinoza en Bayle.

[73] Dubbink, W. 1999. *Duurzaamheid als padstelling. Over de onvriendelijke betrekkingen tussen openbaar bestuur, markt en civil society.* Proefschrift. Rotterdam: Erasmus Universiteit Rotterdam, p. 126 e.v.

[74] NIDI 2004. Onderzoek Nederlands demografisch instituut i.s.m. drie universiteiten tussen 2002 en 2004. Zie http://www.nidi.knaw.nl.

[75] Cohen, J. en Arato A. 1992. *Civil Society and Political Theory.* Cambridge, MA: MIT Press, p. 15.

[76] Van Egmond, K. 2010. *Een vorm van beschaving.* Zeist: Christofoor.

[77] Bron: *Ibid.*

[78] Easterbrook, G. 2004. *The Progress Paradox. How Life Gets Better While People Feel Worse.* New York, NY: Random House.

[79] Van Koppen, K. 2007. Social learning for sustainability in a consumerist society. In: Wals A.E.J. ed., *Social Learning, towards a sustainable world.* Wageningen: Wageningen Academic Publishers, pp. 369-382.

[80] Takken, W. 2009. *Lof der luiheid. Gemaakt om te lummelen*. NRC 1 mei 2009.

[81] Kloosterman, R. 2003. *Een pleidooi voor selectieve vertraging.* Rooilijn, 6, 311-312.

[82] Hartmut R. 2005. *Beschleunigung. Die Veränderung der Zeitstrukturen in der Moderne.* Frankfurt aM: Suhrkamp.

[83] Claassen, R. 2004. *Het eeuwige tekort. Een filosofie van de schaarste.* Amsterdam: Ambo.

[84] Een soortgelijk betoog is in 1998 door de kerken gehouden met de actie, 'neem de tijd om te leven' en is in 2003 uitgewerkt door filosoof Achterhuis in 'een pleidooi voor selectieve vertraging'. Achterhuis, H. 2003. *Werelden van tijd.* Stichting Maand voor de filosofie.

[85] Foto T. Tushuizen.

[86] Mommaas, H. 2005. *Ga niet langer werken: vrije tijd is geld waard.* NRC 2-7-2005.

[87] http://www.slowfood.nl.

[88] De Geus, M. 2003. *The End of Over-consumption. Towards a lifestyle of Moderation and Self-restraint*. Utrecht: International Books, p. 157.

[89] Wereldbeelden met veel overeenkomsten worden in de literatuur beschreven onder de namen zoals, ecological worldview, postmodern ecological worldview, participative worldview, co-evolutionary worldview. UNESCO 2005. *Decade of Education for Sustainible Development en the Millenium Ecosystem Assesment.* Dit zijn voorbeelden van recente studies die kwaliteit van leven koppelen aan kwaliteit van het milieu.

[90] Veel wetenschappers gaan er van uit dat er een eenheid van kennis bestaat. Dit axioma is ondermeer aanwezig bij de natuurwetenschappen. De ambitie om tot universeel alomvattend begrip te komen is te zien als de ultieme wetenschappelijk uitdaging. *"De meest bruikbare term om de eenheid van kennis mee aan te duiden is ongetwijfeld het Engelse woord 'consilience'. Die term 'consilience' betekent in het Nederlands zoveel als 'samenhang'. Het duidt op het in elkaar grijpen van causale verklaringen die uitstijgt boven de grenzen van verschillende disciplines ... het woord 'consilience' werd in 1840 geïntroduceerd door William Whewell, de grondlegger van de moderne wetenschapsfilosofie.* Wilson, E.O. 2006. *Tinbergenlezing 24 mei 2006.* Leiden. Vertaling door: Mark van Nieuwstadt.

[91] Thaler, R.H. en Sunstein, C.R. (2008). *Nudge. Improving Decisions About Health, Wealth, and Happiness.* New York: Penguin Books.

[92] NRC 29-4-2009.

[93] Skidelsky, R. 2009. *Keynes: The return of the master.* London: Penguin Books.

[94] NRC 29-4-2009.

[95] Jackson, T. 2009. *Welvaart zonder groei. Economie voor een eindige planeet.* Utrecht: Jan van Arkel, p. 207.

[96] Ghemawat, P. 2011. *World 3.0. Global Prosperity and How to Achieve It.* USA: Harvard Business Review Press.

[97] http://www.mvonederland.nl/.

[98] McDonough, W. en Braungart , M. 2002. *Cradle to Cradle – Remaking The Way We Make Things.* New York, NY: North Point Press.

[99] Eccles, R.G., Ioannou, J. and Serafeim, G. 2011. *The Impact of a Corporate Culture of Sustainability on Corporate Behavior and Performance.* Cambridge: Harvard Business School.

[100] Glasbergen, P. 2003. Beleidswetenschappelijk milieuonderzoek: profiel, kernvragen en betekenis. In: Boersma, J.J., Pulles, T., Van der Straaten, J. en Bertels, J. (red.) *De oogst van het milieu.* Amsterdam: Boom, p. 253.

[101] Keijzers, G.F., Boons, F. en Van Daal, R. i.s.m. Universiteit Nyenrode 2002. *Duurzaam ondernemen: Strategie van bedrijven.* Dordrecht: Kluwer.

[102] Baas, L.W. en Boons, F.A. 2003. Geen daden maar woorden: naar een institutionele theorie van milieugerichte innovatie en organisatieverandering. In: Boersma, J.J., Pulles, T., Van der Straaten, J. en Bertels, J. (red.) *De oogst van het milieu.* Amsterdam: Boom, pp. 148-161.

[103] De Jong, T.M. 2003. Milieuwinst en verlies door bouwen. In: Boersma, J.J., Pulles, T., Van der Straaten, J. en Bertels, J. (red.) *De oogst van het milieu.* Amsterdam: Boom, pp. 320-340.

[104] Baumol, W. en Anshen, M. 1975. *Business responsibility and Economic Behaviour.* Managing the Socially Responsible Corporation. New York, NY: Macmillan Publishing Co., pp. 55-74.

Baumol, W.J. en Blackman, S.E.B. 1991. *Perfect Markets and Easy Virtue: Business Ethics and the Invisible Hand.* Oxford: Blackwell Publishers.

[105] Kant, I. 2004. *Naar de eeuwige vrede.* Amsterdam: Boom.

[106] Landes, D.S. 1998. *Arm en Rijk. Waarom sommige landen erg rijk zijn en andere erg arm.* Utrecht: Het Spectrum.

[107] MacCulloch, D. 2003. *Reformation. Europe's House Divided, 1490-1700.* London: Allen Lane, Penguin.

[108] Bernaserk, A. 2010. *The Economics of Integrety.* New York, NY: HarperCollins.

[109] Dasgupta, P. 2001. *Human Well-Being and the Natural Environment.* Oxford: Oxford University Press, p. 35.

[110] Ohmae, K. 2005. *Challenges and Opportunities in Our Borderless World.* Upper Saddle River, NJ: Prentice Hall.

[111] Wikipedia, lemma Edmund Phelps.

[112] Our Common Future 2.0 2011: p. 12 samenvatting economie. http://www.ourcommonfuture.nl.

[113] Noels G. 2008. *Econoshock, Hoe zes economische schokken uw leven fundamenteel zullen veranderen.* Antwerpen: Houtekiet, p. 36.

[114] Cornelis, A. 1997. *Logica van het gevoel: filosofie van de stabiliteitslagen in de cultuur als nesteling der emoties.* Amsterdam: Stichting Essence.

[115] Schot, J.W., Lintsen, H.W., Rip, A. en Albert de la Bruhèze, A.A. 2003. *Techniek in Nederland in de twintigste eeuw. Deel VI. Stad. Bouw. Industriële productie.* Zutphen: Walburg Pers.

[116] Van den Bergen, D. 2009. *De Nederlandse economie 2008.* Heerlen: CBS.

[117] Dubbink, W. 1999. *Duurzaamheid als padstelling. Over de onvriendelijke betrekkingen tussen openbaar bestuur, markt en civil society.* Proefschrift. Rotterdam: Erasmus Universiteit Rotterdam, p. 126 e.v.

[118] Eerste Kamer der Staten-Generaal, 2012. *Verbinding verbroken? Onderzoek naar de parlementaire besluitvorming over de privatisering en verzelfstandiging van overheidsdiensten.* Den Haag; SdU. http://www.eerstekamer.nl/behandeling/20121030/aanbiedingsbrief_en_hoofdrapport/f=/vj41l693r7ww.pdf.

[119] Verhagen, H. 2006/2007. *Onze gezamenlijke toekomst. Een tussenbalans van duurzame Ontwikkeling.* Utrecht: SenterNovem. Weergave is een aangepaste versie.

[120] Jansen T., Van den Brink, G. en Kole, J. 2009. *Beroepstrots. Een ongekende kracht.* Amsterdam: Boom.

[121] Sociaal en Cultureel Planbureau, 2012. *Sturen op geluk. Geluksbevordering door nationale overheden, gemeenten en publieke instellingen.* Redactie: Van Campen, C., Bergsma A., Boelhouwer J., Boerefijn J. en Bolier L. Den Haag: SCP. http://www.scp.nl/content.jsp?objectid=30049.

[122] Glasbergen, P. 2003. Beleidswetenschappelijk milieuonderzoek: profiel, kernvragen en betekenis. In: Boersma, J.J., Pulles, T., Van der Straaten, J. en Bertels, J. (red.) *De oogst van het milieu.* Amsterdam: Boom, p. 261.

[123] Nef (the new economics foundation), 2011. *Measuring our progress. The power of well-being.* http://www.neweconomics.org.

[124] Kellerman, A. 2006. *Duurzame overheid? Tijd voor duurzaam leiderschap.* Utrecht: Senternovem.

[125] Reich, R.B. 1992. *The Work of Nations. Preparing ourselves for 21st-century capitalism.* New York, NY: Vintage Books. Slaughter, A.M. 2005. *A New World Order.* Princeton, NJ: Princeton University Press.

[126] Kamerbrief 26-10-2009. Vestigingsklimaat, DB09-624 van Staatssecretaris J.C de Jager. In reactie op de Zembla-uitzending over Nederland als belastingparadijs.

[127] Habermas, J. en Inglehart, R. World Values Survey. http://www.worldvaluessurvey.org/.

[128] Frey, B.S. en Stutzer, A. 2002. *Happiness and Economics: How the Economy and Institutions Affect Well-Being.* Princeton, NJ: Princeton University Press.

[129] Cornelis, A. 1997. *Logica van het gevoel: filosofie van de stabiliteitslagen in de cultuur als nesteling der emoties.* Amsterdam: Stichting Essence.

[130] Surowiecki, J. 2005. *The Wisdom of Crowds.* New York, NY: Anchor Books.

[131] Neiman, S. 2008. *Morele helderheid. Goed en kwaad in de 21ste eeuw.* Amsterdan: Ambo.

[132] Bron: http://transitiontowns.nl/.

[133] Pauli, G. 2010. The Blue Economy: 10 Years, 100 Innovations, 100 Million Jobs. Taos, NM: Paradigm Publications.

[134] Op http://www.zeri.org staan meerder voorbeelden.

[135] Brugh, aan de, M. 2009. *Interview Sectie: Economie.* NRC 7 maart 2009.

[136] Bron: www.petertomjones.be.

[137] Heiden, H. 2004. *De geschiedenis van de Concorde.* De Alk, Alkmaar, p. 153. Citaat afkomstig van de inspecteur-generaal Parent van de Franse historische monumenten. Dit in verband met de drukgolven en supersonische knallen, die een supersonische vliegtuig veroorzaakt bij het doorbreken van de geluidsbarrière en de mogelijke schade die dat aan gebouwen kan veroorzaken.

[138] Verbeek, P.P. 2000. *De daadkracht der dingen.* Boom, Amsterdam. Citaten respectievelijk afkomstig van bladzijde 205 en 207.

[139] Van der Bergh, J.C.J.M., Faber, A., Idenburg, A.M. en Oosterhuis F.H. 2005. *Survival of the Greenest. Evolutionaire economie als inspiratie voor energie- en transitiebeleid.* Bilthoven: RIVM, p. 3.

[140] Kamp, L.M. 2002. *Learning in Wind turbine Development: A Comparison between the Netherlands and Denmark.* Utrecht: Universiteit van Utrecht.

[141] Lintsen, H. en Schippers, H. 2006. *Gedreven door nieuwsgierigheid. Een selectie uit 50 jaar TU/e onderzoek.* Eindhoven: Stichting Historie der Techniek en TU Eindhoven.

[142] Groot, G. 2003. *Doorbijten naar de verlichting.* NRC 5-09-2003.

[143] Roovers, D. en Gude, R. 2005. *Overzicht van de geschiedenis van de filosofie.* Filosofie Magazine, speciale uitgave, p. 71.

[144] Kunzman, U. 2004. Approaches to a Good Life: The Emotional Side of Wisdom. In: Linley, P.A. en Joseph, S. (eds.) *Positive Psychology in Practice.* Hoboken: Wiley, pp. 504-517.

[145] Kymlicka, W. 2002. *Contemporary Political Philosophy. An Introduction.* Oxford: Oxford University Press, p. 10 e.v. Originele weergave: *"... tacit background against which other theories have to assert and defend themselves."*

[146] Dat de samenleving grenzen stelt aan de economie is een normatief beginsel. De Jong, T.M. 1992. *Kleine methodologie voor ontwerpend onderzoek.* Meppel: Boom.

[147] Norton, B.G. 1991. *Toward Unity Among Environmentalists.* New York, NY: Oxford Press. Norton, B.G. 1992. *Sustainability, Human Welfare and Ecosystem Health.* Environmental Values, 1, 97-111.

[148] Layard, R. 2005. *Waarom zijn we niet gelukkig?* Amsterdam: Atlas. Gilbert, D. 2006. *Stumbling on Happiness. Think you know what's makes you happy?* New York, NY: Knopf.

[149] Kahneman, D., Slovic, P. en Tversky, A. 1982. *Judgement under uncertainty: heuristics and biases.* Cambridge: Cambridge University Press. Parisi, F. en Smith V.L. 2005. *The Law and Economics of Irrational Behaviour.* Stanford, CA: Stanford economics.

[150] Linley, P.A. en Joseph, S. 2004. Positive Psychology in Practice. In: Linley, P.A. en Joseph, S. (eds.) *Positive Psychology in Practice.* Hoboken, NY: Wiley, p. 714.

[151] New Economic Foundation (Nef) 2005. *Extending the "rational man" model of human behavior: seven key principles.* http://www.neweconomics.org.

[152] Seligman, M.E.P. 2002. *Authentic happiness: Using the New Psychlogy to Realize Your Potential for Lasting Fulfillment.* New York, NY: Free Press, p. 211.

[153] Triandis H.C. 1990. *Cross-cultural studies of individualism and collectivism.* In: Berman, J.J. (ed.) *Cross-cultural perspectives.* Nebraska symposium on motivation 1989. London, NE: Nebraska University Press.

[154] Bergsma, A. 2000. *Transhumanism and the Wisdom of Old Genes is Neurotechnology as Source of Future Happiness?* Journal of Happiness Studies, 1, 401-417.

[155] Brown, K.W. en Ryan, R.M. 2004. Fostering Healthy Self-Regulation from Within and Without: A Self-Determination Theory Perspective. In: Linley, P.A. en Joseph, S. (eds.) *Positive Psychology in Practice.* Hoboken, NY: Wiley, p. 105. Sagiv, L., Roccas, S. en Hazan, O. 2004. Value Pathways to Well-Being: Healthy Values, Valued Gola Attainment, and Environmental Congruence. In: Linley, P.A. en Joseph, S. (eds.) *Positive Psychology in Practice.* Hoboken, NY: Wiley, p. 68.

[156] Koper, A. 2003. *Woest en ledig ijkpunt.* Volkskrant 27-09-2003.

157 Sociaal Cultureel Planbureau (SCP) 1998. *Sociaal en Cultureel Rapport 1998.* http://www.scp.nl.

158 Tibi, B. 2002. *Islamitische Zuwanderung. Die gescheiterte Intergration.* Stuttgart: Deutsche Verlags-Anstalt. Wetenschappelijke Raad voor het Regeringsbeleid (WRR) 2003. *Waarden, normen en de last van het gedrag.* Den Haag: Sdu uitgevers.

159 Verbrugge, A. 2004. *Tijd van Onbehagen. Filosofische essays over een cultuur op drift.* Amsterdam: Boom.

160 Veenhoven, R. 1999. *Quality-of-life in individualistic society. A comparison of 43 nations in the early 1990's.* Social Indicators Research, 48, 157-186. Het aangehaalde onderzoek waarop deze conclusie is gebaseerd is robuust. Wel is het meer dan tien jaar oud en in deze periode is veel veranderd. Een actualisatie is gewenst.

161 Frey, B.S. en Stutzer, A. 2002. *Happiness and Economics: How the Economy and Institutions Affect Well-Being.* Princeton, NJ: Princeton University Press.

162 Vermeulen, M. 2004. *Kiezen maakt een kind dodelijk vermoeid.* De Volkskrant 30-01-2004.

163 Schwartz, B. 2004. *The Paradox of Choice. Why More is Less.* New York, NY: HarperCollins Publishers.

164 Berlin, I. 1958, *Two concepts of liberty. An Inaugural Lecture delivered before the University of Oxford on 31 October 1958 by Isaiah Berlin.* Oxford: the Clarendon Press.

165 Kymlicka, W. 2002. *Contemporary Political Philosophy. An Introduction.* Oxford University Press.

166 Burms, A en De Dijn, H. 1986. *De rationaliteit en haar grenzen: kritiek en deconstructie.* Assen: Van Gorcum.

167 Barry, J. 2000. *Environment and Social Theory.* London: Routledge, p. 97.

168 Sociaal Cultureel Planbureau (SCP) 2004. *Sociaal en Cultureel Rapport 2004.* http://www.scp.nl.

169 Verbrugge, A. 2004. *Tijd van Onbehagen. Filosofische essays over een cultuur op drift.* Amsterdam: Boom. Van den Brink, G., Pessers, D. en Jansen, T. 2005. *Beroepszeer: waarom Nederland niet goed werkt.* Amsterdam: Boom.

170 Van den Bergh, J.C.J.M. en Withagen, C.A.A.M. 2003 Nederlandse Milieueconomie in proefschriften *1992-2002.* In: Boersma, J.J., Pulles, T., Van der Straaten, J. en Bertels, J. (eds.) *De oogst van het milieu.* Amsterdam: Boom, p. 188.

171 OESO, 2006. *Economic Policy Reforms: Going for Growth.* http://www.oecd.org/economics/goingforgrowth.

172 Hueting, R. 2011. *Milieuduurzaamheid en economische groei. Economisch Statische Berichten 13 mei 2011* (online versie). Zie ook http://www.sni-hueting.info/.

173 Zie bijvoorbeeld: Gemeente Amsterdam, Dienst Onderzoek en Statistiek 2007. *De Staat van de Stad Amsterdam IV. Ontwikkeling in participatie en leefsituatie.* Amsterdam: Stadsdrukkerij Amsterdam N.V. of zie duurzaamheidverslagen op http://www.amsterdam.nl.

174 Monitor Duurzaam Nederland 2009. Verslag van het symposium op 15 oktober 2009. Een wetenschappelijke review van de monitor Duurzaam Nederland 2009. www.cbs.nl/../2009VerslagSymposiumMonitorDuurzaamNederlandpub.pdf en www.vrom.nl/Docs/Milieu/Monitor_duurzaam_Nederland2009.pdf.

175 Veenhoven, R. 2000. *Leefbaarheid. Betekenissen en meetmethoden.* Rotterdam: Erasmus Universiteit Rotterdam.

176 Ethier, W.J. 1988. *Modern international economics.* New York, NY: Norton, second edeition.

177 Boomkens, R. 2006. *De nieuwe wanorde. Globalisering en het einde van de maakbare samenleving.* Amsterdam: Van Gennep.

178 Rijksinstituut voor Volksgezondheid en Milieu (RIVM) 2003. *Milieubalans.* Bilthoven: RIVM.

179 Van den Bergh, J.C.J.M. 1999. *Handbook of Environmental and Resource Economics.* Edward Elgar Publishing Limited, p. 397. De auteur heeft de bewering uitgewerkt in de milieucontext.

180 Wolf, M. 2004. *Why Globalisation Works.* London: Yale University Press.

181 Reinhart, C.M. en Rogoff, K. 2009. *This Time is different.* Princeton, NJ: Princeton University Press.

182 MacKay, D.J.C. 2008. *Sustainable Energy – without the hot air.* http://www.withouthotair.com.

183 Dienst Ruimtelijke Ordening Amsterdam 2006.

184 Baggen, J.H., Zijlstra, S. en Steenbergen, J. 2006. *Vernieuwend openbaar vervoer; Gouden toekomst of eeuwige belofte?* In: Schrijnen, P.M. (red.) Nieuwe economie, nieuwe ruimte; nieuwe ruimte, nieuwe economie, pp. 17-25.

185 Van den Steenhoven, J. en Zuurmond, A. 2004. *Innovatie brengt Nederland weinig meer dan een postkoets met hulpmotor.* NRC 14-02-2004.

186 Glasser, H. 2002. Minding the gap: the role of social learning in linking our stated desire for a more sustainable world to our everyday actions and policies. In: Wals, A.E.J. (ed.) *Social Learning, towards a sustainable world.* Wageningen: Wageningen Academic Publishers, p. 46. Vertaalde weergave.

187 Deze sectie is opgesteld met behulp van: Sterling, S. 2007. Riding the storm: towards a connective cultural consciousness. In: Wals, A.E.J. (ed.) *Social Learning, towards a sustainable world.* Wageningen: Wageningen Academic Publishers, p.66 e.v. Citaat is vertaalde weergave van p. 72.

188 Heath, C. en Heath, D. 2010. *Switch. How to Change Things when Change is Hard.* New York, NY: Broadway Books.

189 Van der Hoeven, N., Wals, A. en Blanken, H. 2007. *De akoestiek van sociaal leren.* Utrecht: Senternovem.

190 Kessels, J. 1999. *Geluk en wijsheid voor beginners.* Amsterdam: Boom. Verwijzend naar Lyotard, p. 150.

[191] Keulartz, J. 2005. *Werken aan de grens. Een pragmatische visie op natuur en milieu.* Budel: Damon, p. 38.

[192] *Ibid.*, p. 36.

[193] Natuurbeelden volgens de Natuurbeschermingsraad 1993.

[194] *Ibid.*, Keulartz, p. 40.

Trefwoordenregister

G

H

I

www.ingramcontent.com/pod-product-compliance
Lightning Source LLC
LaVergne TN
LVHW080652011026
849160LV00014B/1396